《陕西人文社会科学文库》著作出版资助

刘立云 著

陕商故里的『农业中国』缩影

THE EPITOME OF "AGRICULTURAL CHINA"
IN THE HOMETOWN OF SHAANXI MERCHANTS

陕西县域经济巩固脱贫攻坚研究

A study on the consolidation of
Shaanxi's county economy to shake off poverty

社会科学文献出版社
SOCIAL SCIENCES ACADEMIC PRESS (CHINA)

目　录

第一章 绪论

第一节 研究背景

明初，陕商凭借地缘优势、资源禀赋、政策助推，率先崛起于黄土高原，集群式北上延绥、西走青新、东至扬州、南下川藏，掀起继秦汉、隋唐后的第三次经商高潮。特别是，陕商自陕西鄠邑区、泾阳、三原等地，分赴打箭炉（今四川康定）、雅州（今四川雅安）等地经商，自称"炉客"；从事业务由盐茶销售扩展至布匹、药材、皮张销售和典当业等，形成产、运、销网络，"川省正经字号皆属陕商"，"豆腐、老陕、狗，走尽天下有"。陕商入甘进川赴藏，贩贱卖贵，"把千里之外的钱挣了回来"，遥遥呼应泾阳、三原、渭南、大荔、韩城故里，至今关中仍有不少故居、会馆等陕商文化遗存，以及博物馆或展览馆。这段在川西藏区持续 600 年的陕商西南贸易史，影响深远，意义重大。

陕商故里关中是黄河流域经济交流中心。陕西关中居于陕西中部，东起潼关，西到宝鸡，南至秦岭，北到北山，号称"八百里秦川"，泾阳县位于"八百里秦川"腹地，素有"关中白菜心"之美称。其东、南、西、北分别为函谷关、武关、大散关、萧关。陕西的河湖以秦岭为界，北、南分属黄河、长江水系。秦岭谓之"中华祖脉"，具有典型北亚热带与暖温带过渡特征生态系统和明显垂直带谱，保存了许多古老、珍稀、特有野生动植物物种，肩负物质文明、政治文明、精神文明、社会文明、生态文明协调发展使命。秦岭北麓陕西段包括秦岭分水岭至渭河南缘 1.49 万平方千米的 15 个县、区，自西向东横跨宝鸡、西安、渭南，从南向北分别呈现山区带、山缘带、城郊带区域特征；资源禀赋、民生状况、优势短板、发展思路迥异，这里是"十四五"陕西乡村振兴的重要观察与展示窗口。① 2020 年，习近平总书记赴陕考察明确提出"五项要求"，特别强调：保持秦岭绿色发展；有效衔接精准脱贫与乡村振兴。② 总书记的重要讲话、重要指示，为我们指明了前进方向，提供了思想武器，注入了强大动力，贯穿了马克思主义立场、观点、方法，体现出战略思维、创新思维、辩证思维、法治思维、底线思维，需要我们深入领会、准确把握、自觉践行，切实办好陕西的事。

　　"十三五"时期，陕西把率先建成创新型省份与实现全省经济转型密切结合，这不仅成为应对经济新常态的重大举措，而且是陕西进入中等发达省份之初保持良好发展势头的强有力支撑。至此，陕西建设创新型省份进入了一个关键时期，通过推广"一张清单"、依靠"两个围绕"、发挥"三个作用"、抓好"四个示范"、形成"五个保障"、构建"六大体系"、实施"九新工程"，推进全省科技创新体系建设进入全面实施阶段。特别是关于乡村振兴，已制定并完成近远期部分目标，即：2020 年，乡村振兴取得重要进展，现行标准下农村贫困人口实现脱贫、贫困县全部摘帽，解决区域性整体贫困。2025 年，脱贫攻坚成果巩固拓展，乡村振兴全面推进，脱贫地区经济活力和发展后劲明显增强，乡村产业质量效益和竞争力进一步提高，农村基础设施和基本公共服务水平进一步提升，生态环境持续改善，美丽宜居乡村建设扎实推进，乡风文明建设取得显著进展，农村基层组织建设不断加强，农村低收入人口分类帮扶长效机制逐步完善，脱贫地区农民收入增速高于全国农民平均水平。2035 年，脱贫地区经济实力显著增强，乡村振兴取得重大进展，农村低收入人口生活水平显著提高，城乡差距进一步缩小，在促进全体人民共同富裕上取得更为明显的实质性进展，农业农村现代化基本实现。2050 年，乡村全面振兴，农业强、农村美、农民富全面实现。

---

① "自 1985 年至 2008 年的 20 多年中，美国学者先后有 200 多人次赴山东邹平进行连续性、蹲点式社会研究，邹平从而成为美国学者在中国改革开放的时代背景下观察并记录乡土中国政治、经济和社会发展的重要窗口。美国学者以'山东省邹平县区域性研究项目'为起点和平台，通过对邹平农村的持续性考察和跟踪式研究，亲历了改革开放政策给中国带来的深刻变化，见证了改革开放 30 年来乡土中国的重大变迁。"（摘自《乡土中国的变迁——美国学者在山东邹平的社会研究》，第 1 页，系内部交流资料。）

② 沙莎、陈艳、李蕊等：《直于天地争春回——记习近平总书记在陕西考察》，《陕西日报》2020 年 4 月 26 日，第 1 版。

　　郡县治则天下安，抓好县域经济的发展是全省经济高质量发展的支撑。党的十八大以来，在以习近平同志为核心的党中央领导下，中国组织实施了人类历史上规模空前、力度最大、惠及人口最多的脱贫攻坚战。2021 年 2 月 25 日，习近平总书记在全国脱贫攻坚总结表彰大会上庄严宣告，脱贫攻坚战取得了全面胜利，中国完成了消除绝对贫困的艰巨任务。2021 年 4 月 6 日，国务院新闻办公室发表的《人类减贫的中国实践》白皮书指出，占世界人口近五分之一的中国全面消除绝对贫困，提前 10 年实现《联合国 2030 年可持续发展议程》减贫目标，不仅是中华民族发展史上具有里程碑意义的大事件，也是人类减贫史乃至人类发展史上的大事件，为全球减贫事业发展和人类发展进步做出了重大贡献。特别是，习近平总书记高度重视县域发展和县域治理，发表了一系列重要讲话，做出了一系列重大部署。2014 年 3 月，习近平总书记在河南调研指导工作时强调，要准确把握县域治理的特点和规律，兼顾强县富民，结合改革发展，贯通城镇乡村。① 2020 年 4 月，习近平总书记在陕西考察时明确要求，要大力发展县域经济，扎实推动以县城为主要载体的新型城镇化，并和美丽乡村建设有机融合、相得益彰。② 这些重要论述，为新时代县域经济发展提供了根本遵循，注入了强大动力。

　　目前，我国县级土地面积大约占全国土地面积的 93%。县域人口总数占全国总人口的 70% 左右，平均县域人口为 30 余万人，但实际县域人口状况之间差距较大。全国县域经济总量占全国 GDP 的 56% 左右；县域发展长期以来为城镇经济社会的发展提供人、财、物，包括土地资源、粮食、蔬菜、水果，以及资金和劳动力等，农村的土地、资金、人才等正在不断地流入和转化融入城镇，成为城市发展与区域经济发展的坚实后盾，是区域经济发展的基础和底色。中国社会科学院财经战略研究院发布的2020 年全国综合竞争力百强县（市）榜单显示，江苏、浙江、山东三省共有 57 个百强县（市），说明此三省整体经济较为发达，主要是因为利用了当地的资源、技术、地理区位优势。这些县域不仅是农业好，相对于其他省（区、市），第二、第三产业所占比重更大。这也是中国经济发展

---

① 袁金星：《以"三起来"引领河南县域高质量发展——基于兰考县实践的思考》，《中共郑州市委党校学报》2019 年第 4 期，第 72—77 页。

② 刘国中：《全力开创县域经济高质量发展新局面》，2021 年 6 月 12 日，https://baijiahao. baidu. com/s？id=1702308060428467350&wfr=spider&for=pc。

不平衡不协调的一个主要表现。陕西在这一榜单上有3个县（市），其中神木市第12位、府谷县第93位、韩城市第97位。可见，陕西县域和区域经济发展存在差异。从投资潜力看，府谷县排第38位、神木市第80位；从工业发展看，神木市排第9位、府谷县第56位。陕西现有77个县（市），入围3个，说明陕西县域经济在全国的发展水平偏低，处在有待加强和加快推进的状态，县域经济需要加快推进的任务艰巨而迫切，势在必行。另外，陕西79.8%的土地面积、55.2%的常住人口、40.8%的经济总量在县域，县域经济在全省发展大局中至关重要。但是，县域综合实力不强，全省77个县（市）中生产总值不足百亿元的有37个，占48%；①结构性矛盾突出，农业精深加工不足、制造业增加值占比低、生产性服务业明显滞后；县域财力严重不足，高度依赖转移支付；等等。这些问题，严重制约着陕西新时代追赶超越的步伐，影响陕西县域经济发展总量跨越和转型升级双重目标的实现。

近年来，秦岭北麓陕西段县域农村扶贫开发历经了三个阶段，即体制改革推动缓贫阶段（1978—1985年）、有计划有组织的大规模开发式扶贫阶段（1986—2000年）、全面建设小康社会的"大扶贫"格局阶段（2001—2020年），已取得的主要成效如下。一是贫困人口持续减少，贫困发生率不断下降。陕西农村居民收支与生活状况调查及农村贫困监测调查结果显示，2010—2017年，陕西累计减贫587万人，仅次于甘肃省，占西北五省区减贫规模的33%；年均减贫速度19.1%，仅次于青海省的20.5%。二是贫困农村居民收入持续增长，增速高于全省农村平均水平。1978—2017年，陕西全省农村居民人均收入由133元提高至10265元，增长了76.2倍，年均增速11.8%。2012年精准扶贫战略全面推行，贫困地区的贫困状况得到显著改善。2012—2017年，陕西省农村贫困地区居民人均收入由5138元增加至9297元，累计增加4159元，年均增长832元，累计增速81%，年均增速12.6%，比同期全省农村平均水平高2.3个百分点，比全国平均水平高0.2个百分点。三是贫困地区农村居民消费升级，生活品质不断提升。贫困地区农村居民消费支出保持快速增长；人民生活明显改善，恩格尔系数持续走低，生存性基本消费比例不断下降；消费结构升级，享受型消费品拥有量快速增长。四是贫困地区基础设施建设不断完善，居民生活条件不断提

① 陕西省统计局、国家统计局、陕西调查总队编《陕西统计年鉴（2021）》，中国统计出版社2021年版。

高，居住条件、饮水质量、基建设施水平提高，文教卫等事业发展良好。

因此，如何找准发展机遇，把巩固脱贫攻坚成果同实施乡村振兴战略有机结合，怎样立足资源禀赋、产业基础、区位条件，牢牢守住安全底线，扎实做好支撑保障，将群众增收摆在县域经济发展的突出位置，坚持特色化差异化发展，加快新型城镇化建设，就成为目前关键问题。

第二节　研究意义

一方面，超越地域、文化界限，以资源、资产、产业层层递进的多重逻辑视角，系统阐释马克思主义中国化的农业内涵式发展观，弥补以往学术史研究中重"面"不重"点"的缺憾。①秦岭谓之"中华祖脉"，其发展肩负经济、社会、生态、文化诸多使命。秦岭研究亦是陕西学术界的重要研究内容之一，深入阐发秦岭北麓陕西段县域的历史、经济、文化、生态等的丰富内涵，促进典籍整理编纂及经典文献互译出版工作，完善"秦岭学"，为秦岭研究夯实理论基础。②系统总结秦岭北麓陕西段巩固脱贫攻坚成果的经验教训，形成并完善对秦岭乡村振兴现状的整体认识，与时俱进地推动"中国减贫学"的理论研究，将秦岭北麓陕西段县域巩固扶贫成果实践与相关理论结合，丰富中国减贫理论体系及实践经验，完善马克思主义中国化"三农"实践理论体系。③通过秦岭北麓陕西段县域经济巩固脱贫攻坚成果问题研究，将其对经济社会发展的历史性贡献升至促进"十四五"时期我国实现"新四化"建设的高度；系统总结巩固脱贫攻坚成果的经验教训，讲好陕西故事，充分展示陕西新时代追赶超越的秦岭新貌。

另一方面，"十四五"乡村振兴为秦岭北麓陕西段县域巩固脱贫攻坚成果提供了难得的历史机遇，巩固脱贫攻坚成果是当前实现陕西乡村振兴的前提和保证。①保护秦岭自然、文化资源安全，加强沿线区域的历史遗存、文化展馆及园区建设。②抽象秦岭内涵、外延多元价值，营造"绿水青山就是金山银山"的理念、氛围、环境，通过实地调研考察和入户访谈，概括归纳出"一县一业""一村一品"典型案例，用于复制和推广，吸引资源汇聚。③加强对秦岭北麓沿线县域自西向东宝鸡段、西安段、渭南段"三段"与从南至北山区带、山麓带、城郊带"三带"的近

10类资源禀赋等的比较优势研究，探索具有核心竞争力的发展方式，提出更具体的创新驱动陕西县域经济发展实施细则，使产业开发、乡村旅游、生态文明建设深度融入当地日常生活，巩固脱贫攻坚成果，促进农民共同富裕，从而对解决"三农"问题发挥实际作用。

第三节　研究对象、框架及目标

一、研究对象

秦岭陕西段整体呈现北高南低、西高东低，即西北高而东南低的海拔特征。该段最高海拔位于宝鸡市与西安市交界处的秦岭主峰太白山拔仙台（海拔约 3771.2 米），最低海拔位于旬阳县鱼窝铺汉江出境处（海拔约 185 米），两地垂直高差逾 3500 米。特别是，《陕西省秦岭生态环境保护条例》所规范的秦岭，属于秦岭陕西段的一部分。可见，秦岭生态圈层丰富，为人与自然和谐共生、分层而居提供了理想的空间场域。秦岭是青藏高原以东中国大陆的最高山脉。秦岭顶端海拔逾 2000 米，面积 40.49 万公顷，占秦岭总面积的 6.9%（其中：海拔 2000—2500 米生态圈层面积占 5.7%，属于亚高山针叶林带；海拔 2500—3000 米生态圈层面积占 1.0%，属于亚高山草丛草甸带；海拔逾 3000 米生态圈层面积占 0.2%，属于高山荒漠带），整体建设用地面积 0.0443 万公顷，农耕地面积 0.0138 万公顷，土壤贫瘠、气候寒冷，不宜人类生存栖居。若以秦岭顶端以下垂直起降 500 米划分生态圈层：海拔 1500—2000 米属于针叶阔叶混交林带，面积 117.5 万公顷，占秦岭总面积的 20.2%（其中：建设用地面积 0.35 万公顷，占比 0.3%；农耕地面积 2.15 万公顷，占比 1.8%）；海拔 1000—1500 米属于阔叶针叶混交林带，面积 229.8 万公顷，占秦岭总面积的 39.4%（其中：建设用地面积 2.17 万公顷，占比 0.9%；农耕地面积 21.67 万公顷，占比 9.4%）；海拔 1000 米以下属于落叶阔叶林带，面积 195.6 万公顷，占秦岭总面积的 33.5%，临近河谷、交通便利、光照充足、气候舒爽，适宜人类生存栖居（其中：海拔 500—1000 米生态圈层面积 175 万公顷，占秦岭总面积的 30%；185—500 米生态圈层面积 20.6 万公顷，占秦岭总面积的 3.5%)。根据葛安新研究团队提供的数据,秦岭陕西段面积583.3 万公顷,其中林地 497.1 万公顷,占秦岭总面积的 85.2%,森林覆盖率 72.58%。有专家学者将逾 2000 米秦岭顶端设定为核心保护区(占比6.9%),将 1500—2000 米秦岭中端设定为重点保护区(占比 20.2%),将1500 米以下秦岭底端设定为一般保护区(占比 72.9%)。①

秦岭最美关中弯。如今,秦岭关中弯是关中的生态根脉,亦是该段地理标识与精神标识。另外,陕西县域拥有遗址文物资源;秦岭南北麓生态山水资源;党家村、青木川、漫川关等古镇资源;重点集中于陕北的红色革命文化资源;法门寺、草堂寺、净业寺等宗教文化资源;鄠邑区农民画、陕北和渭北剪纸、关中皮影、凤翔泥塑等特色民俗资源;秦腔、眉户曲子、商洛花鼓、阿宫腔、汉剧、陕北民歌等戏曲资源。

笔者认为,秦岭北麓可以划分为三大区域带,分别为北麓山区带、北麓山缘带、北麓城郊带。若以 35 度坡线划分②:秦岭北麓山区带属于 35度坡线往南至山脊线;秦岭北麓山缘带属于 35 度坡线至山麓线(环山公路);秦岭北麓城郊带属于山麓线(环山公路)往北至渭河(或 5—10 千米)。其中,北麓城郊带具体是:宝鸡段、渭南段均以山麓线(环山公路)往北至渭河为界;西安段以山麓线(环山公路)往北 5—10 千米为界。

具体研究区域③包括:宝鸡段太白县鹦鸽镇、桃川镇 2 个乡镇,17 个行政村;眉县齐镇、营头镇、汤峪镇、横渠镇 4 个乡镇,15 个行政村;岐山县均属蔡家坡镇辖区内,涉及 5 个行政村和岐山县五丈原林场;陈仓区坪头镇、拓石镇 2 个乡镇,6 个行政村;渭滨区高家镇、神农镇和石鼓镇 3 个乡镇,27 个行政村。西安段周至县竹峪镇、翠峰镇、骆峪镇、广济镇、马召镇、楼观镇、集贤镇、九峰镇、陈河乡、王家河镇、板房子镇、厚畛子镇 12 个乡镇,144 个行政村;鄠邑区石井街道、庞光街道、草堂街道、蒋村街道、玉蝉街道 5 个街道,63 个行政村;长安区东大街道、滦镇街道、五台街道、太乙宫街道 4 个街道,100 个行政村;蓝田县汤峪镇、焦岱镇、前卫镇、九间房镇、灞源镇 5 个乡镇,86 个行政村;临潼区斜口街道、秦陵街道、代王街道、马额街道、骊山街道、土桥乡、

---

① 党双忍:《秦岭简史》,陕西师范大学出版社 2019 年版,第 428—431 页。
② 一般而言,以 25 度坡线(即退耕还林)为界。但是,笔者认为以 25 度坡线划分,则研究范围过窄、地域区分不明显,故选定 35 度坡线为界。
③ 具体县、乡、镇、村已逐一人工剔除,仅限于秦岭北麓。限于篇幅,村名另附。

穆寨街道、铁炉街道、小金街道9个乡镇（街道），116个行政村。渭南段临渭区桥南镇、阳郭镇2个乡镇，35个行政村；华州区金堆镇、高塘镇、大明镇、杏林镇、瓜坡镇、莲花寺镇、柳枝镇7个乡镇，51个行政村，以及华州街道；华阴市罗敷镇、华山镇、孟塬镇3个乡镇，42个行政村，太华街道、岳庙街道2个街道；潼关县太要镇、桐峪镇2个乡镇，12个行政村，以及城关街道。

二、研究框架

首先，本书以反贫困理论和秦岭北麓陕西段县域经济巩固脱贫攻坚成果实践为基础，以资源禀赋差异为切入点，借助田野调查，梳理秦岭北麓陕西段县域资源禀赋数量、分布、类型等基础情况，由点及面地界定其空间分布及其相互关系。

其次，按照"产业扶贫、智力扶贫、创业扶贫、协同扶贫"的总体思路，构建科技创新、资源禀赋差异与巩固脱贫攻坚成果的内在逻辑关联机制。通过实地考察、专家访谈、座谈论证等方式，确定"科技+文化"创新驱动发展模式，丰富陕西县域经济的内涵。

再次，通过对秦岭北麓陕西段县域所辖代表性村庄村民的深度访谈、调研以及问卷分析，了解秦岭北麓陕西段巩固脱贫攻坚成果的现状与问题，依据资源禀赋差异，选择差异化发展模式和重心；进一步发现其中短板，解决资源优势如何转化为产业优势的问题，既要"有看点""有说头"，更要"有卖点""有赚头"。

最后，分析陕西县域经济产业与科技对接的着力点，使科技成为推进陕西产业发展的核心动力，提出"科技+文化"创新驱动秦岭北麓陕西段县域经济巩固脱贫攻坚成果的目标、路径与对策。

三、研究目标

经过几十年的城镇化建设的推进和发展，县乡或村镇一般缺乏比较优势。因为这里长久以来以农业为主体的产业发展模式依然没有大的变化，产业布局和格局规划、工业化、第三产业、规范化基础设施建设、集体建设用地盘活、闲散农田利用、农业融合性发展等方面存在不足，特别是数字产业化与产业数字化的经济发展模式极度匮乏，战略性新兴产业以及大数据、人工智能、物联网、云计算、区块链等信息技术相对落后，金融体系尚不完善，特别是缺乏资本市场载体与平台。这里期待着更多的市场主体眷顾和融入，这就需要通过恰当的制度设计，激励企业按照社会资源配置最优的方向去努力。中国传统的智慧，讲究"大禹治水，疏而不堵"，巧妙地设计河道，让百川同流大海，要比堵漏更有效率、更安全、更畅通。从县域面积、经济地理状况、自然资源、人口流动性、人文传承，以及政策制度空间和创新空间、投资空间、科技投入、技术投入、人才激励、规制与市场平衡等方面看，这里具有较大发展空间。所以，这里为市场主体发展留下了广阔的发展区位。未来需要从地理区位的自然资源及人文禀赋出发，借助产业链构建创新链和价值链，深入开展社会环境治理，提高资本流动的效率与效益，优化和营造市场主体经营环境和发展条件，着眼动因，推动形成结果导向机制和经济成果。在中国县域经济与产业改革发展问题面前，这里给我们留下了可以思考和实践的广阔空间，也是未来经济发展的希望和载体。

首先，摸清陕西秦岭北麓县域资源禀赋差异。通过地理信息测绘、历史文本整理、田野考察、统计实证分析等方式，得出系统的北麓山区带、北麓山缘带、北麓城郊带资源储备情况，对不同区域资源禀赋进行统计、归类、分析，找准区域比较优势。

其次，建立陕西秦岭北麓县域巩固脱贫攻坚成果的长效机制。通过调研走访、问卷分析、案例对比、座谈研讨等方式，深入挖掘、整理、保护秦岭资源禀赋，提炼陕西独特的文化符号、文化元素、文化理念、文化精神，并将其切实转化为可开发、可利用的作品、产品和商品。以"科技＋文化"模式不断推动乡村传统产业业态的升级改造，孵化培育新型产业业态，促进"一县一业"特色发展，壮大村集体经济，推动县域经济发展，为"十四五"精准扶贫与乡村振兴的衔接巩固发挥作用。

第二章 马克思主义内涵式发展思想理论基础

第一节 《资本论》内涵式发展思想理论阐述

一、《资本论》内涵式发展思想

以资本主义生产方式为研究对象的《资本论》，主要聚焦于资本主义生产过程的分析。但是，马克思在《资本论》中，通篇立论都是建立在生产力决定生产关系，科学技术是促进生产力发展和人类文明进步重要因素的基础上。其中，马克思在《资本论》第一、二、三卷中，阐述了诸多关于科技进步、劳动生产率提高等内涵式发展的思想。

《资本论》第一卷"机器大工业理论""相对剩余价值生产理论""资本有机构成理论"分别指明了内涵式发展的必要性、过程及结果。其中，机器大工业理论说明了机器在农业中的应用引起农村人口的"相对过剩"，继而分析了资本主义大工业对农业的影响。包括：农业层面应用机器排斥工人比工业层面更为强烈、阻力更小；大工业消灭了农业封建宗法关系，使农业生产社会化，既造成了工农对立，又为工农结合创造了物质前提，使大量农业人口涌入城市；资本主义农业不仅是掠夺劳动者的技巧的进步，而且是掠夺土地的技巧的进步。相对剩余价值生产理论认为相对剩余价值是绝对的、绝对剩余价值是相对的。二者的同一性在于均以劳动生产率发展到能够把必要劳动时间限制为工作日的一部分为前提。资本有机构成理论认为，从资本在生产过程中发挥作用的物质层面分析，资本构成由所使用的生产资料和为使用这些生产资料而必需的劳动量之间的技术性的比率决定，它们属于资本的技术构成；从资本发挥作用的价值层面分析，资本构成由不变资本和可变资本之间的价值性的比率决定，它们属于资本的价值构成。由资本技术构成决定并且反映技术构成变化的资本价值构成，谓之资本的有机构成。可见，技术在社会生产中具有重要作用。

《资本论》第二卷第八章将扩大再生产分为两种类型：外延扩大再生产、内涵扩大再生产。社会化再生产一般遵循从外延扩大再生产向内涵扩大再生产的转变，从以往通过单纯增加生产要素（比如：厂房、机器、设备、工具、原材料、燃料、辅助材料、劳动力等）投入数量扩大再生产的方式，转向借助技术创新提高生产要素回报率增加社会总产出。其中，或通过由资本有机构成衡量的技术进步提高劳动、资本的结合效率，或通过提高劳动、资本的使用效率扩大生产规模，实现内涵扩大再生产。

《资本论》第三卷"地租理论"提出了两种经济增长方式：粗放经营、集约经营。粗放经营可以凭借广袤的土地面积获得剩余产品，并非由于土地的肥沃提升其每英亩的产量，且耕作该种土地费用极少。亚当·斯密在研究中曾指出，"在这一切害农政策之下，要耕者来改良土地的可能性很少"①，并强调"欧洲有大部分地方，把农民看作下等人民……世上有几个大财主愿舍弃高的地位而与下等阶级的人民为伍呢？所以，即在现今，欧洲人的资本，仍很少会由他业转到农业上来改良土地"②。然而，土地资源总量有限，不可能始终满足无限扩大的社会人口增长需要。当优先发展工业造成资本在城市中过度累积，且当所费工业资本饱和到资本经营所得利润空间不断萎缩的条件下，资本才被迫流回农村，并成为农村改良与开发的缘由。为此，马克思指出："在资本过剩时期，即使市场价格不上涨，只要其他方面具备了正常的条件，资本就会涌到农业上来。"③人们被迫将资本集中在同一土地上，实施集约化耕作以提高土地的单位产量。可见，《资本论》依据要素投入的不同，将社会的经济增长方式分为

---

① ［英］亚当·斯密：《国民财富的性质和原因的研究》（上卷），商务印书馆 1979 年版，第 359 页。
② ［英］亚当·斯密：《国民财富的性质和原因的研究》（上卷），商务印书馆 1979 年版，第 360 页。
③ 马克思：《资本论》（第 3 卷），人民出版社 1975 年版，第 868 页。

粗放型和集约型两种类型。粗放型经济增长方式通过要素投入数量的增加实现规模最大化扩张,集约型经济增长方式通过要素投入质量的提高实现资源最充分利用。

二、《资本论》内涵式发展思想的引申分析

17—18世纪资本主义农业的发展,充分印证和说明了马克思关于内涵式发展的思想,揭示了现代化经济发展的一般规律。"虽然在十四和十五世纪,在地中海沿岸的某些城市已经稀疏地出现了资本主义生产的最初萌芽,但是资本主义时代是从十六世纪才开始的。"[①] 比如荷兰,"作为一个占统治地位的商业国家走向衰落的历史,就是一部商业资本从属于工业资本的历史"[②]。西欧资本主义发展实践表明,资本主义生产方式未必直接导致工业化从而进入近代化。因此,马克思对英国的资本主义发展进行了典型性论述。英国从14世纪资本主义萌芽的最初产生,经15世纪的资本原始积累,以及几乎同时发生的封建手工业行会分化、合并、解体,为后期现代化国家提供了历史镜鉴。14世纪以后,英国自然经济分解。传统农业经济的"耕"与"织"生产方式的走向却不同。与农耕的固定性相比,纺织具有时空分离的灵活性,从而可以进行专业生产。相当数量的商品剩余导致英国呢布工业出现较大规模作坊,或经过竞争、分化形成手工业行会,或商人直接支配生产,英国于16世纪进入资本主义发展的第一个高潮。但是,农耕具有不可移动性,对资源禀赋的依赖性强,农业生产是自然再生产与经济再生产紧密结合的过程,根源于"自然垄断"的地域生态资源、区域地标品牌,是其他地域不可模仿的,导致其生产必须选择内涵式发展道路。

中国自夏、商、周以来的4000多年,始终是以农业为主体的国家,农村经济基本自给自足,政治体制亦是建立于农业社会基础之上。只是在1978年以后,中国农村开始了一场历史性的变革,带来商业化兴起、工业化发展、城镇化拓展。中国农村的这场变革,不仅具有重大历史意义,而且具有世界意义。由于该变革,世界人口的四分之一正在走向现

---

① 马克思:《资本论》(第1卷),人民出版社1975年版,第784页。
② 马克思:《资本论》(第3卷),人民出版社1975年版,第372页。

代化，成为现代化世界的一部分。《中国农村发展报告（2020）》预计，"十四五"时期中国农村发展将呈现新的特点，中国的农业发展总体上已进入了实现中国特色农业现代化的关键时刻，改造传统农业、提高农业发展质量、提升农村人口素质，始终应该作为"立国之本"。目前，我国总体处于工业化后期阶段，人均 GDP 超过 1 万美元，工业化水平综合指数大于 80，预计可在 2025 年逼近最大值 100。2020 年，全国第二、第三产业增加值占 GDP 的比重提升到 92.3%，非农业劳动就业人数份额约为 80%，常住人口城镇化率已达 63.9%。即便我国城镇化率逼近70%，仍将有 4 亿多名农村人口。[①] 让老百姓过上好日子是党一切工作的出发点和落脚点，这就内在地决定了必须支持农业生产方式转型，提升农村整体发展水平，推进农业农村现代化，实现农业高效、农村宜居、农民富裕。

邓小平同志曾经指出："中国社会主义农业的改革和发展，从长远的观点看，要有两个飞跃。第一个飞跃，是废除人民公社，实行家庭联产承包为主的责任制，这是一个很大的前进，要长期坚持不变。第二个飞跃，是适应科学种田和生产社会化的需要，发展适度规模经营，发展集体经济。这是又一个很大的前进，当然这是很长的过程。"[②] 他还说："农民现在希望搞联产承包责任制，不想动，但不等于将来不能动。科学种田发展了，超过了村的界限，到那时，你不搞集体化、集约化就适应不了了。"习近平总书记也曾指出："壮大农村集体经济，是引领农民实现共同富裕的重要途径。要在搞好统一经营服务上、在盘活用好集体资源资产上、在发展多种形式的股份合作上多想办法。"[③] 党的十九大提出实施乡村振兴战略，习近平总书记在参加全国人大广东代表团审议时强调："城镇化、逆城镇化两个方面都要致力推动。城镇化进程中农村也不能衰落，要相得益彰、相辅相成。""城镇化不应以农村的衰落为代价，城镇化与乡村振兴应该并驾齐驱。"[④] 新时代实现高质量发展，城镇化和逆城镇化要力求发挥协同效应，推进城市与乡村的协调发展。

---

① 中共中央宣传部理论局：《新征程面对面》，学习出版社、人民出版社 2021 年版，第 111 页。

② 《邓小平文选》第三卷，人民出版社 1993 年版，第 355 页。

③ 《十九大以来重要文献选编》（上），中央文献出版社 2019 年版，第 145 页。

④ 乔瑞庆：《重视"逆城镇化"对"城镇化"的促进作用》，《经济日报》2018 年 3 月 9 日，第6 版。

马克思说，要矫正以往产业投资顺序的紊乱，"只有通过（工业对农业的）反作用，资本才能掌握农业，农业才能工业化"[①]。农业企业化、农业工业化、农业资本化在修复了导致城乡对立的断裂了的产业发展顺序的基础上，开辟了农业新时代。新时代"三农"协同发展，既要有明确的战略定位、清晰的价值定向和坚定的实践定力，又要坚持与新时代中国特色社会主义战略安排相一致的"梯次目标"实践路向指引。所以，未来中国农业的经营规模将是大、中、小并存，经营主体也将是农业企业、农民合作社、现代小农和村集体经济并存的格局。我国脱贫攻坚任务的如期实现，为推进农业农村现代化打下了坚实基础。如何在此基础上优先发展农业农村，全面推进乡村振兴，是"十四五"乃至更长时期做好"三农"工作的头等大事，是全面建设社会主义现代化国家的重大任务。

一般认为，农业农村相对落后的主要原因来自传统农业的低收益率。全社会可供使用的劳动总量（TR）、边际收益（MR）、平均收益（AR），具有以下变化：当 $MR>0$ 且 $MR=AR$ 时，TR 增长最快，该阶段劳动力的单位增加带来的边际收益为正数，总收益不断增加；当 $MR=0$，TR 已经达到顶点，该阶段劳动力的单位增加带来的边际收益为零，总收益保持不变；当 $MR<0$，TR 开始下降，该阶段劳动力的单位增加带来的边际收益为负数，总收益不升反降。所以，劳动投入量存在绝对界限，在生产资料相对有限的条件下，多劳未必会增加社会总收益。可见，被社会认可的劳动并非越多越好，而是具有量化边界。马克思认为："劳动生产力是由多种情况决定的，其中包括：工人的平均熟练程度，科学的发展水平和它在工艺上应用的程度，生产过程的社会结合，生产资料的规模和效能，以及自然条件。"[②] 从增长核算框架来看，经济增长要依靠劳动要素和资本、土地、技术、管理等非劳动要素驱动，需要进一步深化市场化改革。党的十六大提出了以按劳分配为主体、多种分配方式并存的社会主义分配制度。党的十八大提出要坚持走中国特色新型工业化、信息化、城镇化、农业现代化道路，促进"新四化"同步发展。国家统计局《2021年农民工监测调研报告》发布的数据显示：2021年全国农民工总量29251万人，

---

① 《马克思恩格斯全集》（第46卷下册），人民出版社1980年版，第181页。
② 马克思：《资本论》（第1卷），人民出版社2004年版，第53页。

增长 2.4%。其中，外出农民工 17172 万人，比上年增加 213 万人，增长 1.3%；本地农民工 12079 万人，比上年增加 478 万人，增长 4.1%。本地农民工增速高于外出农民工。在外出农民工中，跨省流动 7130 万人，比上年增加 78 万人，增长 1.1%；省内流动 10042 万人，比上年增加 135 万人，增长 1.4%。数据表明，农民工越来越倾向于就近就地就业与创业，返乡农民工的就业创业能力与资源禀赋积累更趋多元化。就业区域的变动，势必会投射、外溢和影响到农民工返乡创业的行为选择，以农民工返乡创业为表征的资本和新人口红利正在农村形成，农村地区对返乡创业就业人员的需求将不断扩大。返乡入乡创业已经成为激发农村经济发展内生动力、扎实推进乡村振兴战略实施的重要途径，打破了城乡二元的藩篱，让产品和要素遵循市场规律，更高效地在城乡之间进行配置。新时期高质量返乡创业亦对化解疫情就业冲击、就地就近转移就业、乡村治理等，影响深远、意义重大。

第二节　《资本论》内涵式发展思想文献述评

一、中国农业内涵式发展研究

马克思《资本论》中关于内涵式发展的思想，是我国农业实现现代化的理论指导。此后，关于发展中国家在工业化进程中的现代农业发展问题，阿瑟·刘易斯、威廉·舒尔茨都提出过具有影响力的观点，也可以供我们借鉴。20 世纪中叶，阿瑟·刘易斯提出"二元经济结构"模型，强调现代工业部门的急剧扩张使得传统农业部门的剩余劳动力不断溢出到城市，进而实现农业现代化。[①] 这种先入为主的、被固化的城乡差距的假设，使发展经济学无视城乡关系和谐的初始状态的存在，割裂了产业演进的自然时序和城乡空间变迁的自然进程的内生性，忽略了城市和乡村发展的历史原因，从而不可避免地限制了发展经济学对城乡关系的研

---

① ［英］阿瑟·刘易斯：《经济增长理论》，商务印书馆 2009 年版，第 148、370 页。

究。工业资本的高度集中和强化，以及随之而来的乡村人口和资源向城市的迅速集中，使乡村人口与耕地的比例遭到重创，严重损害了乡村产品剩余的供给能力与水平，阻碍了农村开发与改良的进程。大量农业户籍人口迫于工作和生活压力，在并不正式拥有城镇户籍的前提下长期居住于城镇或者频繁往返于城乡之间，难以真正融入城市社会网络、享受城镇居民同等福利待遇，新的二元分割正在城市内部形成。相较而言，威廉·舒尔茨在《改造传统农业》里提出的"内涵式"发展模式，更关注发展中国家经济转型时期对弱势农业的重视与支持，期望借助技术创新，提高农业生产要素回报率，将传统农业转变为现代农业，通过农业发展质量和水平的根本提升实现农业现代化。[①] 费景汉与拉尼斯对"刘易斯模型"进行修正后提出"三阶段模型"，描述从传统农业为主的经济向现代工业部门经济过渡的整个过程。[②] 此外，国外诸如日本"乡村再生计划"、韩国"新村运动"、德国"城乡等值战略"、法国"农村振兴计划"等有益探索均是乡村振兴较为典型的应对策略。1975 年瑞典 Dag Hammarskjüld 财团在联合国报告《我们现在怎么办》（What Now）中首次提出"内生发展"（endogenous development）概念。1989 年鹤见和子等也在此基础上提出了内生发展概念，将其定义为"不同地区的人群及其集团按照其固有的自然生态环境和传统文化的要求，参照外来的知识、技能和制度自律地创造出来的"[③]。

国内关于乡村建设的研究肇始于 20 世纪二三十年代晏阳初、卢作孚、梁漱溟、张培刚[④]等对"县域—镇域—村域"乡村建设实验和"农业国的工业化"乡村现代化实践的考察。改革开放后，学术界现实的贫困问题研究历经"自然资源制约说"与"素质贫困说"两大理论并存至"系统性贫困观"的演变过程，将关于农村贫困问题的认识不断推向深化。20

---

① ［美］西奥多·W. 舒尔茨：《改造传统农业》，商务印书馆 1987 年版，第 153 页。

② ［美］费景汉、［美］古斯塔夫·拉尼斯：《增长和发展：演进观点》，商务印书馆 2004 年版，第 460 页。

③ ［日］鹤见和子、胡天民：《"内发型发展"的理论与实践》，《江苏社联通讯》1989 年第 3 期，第 9—15 页。

④ 张培刚：《新发展经济学与社会主义市场经济》，江苏人民出版社 1994 年版，第 300—316 页。

世纪 80 年代，徐荣安[①]、费孝通[②]、曹锦清[③]等又相继提出构建"中国城乡融合经济学"、开展"综合性小城镇调查研究"，以及推动中原乡村社会的转型，开始从城乡关系演进视角来审视"小城镇"的"大战略"地位以及建构"城乡融合经济学"的必然逻辑。认为农业国家或经济落后国家的起飞发展必须全面（包括城市和农村）实行"工业化"。深入分析了农业对工业乃至整个国民经济的贡献和基础作用；提出包括农业的现代化和农村的工业化的广义"工业化"观点，并且将"工业化"划分为发动因素与限制因素；指出工业化农业生产和农业剩余劳动力的影响。

进入 21 世纪以来，我国乡村建设和城乡发展被"嵌入整个国家发展战略和经济体制转型之中"[④]，在从"全面建设小康社会"、"全面建成小康社会"到"全面建设社会主义现代化国家"的目标递进升级过程中，乡村建设也被逐步嵌入从"城乡统筹发展"、"城乡一体化"到"城乡融合"的实践性战略演化过程，并先后提出和实施了新农村建设、脱贫攻坚战和乡村振兴战略。一是关于背景、概念、内涵的梳理。认为"农业现代化"是复杂的系统工程，是包含经济、政治、文化、社会、生态的全面现代化[⑤]；农业农村现代化的内涵涉及农村产业、生态、文化、治理现代化和农民生活现代化"五位一体"[⑥]；我国农业农村现代化仍面临诸

① 徐荣安：《中国城乡融合经济学》，中国展望出版社 1988 年版，第 14 页。
② 《费孝通文集》（第 8 卷），群言出版社 1999 年版，第 466 页。
③ 曹锦清认为，观察转型过程中的中国社会，应有两个不同"视点"（"立场"），每个"视点"应有两个不同"视角"。前者的视角分别是"从外向内看"与"从上往下看"；后者的视角分别是"从内向外看"与"从下往上看"。"外"是西方社会科学理论与范畴；"内"是中国自身的历史与现实，尤其指依旧活跃在人们头脑中的习惯观念与行为方式中的强大传统；"上"是传递、贯彻中央各项现代化政策的整个行政系统；"下"是与公共领域相对应的社会领域，尤其指广大的"三农"社会（摘自曹锦清《黄河边的中国》，上海文艺出版社 2013 年版，第 1 页）。
④ 高帆：《从割裂到融合：中国城乡经济关系演变的政治经济学》，复旦大学出版社 2019 年版，第 69 页。
⑤ 牛若峰：《中国农业现代化走什么道路》，《中国农村经济》2001 年第 1 期，第 4—11 页；王国敏、周庆元、卢婷婷：《西部农业现代化发展水平的定量测评与实证分析》，《四川大学学报》（哲学社会科学版）2011 年第 6 期，第 70—81 页；蒋永穆：《从"农业现代化"到"农业农村现代化"》，《红旗文稿》2020 年第 5 期，第 30—32 页。
⑥ 魏后凯：《深刻把握农业农村现代化的科学内涵》，《农村工作通讯》2019 年第 2 期，第 1 页。

多亟待解决的问题[①]；需要探索立足社会主义发展规律的农业农村现代化发展路径[②]；实现全面乡村振兴[③]。在中国的减贫事业进程中，学者从个人能力贫困范式[④]、机会贫困范式[⑤]、社会排斥范式[⑥]等维度找寻致贫成因和总结贫困经验，将依托权利贫困范式[⑦]和马克思主义政治经济学理论，以国内扶贫开发战略政策演变[⑧]为框架解构扶贫攻坚历程。二是关于中国农业资本化或现代化转型问题研究。从生产力角度将"资本化"定义为单位劳动资本投入的提高[⑨]；或是从生产关系角度将资本主义雇工经营发展情况作为衡量是否发生资本化的标准。伴随资本的进入，部分土地被流转集中成片经营，部分土地上种植的作物从粮食等"旧农业"作物转为劳动与资本双密集的大棚蔬菜等"新农业"作物[⑩]；农地以外亦有部分农民发展起养殖业等。同时，对农业转型的微观观察，或来自农民组织能力提升后的乡村治理[⑪]，或基于社会学角度解释了下乡资本化解社会困境

---

① 陆益龙：《乡村振兴中的农业农村现代化问题》，《中国农业大学学报》（社会科学版）2018年第3期，第48—56页；彭超、刘合光：《"十四五"时期的农业农村现代化：形势、问题与对策》，《改革》2020年第2期，第20—29页。

② 王沛：《以乡村振兴战略为抓手 推动辽宁农业农村现代化发展》，《农业经济》2020年第6期，第36—37页；黄祖辉：《农业农村优先发展的制度体系建构》，《中国农村经济》2020年第6期，第8—12页。

③ 郭晓鸣：《乡村振兴战略的若干维度观察》，《改革》2018年第3期；党国英：《乡村振兴战略的现实依据与实现路径》，《社会发展研究》2018年第1期。

④ 胡鞍钢、李春波：《新世纪的新贫困：知识贫困》，《中国社会科学》2001年第3期，第70—81、206页；方黎明、张秀兰：《中国农村扶贫的政策效应分析——基于能力贫困理论的考察》，《财经研究》2007年第12期，第47—57页。

⑤ 李小云、董强、饶小龙等：《农户脆弱性分析方法及其本土化应用》，《中国农村经济》2007年第4期，第32—39页。

⑥ 银平均：《社会排斥视角下的中国农村贫困》，《思想战线》2007年第1期，第11—19页。

⑦ ［印度］阿马蒂亚·森：《贫困与饥荒》，商务印书馆2012年版。

⑧ 黄承伟：《中国扶贫开发道路研究：评述与展望》，《中国农业大学学报》（社会科学版）2016年第5期，第5—17页。

⑨ 黄宗智、彭玉生：《三大历史性变迁的交汇与中国小规模农业的前景》，《中国社会科学》2007年第4期，第74—88、205—206页。

⑩ 高原：《市场经济中的小农农业和村庄：微观实践与理论意义》，《开放时代》2011年第12期，第113—128页。

⑪ 贺雪峰：《乡村治理现代化：村庄与体制》，《求索》2017年第10期，第4—10页；贺雪峰：《乡村振兴与农村集体经济》，《武汉大学学报》（哲学社会科学版）2019年第4期，第185—192页；贺雪峰：《村级治理的变迁、困境与出路》，《思想战线》2020年第4期，第129—136页。

的策略①，或立足后扶贫时代农村社会政策与相对贫困问题进行分析②，或着眼于城乡关系与乡村振兴路径、农业转移劳动力的市民化问题，以及农业农村优先发展的制度体系建构③。三是关于"脱贫攻坚"与"乡村振兴"有机衔接的研究。认为二者具有明显的连续性和继起性特征④；基于新内生发展理论，既吸收了内生发展观秉持的发展包含本地资源利用、地方居民参与、居民地方认同等要素⑤，又反思了传统外生式发展模式⑥，强调内外部资源共同作用且将外部干预转化为发展动力的混合动力模式⑦与可持续发展理念⑧；已经关注到了乡村的内生式发展和农民的主体性问题，呼吁通过农民组织化重建乡村主体性，培育乡村内生动力⑨，构建农民自我发展能力建设体系⑩，激活乡村的内生资源⑪，新乡贤是推动乡村

① 陈义媛：《资本下乡的社会困境与化解策略——资本对村庄社会资源的动员》，《中国农村经济》2019 年第 8 期，第 128—144 页。

② 桂华：《后扶贫时代农村社会政策与相对贫困问题》，《武汉大学学报》（哲学社会科学版）2022 年第 1 期，第 176—184 页。

③ 王春光：《超越城乡：资源、机会一体化配置》，社会科学文献出版社 2016 年版，第 16 页；刘彦随：《中国新时代城乡融合与乡村振兴》，《地理学报》2018 年第 4 期；黄祖辉、胡伟斌：《中国农民工的演变轨迹与发展前瞻》，《学术月刊》2019 年第 3 期，第 48—55 页；黄祖辉、马彦丽：《再论以城市化带动乡村振兴》，《农业经济问题》2020 年第 9 期，第 9—15 页；孔祥利、陈新旺：《资源禀赋差异如何影响农民工返乡创业——基于 CHIP 2013 调查数据的实证分析》，《产经评论》2018 年第 5 期，第 112—121 页；孔祥利：《农民工城市资本积累与融入城市能力研究》，人民出版社 2021 年版，第 6—10 页。

④ 朱启铭：《脱贫攻坚与乡村振兴：连续性、继起性的县域实践》，《江西财经大学学报》2019 年第 3 期，第 95—104 页。

⑤ 张文明、章志敏：《资源·参与·认同：乡村振兴的内生发展逻辑与路径选择》，《社会科学》2018 年第 11 期，第 75—85 页；马荟、庞欣、奚云霄等：《熟人社会、村庄动员与内源式发展——以陕西省袁家村为例》，《中国农村观察》2020 年第 3 期，第 28—41 页。

⑥ 朱娅、李明：《乡村振兴的新内源性发展模式探析》，《中共福建省委党校学报》2019 年第 6 期，第 124—130 页。

⑦ J. Atterton, N. Thompson, "University Engagement in Rural Development: A Case Study of the Northern Rural Network," *Journal of Rural and Community Development*, 2010 (3): 123—132.

⑧ 王兰：《新内生发展理论视角下的乡村振兴实践——以大兴安岭南麓集中连片特困区为例》，《西北农林科技大学学报》（社会科学版）2020 年第 4 期，第 65—74 页。

⑨ 吴重庆、张慧鹏：《以农民组织化重建乡村主体性：新时代乡村振兴的基础》，《中国农业大学学报》（社会科学版）2018 年第 3 期，第 74—81 页。

⑩ 刘晓雯、李琪：《乡村振兴主体性内生动力及其激发路径的研究》，《干旱区资源与环境》2020 年第 8 期，第 27—34 页。

⑪ 赵光勇：《乡村振兴要激活乡村社会的内生资源——"米提斯"知识与认识论的视角》，《浙江社会科学》2018 年第 5 期，第 63—69 页；孙九霞、黄凯洁、王学基：《基于地方实践的旅游发展与乡村振兴：逻辑与案例》，《旅游学刊》2020 年第 3 期，第 39—49 页。

振兴的重要内生资源①；探讨了贵州省在社会力量帮扶下实现脱贫攻坚并向乡村振兴转化的新内生式发展动态过程，揭示了县域新内生式发展的路径和模式创新②；在新发展格局决策导向下，亟须找准县域乡村振兴突破口和切入点，塑造基于城乡经济社会大循环的"空间结构共生型"县域乡村振兴进路，完善乡村振兴县域治理框架③，"央—县"治理属于脱贫攻坚中的一种新型中央与地方关系④；随着工作重心转向做好后续扶持，应结合乡村振兴战略的实施和新型城镇化建设，在政策取向上实现三个维度的转型⑤。四是关于"农业现代化评价指标体系"的研究。首先，设定基本实现与全面实现农业农村现代化的目标值，或从农村产业现代化、农民生活现代化、农村生态现代化、农村文化现代化和乡村治理现代化五个层面建立评价指标体系⑥，或从农业现代化、农村现代化评价体系⑦方面予以研究；其次，对全国和31个省（区、市）的测评，或从农业现代化、农村现代化评价体系，或从农业结构、生产、经营、文化、治理、生态、生活现代化⑧，或从产业兴旺、生态宜居、乡风文明、治理有效和生活富裕的乡村振兴总要求方面构建评价指标体系⑨；最后，对选定省（区、市）的统计分析评价，比如对甘肃、青海、新疆、黑龙江和四川农业农村现代化发

---

① 张方旭：《内生型发展视角下新乡贤助力乡村振兴的社会基础——基于 F 村"绿色菜园"发展的经验研究》，《人文杂志》2021 年第 7 期，第 122—128 页。

② 张行发、徐虹、张妍：《从脱贫攻坚到乡村振兴：新内生发展理论视角——以贵州省 Y 县为案例》，《当代经济管理》2021 年第 10 期，第 31—39 页。

③ 翟坤周：《新发展格局下乡村"产业—生态"协同振兴进路——基于县域治理分析框架》，《理论与改革》2021 年第 3 期，第 40—55 页。

④ 吕捷：《"央-县"治理：脱贫攻坚中的一种新型中央与地方关系》，《行政管理改革》2020 年第 12 期，第 57—63 页。

⑤ 涂圣伟：《易地扶贫搬迁后续扶持的政策导向与战略重点》，《改革》2020 年第 9 期，第 118—127 页。

⑥ 魏后凯：《"十四五"时期中国农村发展若干重大问题》，《经济研究参考》2020 年第 8 期，第 110—113 页。

⑦ 叶兴庆、程郁：《新发展阶段农业农村现代化的内涵特征和评价体系》，《改革》2021 年第 9 期，第 1—15 页。

⑧ 辛岭、刘衡、胡志全：《我国农业农村现代化的区域差异及影响因素分析》，《经济纵横》2021 年第 12 期，第 101—114 页。

⑨ 张应武、欧阳子怡：《我国农业农村现代化发展水平动态演进及比较》，《统计与决策》2019 年第 20 期，第 95—98 页。

展水平进行测度分析[①]，对 2047 个县（区）2006—2018 年的实践经验进行检验[②]，或基于南疆四地州县域面板数据的农业政策性金融的减贫效应进行实证分析[③]，以及聚焦地方（比如苏州、潍坊等）政府制定的指标体系予以专门测度评价。

二、文献述评

综上所述，现有文献与研究成果为本专著研究提供了重要的学术借鉴与启迪。马克思主义的立场、观点与方法是习近平新时代中国特色社会主义思想的浓重底色。创新、协调、绿色、开放、共享的新发展理念蕴含着马克思主义辩证唯物论和唯物辩证法，贯穿着历史唯物主义的基本理论和科学社会主义的基本原理，"五位一体"总体布局蕴含着历史分析法、辩证分析法、矛盾分析法、阶级分析法等马克思主义方法论原则，"四个全面"战略布局充分体现了"21 世纪马克思主义"的创新思想。坚持"精准扶贫""两不愁三保障"展现的是马克思主义人民立场，全面建成小康社会体现了人类社会发展理论，这些创新思想源于马克思主义的基本原理。

遗憾的是，当前学术界针对"基于资源禀赋的农业内涵式发展"的研究，尚停留在个案挖掘和碎片化的理论阐述层面。随着新时代中央有关农地政策的出台，特别是农村工作重点开始从全面脱贫向乡村振兴转变，诸多资金、技术、人才、土地与乡村振兴关联的现实问题亟待解决。尽管中国扶贫实践已探索出许多行之有效的具体经验做法，却仍未形成成熟的贫困理论体系和基本范式，对于如何构建中国特色扶贫长效治理机制、关于相对贫困治理长期建议的研究不多，使当前中国贫困治理面临"实践

---

① 张玉英、吕剑平：《基于"三农"及城乡融合四维度的农业农村现代化发展水平评价——以甘肃省为例》，《南方农村》2021 年第 5 期，第 18—26 页；李刚、李双元：《青海省农业农村现代化发展水平研究》，《农业现代化研究》2020 年第 1 期，第 24—33 页；巴·哥尔拉、刘国勇、王钿：《乡村振兴战略背景下新疆农业农村现代化发展水平测度》，《北方园艺》2020 年第 17 期，第 145—152 页；章磷、姜楠：《黑龙江省农业农村现代化发展水平综合评价》，《北方园艺》2021 年第 16 期，第 161—169 页。

② 洪名勇、李富鸿、娄磊等：《探索从脱贫攻坚到乡村振兴的路径选择——来自 2047 县（区）2006—2018 年的实践经验》，《贵州财经大学学报》2021 年第 6 期，第 87—98 页。

③ 张建勋、申建良、夏咏：《多维贫困视阈下农业政策性金融的减贫效应——基于南疆四地州县域面板数据的实证分析》，《调研世界》2021 年第 4 期，第 36—40 页。

创新超前于理论发展，理论发展滞后于实践创新”的结构性矛盾局面。事实上，“相对贫困”相较“绝对贫困”更具复杂性、比较性、动态性特征，深受自然环境和社会环境影响，难以用单一静态标准测量以及用固定统一脱贫方式解决问题。必须完善顶层制度设计，以精准化方式动态识别隐藏在小康社会中的相对贫困群体；正视我国反贫困治理因政策机制整体性缺失出现的扶贫政策消解、项目扶贫后续效力有限、脱贫主体短缺、区域合作匮乏等碎片化现象；秉承以人民为中心、实现共同富裕的精准扶贫系统工程理念，真正解决小康社会的相对贫困问题。

因此，本书将坚持运用马克思主义立场、观点、方法深化新时代“三农”协同发展研究，为巩固全面脱贫成果、实施好乡村振兴战略、高质量农村就业创业和新时代乡村全面振兴，提供学理支撑和政策依据。

第三章　秦岭北麓陕西段资源禀赋差异

第一节　秦岭北麓陕西段资源禀赋概况

农业是自然与社会紧密结合的产业，自然与社会的互动亦最为复杂。《吕氏春秋·审时》曰："夫稼，为之者人也，生之者地也，养之者天也。"曾在地理学界占据统治地位的"地理环境决定论"，始终坚持地理环境对社会具有决定性作用的立场，认为其经历了强调自然条件对人与社会均有决定性作用阶段、强调自然环境对生产力的决定性作用阶段、强调地理环境对社会的动态决定作用阶段等不同阶段。但是，正如地理环境决定论的反对者维达尔·白兰士、白吕纳所言："人地关系并非仅为天然环境单方面之作用，人类对于天然环境亦有自由选择和自由活动余地。"[①]进入工业化阶段后，人们往往将人类社会从自然中抽离出来，在现实中也出现了遵循人类意志却违背自然规律破坏环境的情况；对社会经济的分析，亦多将自然环境当作历史发展背景或外部条件予以阐释。

通过对秦岭北麓陕西段宝鸡、西安、渭南三市所辖县域乡村的自然资源禀赋的梳理，笔者认为，区域自然环境其实并非不变，而是受到经济社会发展的影响发生变化，又反作用于当地的经济社会发展，并与其他社会经济因素一起影响着当地农村发展的可能性。因此，笔者以秦岭北麓陕西段县乡镇村为例，借助实地问卷调查、调研主体走访、监测数

---

① ［法］白菱汉：《人生地理学史》，张其昀译，商务印书馆 1937 年版，第 34 页，转引自宋正海《地理环境决定论是人类优秀文化遗产》，《湛江海洋大学学报》2006 年第 5 期，第 16 页。

据与工作档案资料等，纳入当地自然资源禀赋约束，探讨自然资源、社会环境、经济政策、文化氛围等综合因素的互动如何影响地区农业发展路径。

一、土地资源

秦岭北麓宝鸡段太白县、眉县、岐山县、陈仓区、渭滨区土地总面积4919.43平方千米，耕地面积21052.8438公顷，林地面积148808.584公顷。工业用地，眉县、渭滨区城镇及工矿用地共3972.08公顷。种植园地，眉县、陈仓区共14006.15公顷。荒滩地241.38公顷、城镇公益用地303.10公顷、农村宅基地1783.01公顷、村庄用地2726.23公顷、河流水面183公顷。秦岭北麓西安段周至县、鄠邑区、长安区、蓝田县、灞桥区、临潼区土地总面积8391平方千米。林地，周至县238.85万亩。河谷冲积阶地总面积17879.43公顷，黄土台塬总面积21708.38公顷，黄土丘陵面积41850.83公顷（包括半岭和高岭），蓝田县山地面积120428.97公顷。秦岭北麓渭南段临渭区、华州区、华阴市、潼关县土地总面积3562平方千米，林地面积26.32万公顷，林木蓄积量849万立方米，天然草场14.8万公顷，耕地面积57.4767万公顷（其中有效灌溉面积34.4万公顷），山地面积70200.28公顷，台塬面积13512.14公顷，平原面积29424.88公顷，基本农田保护面积2.5万公顷。秦岭北麓所属县区在自然环境方面具有过渡性，既不同于山地内部，亦异于平原地区，生产以旱作农业为主。

二、生态资源

秦岭北麓宝鸡段太白县森林覆盖率86%。共有野生陆生脊椎动物22目52科270余种（国家一、二级保护动物分别有7种、29种，省级重点保护动物共27种），水生脊椎动物4目7科16种（国家二级保护动物4种，省级重点保护动物2种）；土壤为棕壤、沙壤、黄褐土。眉县森林覆盖率48.51%，绿化率48.75%。脊椎动物5纲28目79科334种（国家一、二级保护动物分别有7种、39种，省级重点保护动物共39种）；土壤共计12个土类31个亚类60个土属185个土种。岐山县秦岭区域森林资源主要分布于国有五丈原林场。国家二级保护动物 32 种；鸟类共计 10 目 32 科 5 亚科 127 种。陈仓区森林覆盖率 80.88%，绿化率 30.2%。野生陆生脊椎动物共计 4 纲 26 目 66 科 227 种；国家一、二级保护动物分别有 5 种、21 种；土壤为褐土、棕壤、黄墡土、潮土。渭滨区森林覆盖率 69.13%，绿化率 82.3%。国家一、二级保护动物分别有 9 种、39 种，"三有"保护动物 267 种；野生草本植物 752 种、木本植物 364 种，国家一、二级保护植物分别有 7 种、10 种，陕西省地方重点保护植物 68 种。秦岭北麓西安段长安区乔木 60 余种；林下植物药材 651 种，总蕴藏量在 1 万吨以上；蔬菜 70 余种；野生动物鸟类 50 余种、兽类 20 余种、两栖类及爬行类 20 余种。周至县森林覆盖率 67.4%。主要林木种类为乔木和灌木；植物包括种子植物 121 科 640 属 1550 种、苔藓植物 63 科 142 属 302 种；林中动物 270 余种。临潼区绿化率 39.57%。乔木 71 种，灌木 7 种。蓝田县森林覆盖率 50.3%。鄠邑区植物资源有千余种；药材类 340 多种，淀粉类 6 种，化工原料类 2 种，干鲜果类 16 种，花卉类 15 种，牧草类禾本科植物 12 种、豆科植物 8 种、菊科植物 5 种；山区和未污染的河道野生鱼类隶属 4 目 7 科 18 种。秦岭北麓渭南段临渭区森林覆盖率 15.9%。植物 47 科 150 属 300 多种；野生动物 90 多种（国家一、二级保护动物分别有 4 种、14 种）。华州区野生动物 73 科近 300 种，人工饲养动物 50 余种；林木树种 81 科 398 种；农作物共 8 类 50 多种。华阴市森林覆盖率 40%。动物 18 目 29 科 54 种。潼关县野生脊椎动物 6 纲 20 科 100 余种，人工饲养畜禽 14 种；野生植物糖类 21 种、香料类 24 种、药用类 150 余种，人工栽培树种 20 余种。

三、水资源

秦岭北麓是黄河一级支流渭河及其南岸众多支流发源地，渭河水系面积占秦岭整体山地面积的 24%。秦岭北麓是关中地区重要的水源涵养地及供水源地，素有"七十二峪"之说。秦岭北麓直接流入渭河的支流有 150 余条，自东向西主要河流有潼关的潼峪河，华阴的柳叶河、罗夫河、葱峪河，华州区的罗纹河、石堤河、遇仙河，临渭的零河、戏河，西安市的灞河、沣河，鄠邑区的涝河，周至的黑河、清水河，眉县的石头河，陈仓区的千河、金陵河，渭滨区的清姜河等。秦岭北麓水资源总量每年平均约40亿立方米，占渭河地表水的61%，是关中地区工农业生产和人民生活的重要水源保障。秦岭北麓宝鸡段发源于秦岭主脊鳌山北麓的黄河流域渭河水系一级支流石头河，流经太白县桃川镇、鹦鸽镇和眉县斜峪关，于岐山县蔡家坡镇汇入渭河，干流长68.6千米，流域面积778平方千米，清姜河、塔稍河、太寅河、甘峪河等12条渭河支流并列南北。经监测，太白县出境水质均达到Ⅱ类以上标准，是西安、宝鸡、咸阳等城市的饮用水源涵养区和优质饮用水水源地，有"陕西水塔"之称。秦岭北麓西安段周至县境内秦岭北麓有"九口十八峪"，大小52条峪沟，形成平原15条河流，年径流量9.7亿立方米，水力资源蕴藏量45万千瓦，地下水补给量充足，总量达3.2亿立方米。鄠邑区境内水资源充沛，地下水存量4亿立方米，有36条大小河流，均源出秦岭北麓，出山后汇成涝河、甘峪河、太平河、高冠河四大水系，分布全区，贯通南北。长安区境内主要河流有沣河、潏河，均属渭河水系。蓝田境内水源充沛，有灞河、潏河两大水系，长度4千米以上河流114条。临潼区境内有大小河流10余条，均属渭河水系。秦岭北麓渭南段临渭区境内河道属渭河流域，流域面积1263.76平方千米（含高新区、经开区），有一级河1条（渭河）、二级河3条、三级河13条、四级河若干条。华州区境内河流属黄河流域的渭河及南洛河两个水系。华阴市6条南山支流南出秦岭、北入渭河，水系发达、水质优良。潼关县黄河为过境河，区间流程18千米，平均宽度2千米，水域面积11.7平方千米。境内自产河流大小11条，集为潼河、双桥河两大水系。

四、峪口资源

秦岭北麓宝鸡段宝鸡市有晁峪一个峪口。眉县有斜峪、赤峪（红河谷）、汤峪、泥峪4个峪口。岐山县有落星堡村石头河水库水源地周边、蔡家坡镇曹家村、蔡家坡镇四塬村3个峪口。陈仓区拓石镇有南马宗山峪口、大水沟峪口、长沟峪口3个峪口，坪头镇有水泉沟、鹒鹒沟、安平沟、魏家沟、黑洞沟5个峪口。渭滨区有清姜峪、晁峪、茵香河3个峪口。秦岭北麓西安段周至有竹峪、车峪、降峪（强峪）、西骆峪、虎峪、仓峪6个峪口。鄠邑区有紫阁峪、太平峪、鸽勃峪、乌桑峪、黄柏峪、化羊峪、曲峪、涝峪、栗峪、潭峪、竹峪、皂峪、甘峪13个峪口。长安区有康峪、石砭峪、天子峪、抱龙峪、子午峪、鸭池峪 6 个峪口。蓝田县有清峪、道沟峪、流峪、赛峪、辋峪、岱峪、小洋峪、大洋峪、东汤峪 9 个峪口。秦岭北麓渭南段临渭区有箭峪、黄峪 2 个峪口。华州区有沟峪、小夫峪、石堤峪、桥峪、东涧峪、西涧峪 6 个峪口。华阴市有杜峪、黄甫峪、华山峪、仙峪、瓮峪、竹峪、大夫峪、柳峪、葱峪、方山峪等 10 条秦岭峪道。潼关县有西峪、东桐峪、善车峪、太公峪、麻峪、嵩岔峪、潼峪 7 条大峪，峪道长约 15 千米；另有玉石峪、马峰峪等长度在 5 千米以下的小峪 146 条。

五、矿产资源

秦岭北麓宝鸡段太白县有金、铜、大理石等。眉县有铜、石墨、红柱石、石灰石、白云石、石英石、高岭土、钾长石等。现除铜、石墨矿进行洞采外，其他矿种均已停采。岐山县有水泥石灰岩、建筑用灰岩矿、石英矿、砂石等。渭滨区内北秦岭造山带大面积出露宝鸡岩体，渭河盆地第四系黄土广布。秦岭北麓西安段长安区主要金属矿有铁、铜等，非金属矿主要有大理岩、硅石等。周至县已发现 40 余处 16 个矿种。金属矿产有铁矿、铜矿、锌矿、钴矿、金矿、银矿、镉矿等（金属矿藏都处于开发中），非金属矿产有水泥用石灰岩（大理岩）、白云岩矿、花岗石、大理石、建筑用沙、砾石、黏土、蛇纹岩、硫矿等。临潼区有锰铁矿、冰洲石、白云母、高岭土矿、石英脉矿、长石矿。蓝田县各种矿产有 38 种，已探明储量的有 21 种，其中金属矿有 9 种 85 个矿点，非金属矿 12 种 24 个矿点，能源矿有 2 种 6 个矿点。秦岭北麓渭南段华州区已探明金属矿产 12 种，非金属矿产 16 种。华阴市金属矿产有铁、铜、金、钼、铀等，非金属矿产有硅石、长石、水晶石、花岗岩石材等。潼关县有金、磁铁、石墨、蛭石、大理石、石英石等。

六、旅游资源

秦岭北麓宝鸡段太白县有旅游景点 5 个，森林公园 1 处。现仅保留药王谷景点和青峰峡森林公园接待游客，药王谷景点年游客数量大约 5300 人次，旅游收入 13 万元；青峰峡森林公园年游客数量大约 59000

人次，旅游收入 297 万元。眉县已建立生态旅游园区 8 处，区划景区 32 个，规划景点、景物 758 个，园（区）外小型生态园和独立分散景点（群）38 个（处），山域共有各类景观、景点、景物 796 个（处）。岐山 A 级景区 2 个，其中 4A、3A 级各 1 个；创建省级文化旅游名镇 1 个，省、市级乡村旅游示范村各 1 个。2020 年共接待国内外游客 557.04 万人次，实现旅游业综合收入 30.26 亿元。陈仓区涉秦岭保护地区没有经营性旅游景区（点），现无登记注册的民宿、农家乐。秦岭北麓西安段周至县、鄠邑区、长安区、蓝田县、临潼区 2020 年分别接待游客 1076.46 万人次、1411 万人次、3837 万人次、2116 万人次、442.18 万人次，分别实现旅游收入 31.88 亿元、35 亿元、121.11 亿元、49.6 亿元、219.12 亿元，共计 8882.64 万人次，456.71 亿元。秦岭北麓渭南段有著名的是华山景区、少华山景区、御温泉等，2019 年华山景区年接待游客超过 300 万人次，仅门票收入就超过 3.5 亿元，旅游资源比较丰富。

七、交通资源

随着西部大开发进程的加快，以及秦岭北麓各地区工农业和旅游业发展的需要，陕西省已将交通基础设施建设作为重点建设项目。陕西省规划的"一纵、三横、两环"公路的次干线系统关中环线，即秦岭北麓交通线路。107 环山公路，从周至经鄠邑区、长安区至蓝田玉山的高等级公路，全长 132.5 千米，对周边楼观台、朱雀森林公园、沣峪口、辋川溶洞、蓝田猿人遗址等景区的旅游业发展具有重要意义。西安—沣峪口一级公路、环山公路、西安—汉中高速公路以及西柞高速等相继通车，秦岭北麓的公路交通更加便捷。310 国道，从潼关经华阴、华州区至渭南，过临潼，经西安、周至到眉县，再至宝鸡，加上陇海铁路、西潼高速、西宝高速，四线并行，横穿渭南、西安、宝鸡三市；312 国道、316 国道、101 省道、212 省道等均加强了各地间的交通联系。①

---

① 以上数据来自调研各地区信息资料采集。

第二节 秦岭北麓陕西段"三段"资源禀赋差异

一、秦岭北麓西安段资源禀赋

(一)周至

周至建县两千余年,因"山曲为盩,水曲为厔"而得名,南依秦岭,北濒渭水,襟山带河,素有"金周至"之美誉。全县总面积 2974 平方千米,其中山区占 76.4%,辖 1 个街道、19 个镇,263 个行政村,总人口69.93 万人。

1. 自然资源禀赋

土地资源:周至自然地势地貌类型多样,多属于秦岭山地,可耕地较少,以水浇地为主,旱地次之,耕地整体分布不均、破碎化程度较高(见表 3-1)。

表 3-1 西安市周至县村庄耕地类型及分布

单位:亩

耕地类型	分布区域	涉及乡镇	人均耕地	质量区域分布	质量级
水浇地	渭河平原区	尚村镇、终南镇、二曲镇、哑柏镇、广济镇、富仁镇、司竹镇、辛家寨镇、侯家村镇、四屯镇、青化镇	0.9	土壤肥沃、适宜性强、复种指数大	11—14
旱地	秦岭山区、秦岭北坡的山前以及西部台塬区	后畛子镇、陈河镇、王家河镇、板房子镇、九峰镇、集贤镇、楼观镇、马召镇、翠峰镇、骆峪镇、竹峪镇	2.5	类型单一、土壤资瘠、复种指数低	8—10

水资源:周至水资源十分丰富,是西安市的主要水源地。县境内秦岭北麓有"九口十八峪",大小 52 条峪沟,境内 15 条河流,年径流量

9.7亿立方米,年向市区供水3.05亿立方米。周至县域跨渭河平原、黄土台塬以及秦岭山地3个自然地貌单元。县域内山、川、塬、滩皆有,村庄空间分布形态总体呈现"七山一水二分田"的格局。北部黄河支流渭河和南部秦岭山内长江流域的众多河流峪沟构成县域内丰富的水系网络,对县域蔬果和苗木花卉的种植具有天然的灌溉优势。

矿产资源:周至现已发现40余处16个矿种。包括铁矿、铜矿、锌矿、钴矿、金矿、银矿、镉矿等金属矿产,石灰岩(大理岩)、白云岩矿、花岗石、大理石、建筑用沙、砾石、黏土、蛇纹岩、硫矿等非金属矿产。

地热资源:周至分布有三大断裂带,分别为秦岭山前断裂带、渭河断陷盆地中的近东西向断裂带、北西向的哑柏—马召断裂带,它们控制着地层地热的分布,并起导热储热作用。现已在楼观台、镇丰、哑柏建成地热井3处,马召、西楼及镇东井沟凹地地热开发前景良好。

动物资源:周至林区野生动物270余种。包括黑熊、金钱豹、青羊、黄羊、鹿、麝、狐狸、野猪、獾等40余种兽类,锦鸡、环颈雉、白脸山雀、啄木鸟、松花鸡、长尾蓝鹊、黄雀、麻雀、喜鹊等230余种鸟类。值得注意的是,拥有大熊猫、金丝猴、金毛扭角羚等国家一级保护动物,大鲵、金钱豹、斑羚、小熊猫、锦鸡等国家二级保护动物,林麝、豹猫等国家三级保护动物。

植物资源:周至林地238.85万亩,占西安市林地的55.6%。林区地跨秦岭南北,南属北亚热带常绿与落叶阔叶混交林带,北属暖温带落叶阔叶林带。全县森林覆盖率67.4%,森林面积占全市森林总面积的52%,秦岭北麓面积占全市秦岭北麓总面积的41.8%。畜牧草场96万余亩。

2. 区位资源禀赋

周至县北濒渭水,南依秦岭,东、西分别和鄠邑区、眉县接壤。310国道横贯东西,与近在咫尺的陇海铁路并列;108国道纵贯南北,将西宝南线、陇海铁路与西宝高速公路紧密相连;北距咸阳国际机场仅50千米之遥。域内西南高,东北低,山区占76.4%。关中平川与秦岭山脉分居南北。

3. 人力资源禀赋

周至县2019年末全县户籍总人口698142人,其中城镇人口162152人,乡村人口535990人,分别占23.23%和76.77%;男性367611人,女性 330531 人，分别占 52.66% 和 47.34%（见表 3-2）。年末全县户籍总户数 186073 户，户均人口 3.75 人。年末全县常住人口 59.29 万人，比上年减少 1200 人；全县人口出生率 13.45‰，死亡率 7.33‰，人口自然增长率 6.12‰；全县城镇化率 34.51%，比上年提高 0.56 个百分点。全年城镇常住居民人均可支配收入 22407 元，比上年增长 8.6%。农村常住居民人均可支配收入 13137 元，比上年增长 9.9%。全体居民人均可支配收入 15919 元，比上年增长 9.5%。全县养老机构 3 个，入住 347 人，共有床位 600 张。年末城镇低保对象 208 户 367 人，发放低保金 340.55 万元；农村低保对象 5390 户 15721 人，发放低保金 9787.92 万元。915 户 925 人享受农村特困人员救助供养，发放供养金 1125.35 万元。全县农村 327953 人已参加养老保险，城镇 45884 人已参加养老保险。11746 人已参加失业保险。17618 人已参加工伤保险。全县 52974 人已参加城镇医疗保险，18100 人已参加生育保险。①

表 3-2　2019 年周至县人力资源分布

单位：人，%

人员类型	人数	占比
总人口	698142	100.00
其中:城镇人口	162152	23.23
乡村人口	535990	76.77
其中:男性	367611	52.66
女性	330531	47.34

4. 农业资源禀赋

周至县是西安市远郊典型的农业大县，其中优质粮食、绿色蔬菜、优势果品、苗木花卉和畜牧养殖为五大农业主导产业。

优质粮食：2020 年，粮食播种面积 34.24 万亩（不含集贤镇和九峰镇，下同），粮食总产量 11.19 万吨，同比增长 0.21%。小麦生长期的土壤墒情好，后期气候条件适宜，小麦长势整齐无倒伏；优良品种覆盖率高，加之有效控制病虫害等多项措施并抓，小麦喜获丰收。夏粮播种面积

---

① 摘自《周至县 2019 年国民经济和社会发展统计公报》。

17.74 万亩，产量 5.52 万吨。其中小麦播种面积 17.55 万亩，同比增长 1.78%，产量 5.48 万吨，增长 5.19%。农业产业结构调整，玉米播种面积减少，秋粮总产量下降。秋粮播种面积 16.50 万亩，下降 7.31%，产量 5.67 万吨，下降 3.99%。其中玉米播种面积 15.35 万亩，下降 6.96%，产量 5.41 万吨，下降 3.68%。2020 年秋季降雨多，土壤的墒情好，玉米单产 353 公斤/亩，较上年提高 3.52%。

绿色蔬菜：2020 年，周至县"菜篮子"供应充足，但蔬菜种植面积和总产量减少。蔬菜种植面积 8.36 万亩，下降 4.24%；蔬菜总产量 22.50 万吨，下降 1.04%。主要是因为竹峪镇塔庙村等地的黄瓜、西红柿等蔬菜种植面积明显减少，而猕猴桃种植发展迅速，面积不断增加；翠峰镇的油菜种植面积大量减少；山区移民搬迁导致菠菜等叶菜种植和食用菌类种植面积减少。

优势果品：2020 年，园林水果种植持续向好，面积、产量双增长，果品质量较高。园林水果种植面积 27.03 万亩，增长 1.63%，产量 38.56 万吨，增长 4.67%。主导产业猕猴桃种植面积 25.52 万亩，增长 2.4%，占周至县果园面积的 94.42%，较上年提高 0.51 个百分点，产量 36.83 万吨，增长 5.88%。全年气候总体稳定，无重大灾情（四五月的寒流和大风降温天气，对猕猴桃的生长无明显影响）。猕猴桃果树长势良好，猕猴桃喜获丰收。线上线下销售畅通，通过领导直播宣传、明星代言、网络平台销售等多种形式的宣传与销售方式，猕猴桃价格上涨 1.21%。"周至——中国猕猴桃之乡"已经被更多的人认知认可，猕猴桃种植已发展成为周至人民增收的主要支撑。

苗木花卉：2020 年，周至县苗木种植面积 18.68 万亩，增长 5.67%，林业实现产值 6.32 亿元，增速较上年同期回落 8.3 个百分点。周至县的苗木种植历经多年粗放式发展，瓶颈显现，栽植品种多跟风，名优品牌少，市场销售风险增大，林业增速减缓。周至县村庄经济作物种植人数如图 3-1 所示。

畜牧养殖：2020 年，面对生猪生产的严峻形势，周至县采取多项措施促进生猪产能恢复。下拨生猪生产专项资金 260 万元；新建养殖场 2 个，扩建养殖场 6 个，总计投资 1290 万元；指导群众新建畜禽规模、适度规模养殖场 29 个，其中包括生猪养殖场 21 个，加快了生猪养殖产能的恢复。2020 年末，周至县生猪存栏 54150 头，增长 1.60%。全年生猪出

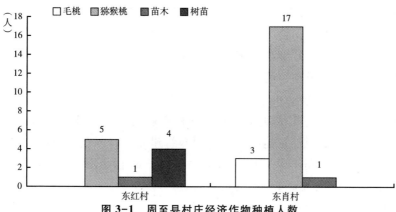

图 3-1　周至县村庄经济作物种植人数

栏 53856 头，产能逐渐恢复，但仍未达到往年的正常水平，同比减少 7.85%。肉类总产量 5582.4 吨，同比减少 1.64%。全年生猪价格持续高位运行，监测点全年生猪平均价格 32 元/公斤，在七八月达到最高（36 元/公斤），较 2019 年监测点全年生猪平均价格高出 11 元/公斤。同时，仔猪价格（1—10 月）和饲料价格也是一路上涨，饲料价格由 1 月的 3 元/公斤上涨至 12 月的 4.075 元/公斤。虽然饲料价格和运输成本上涨，但由于生猪价格的高位运行，养殖效益依然较好。2020 年，新冠肺炎疫情对家禽养殖影响较大。2020 年上半年，受疫情影响，活禽市场开放较少，积压肉鸡较多，淘汰种鸡多，肉鸡价格虽然在三四月逐渐回升，但较上年同期偏低，进一步导致 2020 年全年肉鸡价格较上年同期偏低。生猪价格的高位运行，促使禽肉消费市场逐渐回暖，养殖户明显增多。2020 年第 4 季度末，周至县家禽存栏 48.10 万只，同比增长 17.31%。全年家禽出栏 57.78 万只，同比增长 24.53%。禽蛋产量 4102.5 吨，同比增长 10.66%。[①]

5. 第二、三产业资源禀赋

第二产业：2019 年，周至县全部工业增加值 10.02 亿元，较上年下降 29.5%。2019 年，周至县建筑业实现增加值 6.14 亿元，比上年下降 33.3%。[②] 高新集贤园、西部智能装备产业园生态工业"两轮驱动"发展

---

① 《2020 年周至农业经济运行分析》，西安市周至县人民政府网站，2021 年 3 月 8 日，http://www.zhouzhi.gov.cn/xxgk/fdzdgknr/tjsj/tjsj/60459ccef8fd1c2073fade5a.html。

② 摘自《周至县 2019 年国民经济和社会发展统计公报》。

格局初步形成。高新集贤园完成固定资产投资 3 亿元,工业产值 12.5 亿元,实现税收 4300 万元,同比增长 35%。西北大学现代学院周至校区启动实施。西部智能装备产业园完成一期 8 个签约项目和尚龙大道征地 348 亩,二期报地 440 亩,道路、管网等基础设施建设有序推进。总投资 7 亿元的富士康斗方云医疗大数据中心项目成功签约。2020 年,生态工业势头良好,高新集贤园集贤大道建成通车,太周创新产业园主体封顶,幸福大健康生产基地试生产,比亚迪智能终端产业园即将建成,园区全年完成投资 32.02 亿元。西部智能装备产业园尚龙大道(一期)工程全面完工,8 家企业进驻园区,累计完成投资 2.81 亿元;新签约项目 4 个,计划总投资 8.6 亿元。① 2015—2019 年周至县规模以上工业增加值增长速度如图 3-2 所示。

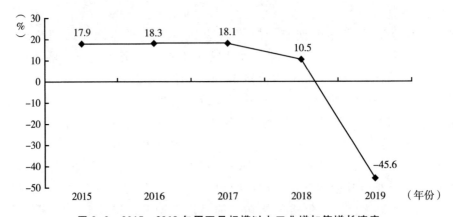

图 3-2　2015—2019 年周至县规模以上工业增加值增长速度

第三产业:2019 年,依托"中国年·最西安",持续叫响"周至年·最关中"品牌;举办首届乡村旅游文化节、旅游商品大赛等系列文化旅游品牌推介活动;定期组织非遗文化进景区,发布秦岭花海等特色美景美食抖音视频,吸引各地游客前来"打卡",沙河水街、渭河大桥湿地公园、黑河芦苇荡等的知名度不断提升。厚畛子村入选省级乡村旅游示范村。沙河水街 9 个主题民宿全面完工,沙河月空居、黑河国家森林公园熊猫山舍被评为西安市十佳最美民宿。2019 年累计接待游客 1742.6 万人

———————————

① 摘自周至县 2020 年政府工作报告。

次，综合收入 49.6 亿元。① 截至 2020 年，周至县文化旅游加快发展，启动与曲江第二轮战略合作，西京学院开工建设，子牙学宫总部校区项目完成签约。全年新增 12 家等级民宿，3 家主题民宿获评"西安市精品民宿"。全年接待游客 1076.46 万人次，实现旅游收入 31.88 亿元。周至县荣登央视"2020 最美揽夏地"榜首。电商发展再创佳绩，创建市级电子商务示范镇 9 个，示范村 16 个，全县电商企业达 316 家，微商达 1 万余户，全年电商销售突破 48 亿元。

6. 文化资源禀赋

周至物质文化遗产丰富，主要包括楼观台、仙游寺、法王塔、太白山景区、玉真观等。楼观台背靠秦岭北麓，北临渭河南岸，东距西安市 70 千米，是我国著名的道教圣地，也是全国著名的自然风景名胜区，具有丰富的文化遗产与自然景观资源。原因有两个：一是老子在此完成并宣讲《道德经》，该地现有古迹 60 余处，属国家级重点风景名胜区，产生了楼观道派，也是基督教最早传入中国之地；二是楼观台是秦岭山脉地貌和生物多样性的典型地区。②

周至非物质文化遗产数量众多，种类齐全，在多个村镇均有分布。全县共有 107 项非物质文化遗产，包括民俗文学 5 项，传统音乐 10 项，传统舞蹈 13 项，传统美术 9 项，传统戏剧 2 项，传统技艺 22 项，曲艺 3 项，体育、游艺与竞技 4 项，传统医药 5 项，民俗 34 项。其中，集贤古乐属于"国家级保护项目"；周至石雕、周至唢呐、周至曲子、周至三多堂纸扎制作技艺、周至剪纸、周至龙灯、渭旗锣鼓、周至皮影戏、周至楼观大玉木偶戏、周至八家庄牛斗虎、周至道情等 11 个非遗项目属于"省级保护名录"；县级及以上非遗项目共计 72 个（见表 3-3）。总之，周至非遗资源具有原生态的文化特征，蕴含着潜在的经济价值。从宏观角度看，结合旅游开发，展开互动式体验、民间艺术展演或是工艺品再开发等活动，既能够提高非遗的知名度，又能够为周至带来显著的经济效益；从微观角度看，深入村镇的文化广场、文化空间节点、基础设施等，也能够通过文化建设提升村民的文化素养，提高非遗在村民中的影响力，从源头上促进非遗的保护与传承。③

① 摘自周至县 2019 年政府工作报告。
② 摘自周至县人民政府网，2021 年 4 月 30 日，http：//www.zhouzhi.gov.cn/rwzz/glzy/1.html。
③ 许逸敏、张定青、赵曼：《非物质文化遗产保护与利用规划模式构想——以西安周至县为例》，《华中建筑》2015 年第 4 期，第 67—71 页。

表 3-3 西安市周至县非物质文化遗产名录

类别	序号	项目名称	申报地区
民间文学 （5项）	1	董永墓与乞巧节的传说	司竹镇、竹峪镇
	2	仙游寺的传说	马召镇、终南镇等
	3	丹阳观的传说	竹峪镇
	4	楼观台的传说	楼观镇
	5	四十里峡的传说	集贤镇
传统音乐 （10项）	6	集贤古乐	集贤镇
	7	上阳化锣鼓	哑柏镇
	8	渭旗锣鼓	二曲镇
	9	殿镇锣鼓	集贤镇
	10	五谷丰登锣鼓	哑柏镇
	11	义学巷锣鼓	二曲镇
	12	竹峪沟唢呐	青化镇
	13	青化浮沱唢呐	青化镇
	14	唢呐	九峰镇、翠峰镇等
	15	首阳山歌、情歌	九峰镇
传统舞蹈 （13项）	16	夹板舞	哑柏镇
	17	打钱竿	九峰镇
	18	牛斗虎	楼观镇
	19	七曲村高跷	哑柏镇
	20	上阳化社火	哑柏镇
	21	仙鹤舞	二曲镇
	22	龙灯	二曲镇
	23	竹马	马召镇
	24	旱船	四屯镇
	25	西里和尚杜柳翠	马召镇
	26	白鹤斗海贝	终南镇
	27	周至狮子舞	广济镇、二曲镇等
	28	周至社火、芯子	广济镇、楼观镇等
传统美术 （9项）	29	哑柏刺绣	哑柏镇
	30	周至寿坊工艺	二曲镇、广济镇等
	31	终南通草画	终南镇
	32	周至石雕	马召镇、九峰镇等
	33	周至木雕	司竹镇、翠峰镇等
	34	北寨脊兽	楼观镇等

续表

类别	序号	项目名称	申报地区
传统美术 （9项）	35	周至油漆、彩绘、壁画	翠峰镇、四屯镇等
	36	周至泥塑	翠峰镇、楼观镇等
	37	周至社火脸谱	广济镇、哑柏镇等
传统戏剧 （2项）	38	木偶戏	楼观镇
	39	皮影戏	广济镇
传统技艺 （22项）	40	豆村大蜡	终南镇
	41	皮影制作	马召镇
	42	周至雕塑	哑柏镇
	43	起良村造纸	九峰镇
	44	周至竹器编织	尚村镇、司竹镇等
	45	周至手工豆腐制作技艺	四屯镇、骆峪镇等
	46	酱醋制作	富仁镇、终南镇等
	47	金属古建模型、文物修复技艺	翠峰镇、终南镇
	48	周至纸扎工艺	广济镇、哑柏镇、马召镇、 集贤镇、九峰镇等
	49	终南草鞋编织	终南镇
	50	雨帽编织	终南镇
	51	手工制香	翠峰镇、九峰镇等
	52	周至面花	四屯镇、集贤镇等
	53	周至农具铸造工艺	广济镇、司竹镇等
	54	周至手工织布	集贤镇、富仁镇
	55	周至布艺	青化镇、广济镇等
	56	周至杆子称制作技艺	二曲镇等
	57	周至木板年画	富仁镇、哑柏镇、二曲镇
	58	周至手工挂面	终南镇、二曲镇、竹峪镇
	59	周至醪糟	二曲镇、哑柏镇等
	60	哑柏荞粉	哑柏镇
	61	周至制斗技艺	楼观镇等
曲艺（3项）	62	军寨道情	楼观镇
	63	竹园头曲子会	终南镇
	64	马召熨斗曲子	马召镇

续表

类别	序号	项目名称	申报地区
体育、游艺与竞技(4项)	65	上阳化独杆秋千	哑柏镇
	66	趬轿子	四屯镇、二曲镇
	67	道教八仙棍	楼观镇
	68	周至洪拳	楼观镇等
传统医药(5项)	69	望城烧伤、瘰疬创伤	四屯镇
	70	龚家村济生堂	尚村镇
	71	王氏喉症药物"神奇散"	终南镇
	72	神功元气带	尚村镇
	73	周氏顽癣净	哑柏镇
民俗(34项)	74	集贤皇会	集贤镇
	75	华夏财神	集贤镇
	76	楼观台老子祭祀	楼观镇
	77	县城八月二古庙会	二曲镇
	78	丹阳观	竹峪镇
	79	城西二十八会	二曲镇、四屯镇等
	80	三月初十青山庙会	翠峰镇
	81	马召十月十古会	马召镇
	82	三月初一火神会	司竹镇
	83	二月二庙会	哑柏镇
	84	正月十五庙会	青化镇
	85	二月十五西楼观庙会	楼观镇
	86	四月八会	终南镇
	87	七月十三太白庙会	四屯镇
	88	二曲礼仪	二曲镇
	89	焰光	哑柏镇
	90	马角	楼观镇
	91	乞巧舞	终南镇
	92	临川冬至会	尚村镇
	93	观音山庙会	九峰镇
	94	史务村八月八庙会	翠峰镇
	95	高庙水陆道场法会	富仁镇
	96	广济牛马王会	广济镇

续表

类别	序号	项目名称	申报地区
	97	汉马援宗亲总会官村马氏分会建祠和祭祀活动	翠峰镇
	98	周至分娩习俗	广济镇等
	99	清凉寺庙会	广济镇
	100	玉皇圣诞会	哑柏镇
民俗 (34项)	101	文王庙会	竹峪镇、二曲镇
	102	十三村老王庙会	终南镇
	103	虎头山庙会	九峰镇
	104	暖泉寺庙会	广济镇
	105	风伯雨司庙会	司竹镇
	106	瑞光寺庙会	二曲镇
	107	周至阴阳风水勘测	翠峰镇、二曲镇等

资料来源：摘自《西安市周至县非物质文化遗产名录》，陕西省非物质文化遗产网，2021 年 4 月 30 日，http：//www.sxfycc.com/portal/article/index/id/1098.html。

7. 科技资源禀赋

（1）试验站建设情况

周至县农业科学技术试验站以脱贫攻坚为工作统领，在集贤镇赵代村、广济镇南留村深入开展联户帮扶工作，坚持脱贫不脱政策，脱贫不脱责任，扎实开展帮扶工作，坚持日常帮扶到位、节日慰问到位、重大困难帮扶到位。结合贫困户产业发展实际，积极开展消费扶贫工作，通过以购代捐等方式，极大地增强了贫困户产业发展的内生动力。通过帮扶工作的扎实开展，贫困户产业及收入稳步提升，切实做到了稳固脱贫。

周至县西北农林科技大学渭河樱桃试验站始建于 2011 年 3 月，占地 200 亩，由西北农林科技大学园艺学院樱桃课题组负责建设。目前承担着农业农林部樱桃公益性行业科研专项，科技部樱桃国际合作项目，国家林业和草原局樱桃 948 引种项目，陕西省现代樱桃产业技术体系建设，学校樱桃、李种质资源与新品种选育等樱桃、李核果类无病毒研究重大项目。旨在建立起规模化、系统化的樱桃、李种质资源圃和标准化新品种、新栽培管理模式。保存及管理十余年来引种的上千种樱桃、李种质资源材料。同时承担标准化的樱桃教学、科研和新品种示范推广工作。

（2）试验基地建设情况

猕猴桃良种繁育和品种存贮试验基地建设主要情况：建有避雨温室大棚；购置冷库成套设备、冷库周转箱；建设猕猴桃园区生产路；改造30亩猕猴桃架型；建设防风林；新建猕猴桃种质资源圃；购置果园机械。

（3）科技人才储备情况

2016年周至县科技为农服务作用进一步凸显，认定科技型农业龙头企业和农民专业合作社6家，培育市级科技示范户20户；2018年认定科技型农业龙头企业和农民专业合作社8家，培育市级科技示范户23户；2019年深入推进"双创"工作，累计建成众创载体20个，孵化企业120余家，创建市级农业科技园2个、省级农业科技园1个，认定科技型农业龙头企业和农民专业合作社8家，培育市级科技示范户19户；2020年认定科技型农业龙头企业和农民专业合作社6家，培育市级科技示范户47户，选聘科技人才68人（见表3-4）。

表3-4　2016—2020年周至县科技资源汇总

时间	科技型农业龙头企业和农民专业合作社（家）	市级科技示范户（户）	市级农业科技园（个）	省级农业科技园（个）	科技人才（人）
2016年	6	20			
2018年	8	23			
2019年	8	19	2	1	
2020年	6	47			68

（4）其他科技资源情况

此外，周至县还设有农技中心、农技站、园艺站、土肥站、植保站、农广校、农科试验站、农机中心、农机管理站、农机化技术推广站、农机安全监理站、农机化学校、畜牧中心、疫控中心、动卫所、农综办、农检中心、多种经营办、乡镇兽医站、种子管理站、种子技术服务站、土地流转服务中心等多个农业技术中心，为群众提供农业技术方面的培训和指导。

（二）鄠邑区

鄠邑区原称户县，地处关中平原中部，西安是副中心城市之一，总面积 1282 平方千米，总人口 60 万人，辖 6 镇 8 个街道[①]，属于中国现代民间绘画之乡、中华诗词之乡、中国鼓舞之乡、中国楹联文化县、全国文明县城、国家卫生县城、全国围棋之乡、全国档案管理示范县。[②]

1. 自然资源禀赋

水资源：鄠邑区水资源充沛，地下水存量 4 亿立方米，36 条大小河流均源自秦岭北麓，汇聚为涝河、甘峪河、太平河、高冠河四大水系。甘峪河流入涝河，涝河向北流入渭河，太平河与高冠河水系汇入沣河。东西最宽处 30 千米，南北最长处 53 千米，总面积 1282 平方千米，耕地面积 38477 公顷，灌溉面积 33396 公顷。

动物资源：鄠邑区有羚牛、熊、刺猬、猴、青羊、野猪、环颈雉、长尾雉、斑鸠、杜鹃、画眉、猫头鹰等野生动物，18 种野生鱼类。有国家一级保护动物羚牛，国家二级保护动物大鲵、长尾雉。

植物资源：鄠邑区有千余种植物资源。药材类 340 多种，其中菖蒲、猪苓、寸香、贝母、五味子、首乌等 17 种药材药用价值和产量均大；纤维类有罗布麻、马蔺等 10 种；油料类有松子、柏子等 11 种；淀粉类有橡子、葛根、蕨根等 6 种；化工原料类有橡壳、漆树等 12 种；干鲜果类有中华猕猴桃、柿子、软枣、野桃等 16 种；花卉类有牡丹、杜鹃、野蔷薇、野菊花等 15 种；作物近缘野生品种有野生大豆 3 种，野生三籽两型豆 4 种，野生豌豆 7 种，野生扁豆 1 种，野生麦类 2 种，野生麻类 1 种，野生油菜 1 种；牧草类有禾本科植物 12 种，豆科植物 8 种，菊科植物 5 种。

2. 区位资源禀赋

鄠邑区南部山区山梁多为南北走向（秦岭梁为东西走向），坡度在 45 度以上。中山分布于海拔 1000 米以上，分水岭陡峻，起伏较大，多为对

---

① 含已被托管大王街道、庞光街道、秦渡街道、草堂街道。

② 2016 年 11 月 24 日，国务院批复撤销户县，设立西安市鄠邑区。2017 年 9 月 9 日，鄠邑区撤县设区正式揭牌，成为西安市第 11 个区。

称山脊,各山岭由南向北呈叶脉形分布,并形成大小支脉 175 道。较高山峰有首阳山、凤凰山、方家梁、土坡梁、九华山、木咀梁、万家岭、圭峰山、郭家山、宛华山、天空岔梁,共 11 座。河谷一般呈"V"形,谷宽5—20 米,河谷切割不对称。土质不宜农耕,现多为林地及荒山草坡。低山分布于海拔 600—1000 米,山脊较少起伏,分水岭呈浑圆形。山坡堆积物较多,低洼处保留有黄土状砂质黏土,厚度 5—20 米。河谷一般呈"V"形,宽度逾 25 米,存在"箱形谷",多为山区农耕地。北部平原构造属渭河地堑,按地貌特征可分为秦岭北麓山前洪积扇、扇缘洼地、黄土台塬、渭河阶地及河漫滩地,海拔 388—600 米。洪积扇分布于山基线以北,童家滩、郝家寨、南斑竹园、仝夏堡、余下村、焦将村、高力渠、草堂寺东西一线以南。地表坡度 0 度 30 分至 4 度。扇缘洼地分布于洪积扇以北,秦渡镇、牛东村、牙道村、县城、格家庄、甘水坊东西一线以南,地表坡度小于 1 度。黄土台塬分布于扇缘洼地以北,文义村、王守村、坳河村、涝店、甘河村东西一线以南,即眉坞岭地带,地表坡度小于 1 度,未受渭河冲积影响,为原生黄土沉积,土层深厚。渭河阶地南与黄土台塬界线明显,分布于眉坞岭以北,渭河防洪堤以南,为河流冲积而形成。河漫滩系防洪堤以北渭水漫滩。地面从南向北、从西向东微倾斜,土层深厚,土质肥沃,是鄠邑区主要粮食产区。鄠邑区地处东经 108°22′至 108°46′,北纬 33°46′至 34°16′之间。

3. 人力资源禀赋

2019 年末全区常住人口 56.46 万人,比上年同期增加 0.60 万人,全年人口出生率 13.12‰,死亡率 6.31‰,自然增长率 6.81‰。全区城镇人口 24.21 万人,占 42.9%,农村人口 32.25 万人,占 57.1%。年末全区户籍总人口 598793 人(其中西安高新区新托管秦渡、草堂、庞光街道 136731 人)。全区户籍人口中,男性 306902 人,女性 291891 人。其中 0—17 岁有 102453 人,占总人口的 17.11%,18—59 岁有 376259人,占总人口的 62.84%,60 岁及以上有 120081 人,占总人口的20.05%。

4. 农业资源禀赋

2019 年,农业生产总体平稳增长。全年全区农林牧渔业增加值 30.01亿元,同比增长 4.8%,其中,农林牧渔服务业 2.30 亿元,同比增长3.5%。区属农林牧渔业增加值完成 24.86 亿元,同比增长 4.7%。其中,农业16.82亿元，林业1.43亿元，牧业4.81亿元，渔业0.09亿元，农林牧渔服务业1.71亿元。全年区属粮食作物播种面积47.05万亩，同比增长3.5%，全年粮食总产量16.58万吨，比上年增长2.1%。其中，夏粮产量8.11吨，秋粮产量8.47万吨；全年蔬菜播种面积7.52万亩，蔬菜总产量24.69万吨，面积、产量与上年基本持平；区属瓜果类面积1.53万亩，产量4.8万吨，其中大棚草莓面积2680亩，产量1.04万吨，增长0.8%；区属园林水果种植面积5.57万亩，较上年增长4.1%；园林水果产量7.58万吨，较上年增长8.6%。葡萄种植面积3.77万亩，占园林水果总种植面积的67.7%，产量5.10万吨，占园林水果总产量的67.3%；全年区属肉类总产量4855吨，同比下降2.8%，其中猪肉产量3109吨。生猪年末存栏5.00万头，生猪出栏3.98万头。禽蛋产量5568吨，同比增长4.7%；奶类产量5885吨，同比增长0.4%。据统计2018年现代农业提速加力。实施"基地+品牌"战略模式，认证"三品一标"企业（基地）30个，市级以上农业园区达到15个。葡萄种植面积达到6.6万亩，实现产值6亿元，"户县葡萄"入选2018年第一批国家农产品地理标志认证，品牌价值评估7.48亿元。加强农田水利设施建设，铺设地埋管线452千米，新增节水灌溉1.08万亩，粮食总产量23.5万吨。新发展合作社18个，培育家庭农场38家、职业农民150人。国家农产品质量安全区通过省级验收。[1] 2019年现代农业加速发展。突出粮食安全，全面落实粮食安全责任，全年粮食总产量24.5万吨。突出农民增收，新增专业合作社11个，发展家庭农场20家。依托省农业信贷融资担保公司，创新支农方式，为农业贷款担保5100万元。突出园区引领，荣华田园综合体项目建设初具规模，流转集体土地1453.38亩，成功签约投资15亿元的法国娇兰花卉种植项目。突出品牌带动，全力推广"农业标准化+品牌"战略，"户县葡萄"种植面积稳定在6.6万亩，产量达到10万吨，实现销售收入7.5亿元，成功入选2019年度中国果业受欢迎的名优果品区域公用品牌前10强，荣获2019年中国农业品牌建设学府奖，品牌价值达到10.19亿元。鄠邑区被农业农村部命名为"国家农产品质量安全县"。2020年全区实现粮食总产量19.5万吨，积极开展特色果业提质增效，"户县葡萄"品牌价值评估超过11亿元，葡萄、樱桃、杏等特色水果获得省市金奖、

---

[1] 摘自西安市鄠邑区2020年政府工作报告。

银奖 10 余项。农业基础设施建设稳步推进,新打机电井 106 眼,埋设低压输水管道 16.5 千米,硬化生产道路 15 千米。圆满完成农村人居环境整治工作三年行动目标任务,完成无害化户改厕 1 万余座,成功创建省市美丽宜居示范村 22 个,"五美"村庄 37 个。认真开展"清洁田园"工作,累计清理农业生产废弃物 749 吨。全面完成剩余的 366 户 497 人贫困人口脱贫退出工作,建立了防返贫控新增"1+N"长效机制,全年无返贫现象发生。①

5. 第二、三产业资源禀赋

第二产业:2019 年,鄠邑区工业增加值 44.39 亿元,比上年下降1.1%;2019 年,鄠邑区建筑业增加值 7.52 亿元,比上年下降 37.3%。据统计,2018 年工业经济提质增效显著。坚持优结构、促转型,区属规模以上工业增加值达到 23 亿元,同比增长 6.5%。沣京工业园加速升级,完成总产值 100 亿元,上缴税金 4.5 亿元。西安利君、中通快递建成试运行,产业集聚效应凸显。西户高新区展现活力,孵化器一期全部建成,增材制造研究院等项目辐射作用增强,3D 打印实习基地、"双创"实践基地等 30 余个项目落户,新增科技型中小企业 30 家,"众创空间+孵化器+加速器+园区"全链条创新服务体系初步形成。汽配产业园蓬勃发展,依托比亚迪等企业引进产业链项目 56 个,实现产值 12 亿元,成为工业新的增长极。2019 年工业经济转型升级。坚持工业向园区集中的思路,深入推进工业倍增计划,以产业"换挡"带动经济"提质"。区属 74 家规模以上工业增加值增长 8%,净增规模以上工业企业 15 户。沣京工业园新签约项目 4 个,标准化厂房项目 8 个,税收突破 5 亿元。沣一路东段、沣二东路等 7 条道路综合管网工程完成投资 8174.69 万元,西户高新区赛宝研究院、航思半导体、增材制造研究院等 38 个工业项目完成总投资 6 亿元,西户科技企业孵化器成功创建国家级科技企业孵化器,沣京工业园和汽配产业园被省政府评为省级示范县域工业集中区年度考核先进单位,汽配产业园成功创建"国家级双创示范基地"。2019 年鄠邑区规模以上工业产值分行业情况如表 3-5 所示。

---

① 摘自《西安市鄠邑区 2020 年国民经济和社会发展计划执行情况与 2021 年国民经济和社会发展计划草案》。

表 3-5　2019 年鄠邑区规模以上工业产值分行业情况

单位：亿元，%

行业名称	总产值	占全区规模以上工业比重	同比增长
装备制造业	178.82	66.8	-11.4
食品工业	25.2	9.4	0.9
能源化工工业	18.37	6.9	8.4
医药制造业	18.3	6.8	9.8
非金属矿物制品业	13.89	5.2	-0.6
印刷及纸制品业	7.39	2.8	-12.8
六大行业合计	261.97	97.9	-7.4
全区规模以上工业	267.70	100.0	-7.0

　　第三产业：2019 年，鄠邑区社会消费品零售总额比上年增长 6.0%。全区限额以上企业单位消费品零售额 6.66 亿元，下降 0.1%。消费升级类商品增长较快，限额以上单位汽车销售额同比增长 11.5%，日用品类零售额同比增长 36.6%，天然气类销售额同比增长 8.4%，家用电器和音像器材类、文化办公用品类及化妆品类商品零售额同比分别增长 2.7%、19.2% 和 2.8%。全年道路货运量 508.3 万吨，货运周转量 12706.5 万吨千米；客运量 2139.5 万人次，客运周转量 31693.5 万人千米。全年邮政业务总收入 5769 万元，比上年增长 6.4%。全年电信业务收入 40462 万元，比上年下降 4.1%。年末固定电话用户 6.80 万户，比上年下降 3.1%；其中城乡居民住宅电话用户 6.05 万户，比上年下降 1.8%。固定互联网宽带用户 16.05 万户。移动电话用户 62.43 万户。全年接待游客 2100.62 万人次，旅游业总收入 68.07 亿元，比上年增长 12.4%。全年实际利用外资 1600 美元，比上年下降 3.6%；招商引资实际到位资金 256.05 亿元，比上年增长 15.5%。据统计，2018 年打响鄠邑旅游品牌，西安系列旅游季鄠邑元素特色鲜明，太平紫荆花节持续火爆，渼陂湖、重阳菊海成为旅游新热点，发展精品民宿 20 个。现代服务业初具规模，三大商圈建设稳步推进，完成投资 1.064 亿元，全区第一家高品质酒店"天悦凯莱"和第一家咖啡众创新概念新华书店开业。农村淘宝服务中心投入运营，建成涝峪口等电子商务扶贫重点村 35 个、天猫优品服务站 50 个，完成电子商务交易额 8.2 亿元。全年实现社会消费品零售总额 12.17 亿元，同比增长 13%。①

①　《鄠邑区 2019 年国民经济和社会发展统计公报》。

6. 文化资源禀赋

鄠邑区物质文化遗产包括新石器时代和周代遗址，共计 25 处，其中省级物质文化遗产 10 处。著名的文物古迹包括周王季陵，周文王建都的丰京，秦惠文王的萯阳宫，汉陈平墓及娄敬修道处，西晋孝惠皇帝形香院，后秦鸠摩罗什译经的草堂寺，元代道教全真派天下祖庭重阳宫，明代化羊庙、公输堂、大观楼等。现已建成重阳宫碑林和文庙碑林石刻。2020 年，鄠邑区实施农展馆提升改造工程，农民画展览馆被评为省级"十百千"文化产业示范基地。建成市级民宿 6 家，蔡家坡、八里坪村被评为省级旅游示范村，栗峪口、马坊村、西河村被评为西安市旅游示范村。全年接待游客 1411 万人次，实现旅游收入 35 亿元。

鄠邑区文化底蕴深厚，非遗项目较多，现已经形成了国家、省、市、区四级名录保护体系。市政府公布的名录项目一共有 26 项，其中眉户曲子、北乡迎祭城隍民俗活动列入国家级名录，19 项列入省级名录。国家级代表性传承人 1 名，省级代表性传承人 8 名，市级代表性传承人 34 名。涉及传统美术 2 项，传统音乐 2 项，传统体育、游艺与杂技 1 项，传统医药 1 项，传统技艺 2 项，传统戏剧 1 项，传统手工技艺 8 项，民俗 5 项，民间美术 2 项，民间文学 2 项（见表3-6）。全区现有非遗传习展示场所 4 个，眉户曲子传承基地 8 个。

表3-6　西安市鄠邑区非物质文化遗产名录

类别	序号	项目名称	保护单位	级别
传统美术（2 项）	1	民间面塑技艺	鄠邑区文化馆	省级
	2	传统漆画工艺	鄠邑区文化馆	省级
传统音乐（2 项）	3	北乡锣鼓	鄠邑区文化馆	省级
	4	大王崔氏龟兹鼓乐	鄠邑区文化馆	省级
传统体育、游艺与杂技（1 项）	5	甘水坊狮子爬杆	鄠邑区文化馆	省级
传统医药（1 项）	6	魏邵氏肾病诊疗技艺	西安肾病医院	省级
传统技艺（2 项）	7	秦镇米皮制作技艺	鄠邑区文化馆	省级
	8	关中木构古建营造技艺	鄠邑区文化馆	省级
传统戏剧（1 项）	9	眉户曲子	鄠邑区文化馆	国家级、省级

续表

类别	序号	项目名称	保护单位	级别
传统手工技艺 （8项）	10	龙窝酒手工酿造技艺及习俗	西安龙窝酒业有限公司	省级
	11	民间缯鼓技艺	鄠邑区文化馆	省级
	12	秦镇杨氏木杆秤制作技艺	鄠邑区文化馆	省级
	13	关中事酒酿造技艺	鄠邑区文化馆	省级
	14	古筝制作技艺	鄠邑区文化馆	省级
	15	谷子砲编席技艺	鄠邑区文化馆	省级
	16	风味小吃制作技艺	鄠邑区文化馆	省级
	17	什村制斗技艺	鄠邑区文化馆	省级
民俗（5项）	18	北乡迎祭城隍民俗活动	鄠邑区文化馆	国家级、省级
	19	蒋村正月民俗活动	鄠邑区文化馆	省级
	20	社火	鄠邑区文化馆	省级
	21	石中村七巧龙灯	鄠邑区文化馆	省级
	22	终南山钟馗信仰民俗	西安欢乐谷度假村	省级
民间美术（2项）	23	民间布艺老虎	鄠邑区文化馆	省级
	24	李氏木刻	鄠邑区文化馆	省级
民间文学（2项）	25	刘海金蟾俗信	鄠邑区文化馆	省级
	26	终南山传说	鄠邑区文化馆	省级

资料来源：摘自《西安市鄠邑区非物质文化遗产名录》，陕西省非物质文化遗产网，2021年4月30日，http://www.sxfycc.com/portal/article/index/id/1089.html。

7. 科技资源禀赋

（1）示范园建设情况

渭河农业科技示范园占地约150亩，位于渭河农业示范区核心区，鄠邑区康永路中段，北距渭河南堤300米，南距108国道5千米，东距沣西新城交大产业港7.5千米，附近有市、区中心苗圃，裕兴农业科技公司等苗木花卉、设施农业企业，位置优越，交通方便。园区现有22栋钢构日光大棚和11栋钢构连体大棚，种植杏、桃、樱桃、冬枣、果桑等设施果树。建有一座100吨容量的冷库，产品展示室、包装室各一处，占地412平方米。门房、卫生间、看护房等设施一应俱全，道旁绿化已具规模，2017年、2018年曾在此举办全区设施瓜果采摘节。

（2）科技人才储备情况

2018年建成鄠邑青年创业园等"双创"载体37个，面积88万平方米。"创业西安行之鄠邑在行动"深入开展，累计举办活动200余期，5位创业英雄登上央视"创业英雄汇"舞台。专利申请量480件，授权量357件，任务完成率位居全市前列。实施"高校+"战略，区政府与西北大学合作建立科技工作站，汽配园与华中科技大学、西安文理学院创建"大学生创新创业实训基地"，科技成果转化不断加速；2019年新增小巨人企业3家，认定科技型中小企业30家，建成区级以上众创载体29个，入驻企业281家。广泛开展校地合作、校企合作，与西安交大、华中科技大学等10余所高校建立合作关系，搭建人工智能与人才创新"微沙龙"交流平台，高校科技成果加速转化。2020年完成国家级高新技术企业认定8家，科技型中小企业评价入库60家，新增区级以上众创载体11个。西户创业创新基地成功获评"西安市数字经济示范园"，涝店镇成功创建全市首家省级农业科技示范镇。

（三）长安区

长安区地处关中平原腹地，东连蓝田县，南接柞水县，西接鄠邑区，北靠雁塔区、灞桥区和未央区。汉高祖五年（公元前202年）设置长安县，取"长治久安"之意。2002年撤县设区。长安区总面积1583平方千米，辖16个街道232个行政村84个社区。

1. 自然资源禀赋

水资源：长安区主要河流有沣河、浐河，均属渭河水系。沣河流域主要河流包括沣峪河、高冠河、太平河、潏河、大峪河、小峪河、太峪河、滈河、金沙河等。浐河流域主要河流包括浐河、库峪河及过境河汤峪河、岱峪河、鲸鱼沟等。全区年平均水资源总量为61682万立方米，其中地表水资源总量为46379万立方米，地下水资源总量为37453万立方米，地表水与地下水之间的重复量为22150万立方米。平均产水模数为38.96万米^3／千米^2，地下水可开采量为29100万立方米。亩均占有水资源量为863立方米，人均占有水资源量为656立方米。

植物资源：长安区植物资源包括油松、华山松、雪松、椴、桦、泡桐等60余种乔木；以小麦、玉米和水稻为主，以谷子、豆类、薯类等为辅的粮食作物；以棉、油菜、蔬菜、瓜果、花卉为主，以烟、麻等为辅的经济作物。有70余种蔬菜；苹果、梨、桃、葡萄、李子和柿子等果类；板栗、核桃、花椒、漆木、黑木耳、松香、桂皮等山货特产；651 种植物药材，包括 199 种国家重点药材。

动物资源：长安区有朱鹮、黑鹳、白冠长尾雉、血雉、锦鸡、红腹角雉等 50 余种鸟类；20 余种兽类。有国家一级保护动物羚牛，二级保护动物青羊、青鹿、林麝等。有 20 余种两栖类和爬行类动物，其中有 15 种国家一、二级保护动物。境内有省级自然保护区，即牛背梁自然保护区。

矿产资源：长安区优势矿产主要有建材类非金属等。包括铁、铜、铅、铬等金属矿，大理岩、硅石、伟晶花岗岩、石墨、石榴石、水晶、砖用黏土、建筑用沙等非金属矿。

地热资源：长安区地热资源丰富，地热面积约 207.5 平方千米，热能储量相当于 1324.5 万吨标准煤的热能。境内地热田主要分布于秦岭北麓沿山的郭杜、韦曲、杜曲、东大一带。已开发利用的有东大、子午、韦曲等地的地热资源。

2. 区位资源禀赋

长安区位于东经 108°38′—109°14′，北纬 33°47′—34°18′。地势为东原、南山、西川，最低海拔 384.7 米，最高海拔 2886.7 米。地势大体为东南高西北低，南北长 55 千米，东西宽 52 千米。南为秦岭山地，北为渭河断陷谷地冲积平原区（包括台塬），西为渭河冲积平原（含秦岭北麓洪积扇群），东部为黄土台塬与川道沟壑。区内最高点为秦岭麦秣磊东南（海拔 2886.9 米），最低点为区境西北角的西江渡（海拔 384.7 米），高差 2500 多米。

3. 人力资源禀赋

2019 年末，全区常住人口 106.42 万人，年末全区户籍总人口 104.53 万人，其中城镇人口 53.03 万人，乡村人口 51.49 万人。2019 年全区共有各类学校 299 所，在校学生 139927 人，教职工 12936 人（专任教师 9543 人）。其中教育部门办中小学 182 所，包含幼儿园 49 所、小学 96 所、初中 25 所、普通中学 8 所、职业高中 3 所、特殊教育学校 1 所，在校学生 86171 人，教职工 7234 人。民办学校 112 所，在校学生 52055 人，教职工 5472 人。其他部门办学校 1 所，在校学生 347 人，教职工 38 人。小学、初中入学率均保持在 100%。32 所高校 30 余万名师生，为长安经济发展提供了充足的智力支持和人才优势。

4. 农业资源禀赋

2019 年，全区粮食播种面积 39.54 万亩，比上年增加 1.9%；油料播种面积 0.71 万亩，增加 11.9%；蔬菜播种面积 6.62 万亩，下降 6.2%。全年粮食产量 13.42 万吨，比上年增长 2.6%（见表 3-7）。其中，夏粮 7.40 万吨，秋粮 6.02 万吨。

表 3-7　2019 年长安区主要农畜产品产量及其增长速度

产品名称	产量	比上年增长（%）
粮食	13.42 万吨	2.6
油料	0.11 万吨	8.2
蔬菜	14.27 万吨	7.3
瓜果	3.31 万吨	3.6
园林水果	3.97 万吨	8.65
肉类	0.3 万吨	-19.8
奶类	0.54 万吨	43.5
禽蛋	0.6 万吨	3.8
牛年末存栏数	2294 头	64.2
猪年末存栏数	15069 头	53.3
羊年末存栏数	2746 只	10.9
家禽年末存栏数	45.85 万只	8.0

资料来源：摘自长安区统计局《西安市长安区 2019 年国民经济和社会发展统计公报》，2021 年 3 月 9 日。

现代农业平稳发展。坚持以创建国家现代农业示范区、国家农产品质量安全区为统领，全力做强粮食、设施蔬菜、畜牧养殖业、休闲农业、加工销售业五大产业，创新长安花卉、长安草莓、长安鲜桃、农家乐、设施瓜菜五大特色产业。粮食产能持续稳定，粮食作物播种面积达到 40 万亩，粮食总产量达到 13 万吨，恢复水稻种植面积 950 亩。设施农业规模持续增长，加大蔬菜新品种、新技术、新设施、新设备引进力度，蔬菜产能不断攀升，绿色生态发展理念全面贯彻，蔬菜年产量实现 13 万吨。

休闲农业蓬勃发展。秦岭北麓长安段休闲农业带基本形成，沿线农家乐、民宿、现代农业园区规范发展；东部塬坡休闲农业产业带建设初具规模；花卉产业发展步伐加快，全区花卉种植面积达到 0.5 万亩，年产值突破 2 亿元，秦岭国际花卉展示中心建设全面启动，全市 50% 以上花卉产自长安区；长安唐村农业公园对外开放。

5. 第二、三产业资源禀赋

第二产业：工业发展全面提速。区政府设立 2200 万元工业发展专项基金，重点培育"互联网＋""创新创业"等五大类产业，扶持北方天穹、卫峰核电子等重点工业企业发展壮大。落实"先进制造业强市"22 条政策，为企业争取奖补资金 1020 万元，新增规模以上制造业企业 4 户；坚决关停"散乱污"企业，推动高污染、高能耗企业逐步转型；同社会资本共建的长安科技产业新城，入园企业达到 15 户，融讯智能制造港、诚顺实业等工业项目开工建设，制造业短板得到有效补齐。

第三产业：首先，现代服务业亮点纷呈。万科生活广场、GOGO 街区、悦秀城等商圈快速发展，新引进盒马鲜生等大型连锁品牌，成功举办云上购物节、"长安闹市"等活动，消费市场日益活跃，居民消费水平日渐提高。总部经济取得突破性发展，成功召开"长安公园"开园仪式暨总部企业招商大会，落实促进总部经济发展 30 条措施，中交二公局国家级企业总部暨技术中心等三大央企挂牌运营，谷歌等 12 个总部项目签订入区协议。其次，文化旅游品质不断提升。长安区入选首批全省全域旅游示范区，王曲街道南堡寨村入选第二批全国乡村旅游重点村名录。开通首条旅游公交专线，串联起长安公园、南五台、唐村·中国农业公园等热门景点。依托青山、绿水、空气、古村、乡愁，发展特色民宿 60 多家，用城乡花园化、全域景区化、服务智慧化的发展思路走"全域旅游＋文旅融合"的创新发展之路。

6. 文化资源禀赋

长安区文化积淀深厚。长安是"柳青精神"发祥地，拥有佛教八大宗派中华严宗、法相宗、净土宗、律宗祖庭，以及翠华山、南五台山、万花山、古观音禅寺千年银杏、杨虎城将军陵园等历史遗迹。全区始终以"构建大景区、发展大旅游、建设大产业"为目标，围绕"生态、民俗、宗教"三大主题，充分发挥秦岭北麓丰富的生态资源优势，坚持保护与开发并重，着力打造"五大特色游"。即以翠华山、南五台山等山岳型景区为代表的秦岭山水观光游；以上王村、祥峪沟村农家乐等为代表的农家乡村休闲游；以佛教四大祖庭寺庙（兴教寺、香积寺、净业寺、华严寺）为代表的佛教祖庭探秘游；以关中民俗博物院、五台古镇为代表的民俗文化体验游；以西部机场温泉酒店、秦龙温泉酒店、常宁宫为代表的温泉养生度假游。

长安区历史文化底蕴深厚，非遗项目遍及各个角落。非遗文化种类繁多，包括民间文学4项，民俗8项，曲艺1项，传统手工技艺8项，传统技艺6项，传统体育、游艺与杂技2项，传统音乐1项。近年来，长安区制定了《长安区非物质文化遗产普查工作方案》，绘制了《长安区非物质文化遗产项目分布图》，编制了《长安区非物质文化遗产普查表》，搜集非遗基础信息103条、重点项目47个。先后挖掘和整理多个项目，通过收集整理资料、编撰申报文本、拍摄申报专题片、组织专家评审、社会公示等环节，积极申报省市非遗项目，公布区级非遗名录。截至2020年，长安区有世界级非遗项目1项，国家级3项（北张村楮皮纸抄制技艺、牛郎织女故事传说、何家营鼓乐），省级15项，市级26项，区级30项（见表3-8）。在非物质文化遗产保护方面，长安区不断加强非遗保护和传承工作，对非遗传承人进行奖励。成立了长安区非物质文化馆，积极开展非遗传习活动，组织开展非遗进校园活动，加大对非遗传承人的扶持和指导，鼓励和支持非遗交流活动。深入挖掘非遗文化人才，培育乡土人才队伍，形成了一批有影响力的非遗品牌。

表3-8　西安市长安区非物质文化遗产名录

类别	序号	项目名称	级别
民间文学(4项)	1	牛郎织女故事传说	国家级、省级、市级、区级
	2	仓颉造字台传说	省级、市级、区级
	3	南五台观音菩萨传说	市级、区级
	4	丰镐三灵民间故事传说	市级、区级
民俗(8项)	5	王曲城隍庙祭祀和庙会	省级、市级、区级
	6	侯官寨迎春牛老爷社火	省级、市级、区级
	7	长安砲里花灯年节习俗	省级、市级、区级
	8	冯村射虎	省级、区级
	9	太平水官祭祀	市级、区级
	10	长安大头爷信仰习俗	市级、区级
	11	大府井清明习俗	市级、区级
	12	长安蒸饭古会	区级

续表

类别	序号	项目名称	级别
曲艺（1项）	13	长安道情	省级、市级、区级
传统手工技艺 （8项）	14	沣峪口老油坊榨油技艺	省级、市级、区级
	15	寺坡村添碟子制作技艺	省级、市级、区级
	16	关中事酒酿造技艺	省级、市级、区级
	17	长安柳条蒲篮编织技艺	市级、区级
	18	长安香品制作技艺	市级、区级
	19	小邵村布絮鞋制作技艺	市级、区级
	20	葫芦器传统制作技艺	市级、区级
	21	马氏竹编技艺	区级
传统技艺（6项）	22	长安吊钟沟花馍制作技艺	区级
	23	北张村楮皮纸抄制技艺	国家级、省级、市级、区级
	24	长安秦汉瓦当烧制技艺	省级、市级、区级
	25	长安泥塑	省级、市级、区级
	26	长安荆条编织技艺	市级、区级
	27	嘴头手工空心挂面	市级、区级
传统体育、游艺与 杂技（2项）	28	长安狮子龙灯会	省级、市级、区级
	29	长安王氏红拳	市级、区级
传统音乐（1项）	30	何家营鼓乐	国家级、省级、市级、区级

资料来源：摘自《西安市长安区非物质文化遗产名录》，陕西省非物质文化遗产网，http://www.sxfycc.com/portal/article/index/id/1097.html。

7. 科技资源禀赋

长安区示范基地建设情况：已建设完成 6 栋阳光温室大棚，每栋 1200 平方米，每个棚体无公害蔬菜产量为每天 200 斤，每斤 13 元，专供包括西旅集团在内的西安各大星级酒店，以此扩大品牌效应；飞鹿科技有限公司"开心农场"将园区苹果、樱桃、葡萄等果树全部认领，每棵树每年 168 元，已有 350 棵果树被认领。此外，长安区新强魔芋种植专业合作社投资 50 万元新栽植魔芋大棚 50 亩。长安区葡萄栽植总面积 1.13 万亩，产量 1.33 万吨，产值 1.2 亿元。全区葡萄以露地栽培为主。主要分布在滦镇、王莽、引镇、杨庄、魏寨、砲里等街道，大部分集中在环山路两侧。有合作社 11 家，企业 3 家。有百亩以上种植园区 6 个，分别是砲里秋硕，魏寨沪水源、果优特，引镇太阳太昊、春蕾、磐龙；集中连片基地 2 个，分别是滦镇红庙和杨庄许羊村。主栽品种为户太八号、夏黑，占比 80%，还引进、种植了巨玫瑰、阳光玫瑰、金手指、玫瑰香、摩尔多瓦等十几个新品种。

（四）灞桥区

灞桥区位于西安主城区东部，自古为关中交通要冲、长安东出通衢。春秋时期，秦穆公称霸西戎，改滋水为灞水，并建桥以图东进，故称“灞桥”。区域南北长 30.8 千米，东西宽 26.5 千米，总面积 332 平方千米，常住人口 70.39 万人，辖 9 个街道（其中 2 个街道自 2016 年 7 月移交西安国际港务区托管），72 个社区，76 个行政村；共有基层党组织 747 个，党员 22656 名；区委工作机关和政府工作部门 37 个，直属事业单位 6 个，派出机构 4 个，共 47 个单位。

1. 自然资源禀赋

水资源：灞桥区水资源丰富。浐、灞、渭三河川流汇聚，形成绵延 60 千米、占地 20000 余亩的天然水面和生态湿地，开放式的灞桥生态湿地公园已成为市民休闲消暑的主要场所。

森林资源：灞桥区东有白鹿原、洪庆山，涵养丰林秀景，西偎浐河，滋养半坡聚落，南临鲸鱼沟，内蕴碧水修竹茂林，北依渭河，沃野平川兴陆港。灞河自东南而向西向北，得浐入渭，纵贯全域，“灞水、灞桥、灞柳”已成为独具地域特征的文化符号。

矿产资源：灞桥区内非金属矿产资源丰富，已发现 8 种矿产、2 处矿床、10 处矿点、6 处矿化点。

2. 区位资源禀赋

灞桥区地处陕西关中盆地中部、西安城东部，系西安市辖区之一。区政府位于西安市东郊 12 千米处。地理坐标为东经 108°59′—109°16′，北纬 34°10′—34°27′。东与临潼、蓝田两县接壤，西与雁塔区、新城区、未央区相连，南与长安区为邻，北以渭河与高陵区相望。灞桥区以渭河冲积平原为主，具有山、坡、川、滩、塬多样地貌，包括北部渭河冲积平原区、东部低山丘陵区、东南部台塬区三个类型区。区内国道、省道、高速公路、城市干道、二级路网以及地铁纵横连接，四通八达，“一日交通圈”辐射全国各地，“两小时交通圈”覆盖毗邻各省省会及大中城市。

3. 人力资源禀赋

2019 年末，全区常住人口 70.39 万人，出生率 12.88‰，死亡率

5.64‰，自然增长率 7.24‰。全区城镇化率 95.23%。全区居民人均可支配收入比上年增长 8.2%（其中：城镇常住居民人均可支配收入增长 8.1%，农村常住居民人均可支配收入增长 9.6%）。全区年末在岗职工人数 38429 人，在岗职工工资总额 27.77 亿元。全区城镇新增就业人数 10240 人，农村劳动力转移就业 2.8111 万人次，担保发放小额创业贷款 3959 万元。年末城镇基本医疗保险参保人数 13.6052 万人，失业保险参保人数 3.631 万人，参加农村新型合作医疗的农民人数达 191772 人，城乡居民基本养老保险人数 12.38 万人；城镇居民最低生活保障人数 1896 人，农村居民最低生活保障人数 1599 人。

4. 农业资源禀赋

2019 年，全年粮食作物播种面积 7.07 万亩，比上年减少 1.07 万亩；油料作物播种面积 1912 亩；蔬菜播种面积 4.02 万亩，比上年减少 5796 亩；园林果树实有面积 6.39 万亩。全年粮食总产量 24684 吨，较上年减少 10.8%（见表 3-9）。其中，夏粮产量 1.56 万吨，秋粮 0.91 万吨。全区农业机械年末总动力 11.90 万千瓦，比上年下降 5.2%；农田有效灌溉面积 7.40 万亩，比上年减少 1335 亩；全年农用化肥施用量（实物量）8908 吨，比上年减少 49.8%，农药使用量 7941 公斤，比上年减少 63.1%。

表 3-9　2019 年灞桥区农业主要产品产量

单位：吨，%

产品名称	产量	比上年增长
粮食	24684	-10.8
油料	272	-6.5
蔬菜	122810	-31.5
水果	78587	-16.8
肉类	1810	29.8
奶类	3448	-31.5
禽蛋	794	-49.7

2020 年，全区夏粮收获面积 2.97 万亩，秋粮（玉米）收获面积 1.2 万亩，全区粮食种植面积基本稳定在 4 万亩左右。灞桥区加强技术指导，

竭尽所能为农户排忧解难,通过开展技术咨询、现场培训等活动促进蔬菜生产,前三季度实际完成蔬菜产量8.45万吨,全市排名第一。以生猪稳产保供为重点,印发"猪十条"措施,持续抓好非洲猪瘟防控和动物疫病防控工作,全年无重大动物疫情发生与传入。通过开展畜牧技术推广指导,促进生猪产能恢复提高,生猪存栏7485头,出栏10387头。农业特色产业建设卓有成效,优化品种结构,引进德樱1号、福晨、明珠、俄罗斯8号等12个樱桃新品种,繁育种苗11.3万株,累计改良樱桃面积5500余亩,樱桃年产量约4万吨。以公用品牌为龙头,打造有特色、有竞争力、有规模、有思想的本土市场经营主体,提升灞桥特色产业整体附加值和产地品牌声誉形象。新培育市级农业龙头企业2家、认定市级农业产业化示范联合体1家、培育区级产业化联合体3家、新注册农产品企业品牌2个、创建市级以上品牌7项、新认定家庭农场8个、新发展农民专业合作社6家,"灞桥樱桃""灞桥葡萄"品牌知名度不断提升。2020年9月,"灞桥樱桃"荣获农业农村部"全国名特优新农产品名录"。"灞桥樱桃"区域公共品牌带动乡村特色旅游线路3条,樱桃销售突破4.3亿元,葡萄品鉴文化旅游节推出特色旅游场景体验点8个。全区设置农村便民快递点1100余个,农产品网络销售突破1.4亿元,同比增长54.9%,形成了具有灞桥特色的经济新增长点。

5. 第二、三产业资源禀赋

第二产业:2019年,灞桥区全年实现工业增加值49.03亿元(同比增长7%),其中规模以上工业增加值较上年增长7.8%(见图3-3)。全年完成规模以上工业总产值114.81亿元(同比增长10.5%)。其中轻工业、重工业总产值分别为36.39亿元(同比下降1.5%)、78.42亿元(同比增长17.1%)。规模以上工业企业产销率101.3%。规模以上工业企业主营业务收入118.59亿元(同比增长11.6%),实现利润总额1.4亿元(同比增长139%)。六大高耗能行业工业总产值35.52亿元(同比增长25%),产值占比30.9%。全年实现建筑业增加值88.99亿元(同比增长17.0%)。全区34家具有资质等级的总承包和专业承包建筑企业,共完成建筑业产值142.69亿元(同比下降11.2%)。全年实现营业利润2.44亿元(同比下降56.5%),其中国有及国有控股单位实现营业利润2.47亿元(同比下降55.6%)。

第三产业:2019年,社会消费品零售总额比上年增长8.4%,其中

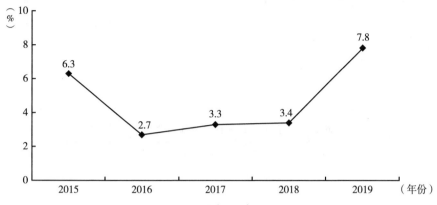

图 3-3 2015—2019 年灞桥区规模以上工业增加值增速

限额以上单位消费品零售额增长 12.2%。批发业、零售业销售额分别增长 16.2%、14.7%；住宿业、餐饮业营业额分别增长 6.0%、15.3%；食品、饮料、烟酒类，服装鞋帽、针纺织品类，汽车类三类零售额较上年分别增长 7.6%、3.4%、2.2%。全区全年实际利用外商直接投资 11450 万美元（增长 8.33%），全年实际引进内资 85.06 亿元（增长 70.01%）。全年实现县乡道路总里程 378.966 千米，全年共接待游客 3520.5 万人次（增长 5.67%），实现旅游直接收入 6.576 亿元（增长 14.99%）。

6. 文化资源禀赋

灞桥区人文底蕴深厚。历史遗迹星罗棋布，文化遗产飨慰后人。半坡遗址渔猎耕种尽显先民智慧，人面鱼纹盆盛满仰韶璀璨；汉文帝"亲尝汤药""顶妻背母"成就古今孝贤佳话；"灞柳飞雪"演绎隋唐情怀，成就今日盛景；纺织城见证新中国轻纺工业兴衰起落；陈忠实《白鹿原》享誉当代文坛。灞桥区的物质文化遗产包括西安半坡遗址博物馆、新寺遗址公园、灞桥遗址、米家崖遗址、薄太后陵、汉文帝霸陵、洪庆古墓、孙蔚如旧居、西北一印旧址、窦皇后陵、老牛坡遗址、铜人原、窦太主墓。其中，西安半坡遗址博物馆是中国第一座史前遗址博物馆，是国务院公布的全国第一批重点文物保护单位，是我国目前唯一保存完好的原始社会遗址，距今已有 6000 多年的历史，是黄河流域规模最大、保存最完整的母系氏族公社村落遗址，属于仰韶文化。

灞桥区非物质文化遗产包括：民间手工艺24项，消费习俗3项，民间文学2项，民间杂技2项，民间曲艺2项，民间信仰2项，民间舞蹈6项，体育竞技2项，人生礼俗2项（见表3-10）。截至2019年1月，成功列入区级、市级、省级名录各45项、8项、3项，成功列入区级、市级、省级传承人各45人、7人、2人。

表3-10　西安市灞桥区非物质文化遗产名录

类别	序号	项目名称	传承人
民间手工艺（24项）	1	竹篾子编织工艺	王学坤
	2	泥叫叫制作工艺	徐文岳
	3	核雕	蔡青柱
	4	白鹿原打铁技艺	屈希望
	5	风箱制作	于国清
	6	泥塑	刘增印
	7	倒糖画	贺恩利
	8	袖珍面花	徐新春
	9	麦秆画	王战
	10	布艺制作	曹爱英
	11	刺绣	苟彦杰
	12	烙铁画	张长福
	13	王战剪纸	王战
	14	竹雕	吕向东
	15	狄寨剪纸技艺	屈美丽
	16	打草鞋	王会利
	17	竹篮子编织	屈东旺
	18	姚沟竹篮子编织	王维仓
	19	唐三彩	李建鹏
	20	纸扎技艺	王新宁
	21	印纽	闫利民
	22	陶埙制作技艺	赵军
	23	麦秆画制作	张玲利
	24	白鹿原纸扎技艺	屈美丽

续表

类别	序号	项目名称	传承人
消费习俗 （3项）	25	丁丁面	王养修
	26	豆腐脑	侯武学
	27	一间楼泡馍	马蕊琴
民间文学 （2项）	28	民间故事	王韶之
	29	兰家庄村名传说	柯天明
民间杂技 （2项）	30	十里铺背芯子	李志均
	31	新合背芯子	马敬华
民间曲艺 （2项）	32	皮影戏	杜合生
	33	丁家底子	王占良
民间信仰 （2项）	34	二月二老洞会	—
	35	四月八古庙会	—
民间舞蹈 （6项）	36	舞狮	王许章
	37	秧歌	兰变过
	38	新合大子	余新宽
	39	金浮沱锣鼓	兰学明
	40	牛角尖锣鼓	谢存茹、车增厚
	41	大唐宫廷锣鼓	李治曹
体育竞技 （2项）	42	红拳	王建成
	43	灞桥阴阳八方掌	张强
人生礼俗 （2项）	44	婚丧风俗	鹿文岐
	45	吹鼓手	凤广乾

资料来源：摘自《西安市灞桥区非物质文化遗产名录》，陕西省非物质文化遗产网，http：//www. sxfycc. com/portal/article/index/id/1086. html。

7. 科技资源禀赋

近年来，灞桥区结合西安农民节、科技创新服务月，开展科技服务宣传培训活动20余次，发放各类宣传资料万余份，接待群众咨询800余人次。邀请20余位农业种植专家，共组织各类科技培训30余期，培训1000余人次。另外，改造现有农业园区，打造农业众创载体，推进第一、二、三产业深度融合。目前灞桥区已建成农业众创载体7家，白鹿原葡萄主题公园、白鹿原现代农业示范区、陕西秦灞庄园三家农业众创载体被认定为省级"农业星创天地"，西安葡萄产业星创天地被认定为国家级"农业星创天地"。

（五）临潼区

自周、秦到汉、唐，临潼一直为京畿之地，处于全国政治、经济、文化活动的中心。临潼是古都西安的东大门，距市中心 30 千米，总面积 915 平方千米。人口 70 多万人，辖 23 个街道，43 个社区，226 个行政村。

1. 自然资源禀赋

水资源：临潼区境内有临河、潼河、零河等 10 余条河流，渭河穿境而过。全区有效灌溉面积 56.87 万亩，其中节水灌溉面积、喷灌面积、微灌面积分别为 54.9 万亩、1.67 万亩、1900 亩。

地热资源：临潼区境内有丰富的地热资源。骊山北麓东西长达 20 千米、南北宽为 1 千米的山前地带，是一片比较理想的地热田。这一地热田蕴藏着富水性好、埋藏浅、医疗价值较高的中温（40—60℃）热矿水。

矿产资源：据陕西省地质勘探大队第 6 分队勘探资料，临潼区地下主要储有锰铁矿、长石矿等矿藏。

2. 区位资源禀赋

临潼区地处关中平原中部，地势南高北低，山、塬、川依次分布，分别占 15%、18%、67%。该区建有西潼高速公路、108 国道，陇海、西延等数十条铁路构成新丰铁路编组站，整体交通运输条件便捷。

3. 人力资源禀赋

2019 年末全区共有 234574 户，总人口 731498 人。其中男性 369823 人（占比 50.56%），女性 361675 人（占比 49.44%）。人口迁入 4198 人（其中省外迁入 1685 人），人口迁出 2341 人（其中迁往省外 1319 人）。年度全区出生人口报户 7577 人，出生率为 10.36‰；年度全区死亡人员销户 5414 人，死亡率为 7.40‰。截至 2020 年底，临潼区有学校（含民办）347 所，在校学生 93101 人，教师 9864 人。其中，普通高中 7 所，在校学生 9701 人；职业高中 4 所，在校学生 2988 人；初中 26 所（其中九年一贯制学校 5 所），在校学生 16564 人；小学 144 所（其中教学点 39 个），在校学生 42800 人；幼儿园 165 所，在校学生 20932 人；特殊教育学校 1 所，在校学生 116 人。区内现有省级示范高中 1 所，省级标准化高中 5 所，省级示范幼儿园 2 所，省级素质教育优秀学校 5 所，市级素质教育优秀学校 14 所，市级职业教育示范学校 1 所。

4. 农业资源禀赋

近几年，临潼区农业生产持续增长，农业总产值、主要农产品产量等经济指标稳中有增。2019 年，全区第一产业增加值 36.20 亿元，占全区GDP 的 14.9%，同比增长 5.7%。从主要农产品产量看，粮食、蔬菜、水果、肉类、奶类、禽蛋总产量分别为 33.26 万吨、53.12 万吨、7.83 万吨、1.60 万吨、5.19 万吨和 1.25 万吨，同比增速分别为 1.1%、5.3%、5.5%、31.6%、17.3%和 6.4%。2019 年，粮食产量 33.26 万吨，比上年增长 1.1%（见表 3-11），其中夏粮 16.17 万吨，下降 2.1%；秋粮 17.09万吨，增长 4.2%。全年粮食播种面积 100.23 万亩，比上年下降 0.1%。从产业结构看，蔬菜成为主导产业，2019 年蔬菜产业实现总产值 20 亿元，占农业生产总值的 46.2%，成为种植业的第一大产业。同时，石榴种植、番茄制种、奶牛养殖成为临潼农业三大特色产业，临潼石榴、临潼火晶柿子荣获"国家地理标志原产地保护"认证。

表 3-11　2019 年临潼区主要农产品产量及其增长速度

产品名称	产量	比上年增长（%）
粮食	33.26 万吨	1.1
蔬菜	53.12 万吨	5.3
水果	7.83 万吨	5.5
肉类	1.60 万吨	31.6
猪肉	1.22 万吨	-6.9
奶类	5.19 万吨	17.3
禽蛋	1.25 万吨	6.4
猪年末存栏	6.04 万头	-25.8
牛年末存栏	1.39 万头	-1.7
羊年末存栏	2.13 万只	-2.7
家禽年末存栏	163.53 万只	12.6

5. 第二、三产业资源禀赋

2019 年，临潼区全年工业增加值 57.07 亿元，比上年增长 14.4%；规模以上工业总产值 237.48 亿元，增长 12.0%；规模以上工业增加值48.76 亿元，增长 15.6%。全年建筑业增加值 13.96 亿元，比上年下降0.2%。全年区属房地产开发投资 41.36 亿元，增长 60.9%。全年规模以上工业综合能源消费量 7.14 万吨标准煤，同比下降 8.7%，工业生产电力消费 2.02 亿千瓦时,同比下降 4.57%。在综合能源消费量占比较高的行业中,食品制造业综合能源消费量为 2.41 万吨标准煤,同比下降 2.03%;农副食品加工业综合能源消费量为 1.83 万吨标准煤,同比增长 4.57%。2019 年,全年批发和零售业增加值 15.52 亿元(增长 7.5%),交通运输、仓储和邮政业增加值 3.59 亿元(下降 1.6%),住宿、餐饮业增加值 6.42 亿元(下降 0.1%),金融业增加值 13.62 亿元(下降 0.5%),房地产业增加值 19.20 亿元(增长 2.1%),其他服务业增加值 72.77 亿元(增长 8.4%)。全年社会消费品零售总额 64.77 亿元(增长 5.2%),其中限额以上消费品零售额 17.39 亿元(增长 0.9%)。全年规模以上服务业[①]企业营业收入 12.5 亿元(下降 0.6%)。全区共有 31 家高新技术企业。全区共有区级图书馆 1 个,藏书 133.77 千册,剧场影剧院 2 个,体育场馆 2 个。2019 年临潼区景区累计接待游客 1386.63 万人次,同比增长 5.5%;旅游收入 313.69 亿元,同比增长 3.0%。[②]

6. 文化资源禀赋

临潼区文物资源丰富,有 6 处全国重点文物保护单位,4 处省级文物保护单位,52 处县级文物保护单位。其中秦始皇帝陵博物院、华清宫是 5A 级旅游景点,临潼博物馆是 3A 级旅游景点。2021 年,临潼区出台扶持政策措施 21 条,文旅市场迅速回暖。深入实施"旅游+"战略,建成市级旅游示范村 2 个、等级民宿 5 家,推出精品旅游线路 6 条;成功举办文旅音乐节、中华七夕情人节等文旅节事活动,沉浸式战争史诗剧《复活的军团》获中国旅游业年度智慧景区创新奖,临潼区成为全省唯一拥有 4 档高品质演艺节目的区,荣获"陕西文明旅游区县"称号,"秦风唐韵御温泉,生态宜居美田园"成为彰显华夏文明、临潼魅力的独特标识。

临潼非物质文化遗产共有 118 项。其中:第一批非遗项目 54 项;第二批非遗项目 48 项、传承人 48 位;第三批非遗项目 11 项、传承人 11 位(见表 3-12、表 3-13、表 3-14)。

---

① 规模以上服务业统计范围包括年营业收入 1000 万元及以上,或年末从业人员 50 人及以上的交通运输、仓储和邮政业,信息传输、软件和信息技术服务业,房地产业(不含房地产开发经营),租赁和商务服务业,科学研究和技术服务业,水利、环境和公共设施管理业,教育,卫生和社会工作法人单位;年营业收入 500 万元及以上,或年末从业人员 50 人及以上的居民服务、修理和其他服务业,文化、体育和娱乐业法人单位。

② 临潼区统计局:《西安市临潼区 2019 年国民经济和社会发展统计公报》。

表 3-12 临潼区第一批非遗项目

序号	项目名称	传承人
1	王老九诗社	王老九
		贺丙丁
2	林宏故事	林宏
3	石刻工艺	刘志忠
4	陈建军皮刻工艺	陈建军
5	临潼面塑	姜爱侠
		杨芳侠
		田西样
6	王若泥塑工艺	王若
		唐宗林
7	陶埙制作工艺	姬庆丰
8	斜口花盆制作	范金友
9	临潼剪纸	魏彩娥
		姜爱侠
10	萝卜雕刻工艺	田西样
11	文师烫画	文忠民
12	任忠福糖画	任忠福
13	马淑芳民间绘画	马淑芳
14	蔡大平板胡独奏	蔡大平
15	薛武正板胡、二胡演奏	薛武正
16	王志愿唢呐演奏	王志愿
17	高亢奇唢呐吹奏	高亢奇
18	义和村管乐团	刘新会
		吕全兴
		王振亭
19	任忠福笛子演奏	任忠福
20	赵航板胡演奏	赵航
21	义和村综艺社	义和村综合艺术团
		栎阳西社综艺团
		刘光运管乐演奏团
22	十面锣鼓	周金成
		曹成华
		王军录

序号	项目名称	传承人
23	宋家自乐班	宋双喜
24	油槐南赵八仙鼓	赵万晓
		南赵八仙鼓
		西泉贾村锣鼓队
25	宋家锣鼓	宋家村锣鼓队
		张博义
26	孙家村舞狮	何寨镇孙家村舞狮队
		王丙林
27	耿西竹马	耿西竹马
28	夕阳美秧歌	临潼开发区夕阳美舞蹈队
		临潼区人民剧团
29	祁孟小曲	李焕娃
		骊山办开发区自乐班
		西街村委会自乐班
		骊山眉户社
		临潼总工会职工自乐班
		骊姜自乐班协会
30	退休干部自乐班	退休干部自乐班
		卢学林
		孙景发
31	孙家皮影	零口孙家皮影社
		马寨业余剧团
32	李国政快板	李国政
33	张耀民二胡独奏	张耀民
		韩彩侠
34	铁炉草编	
35	铁炉传统油馍	
36	马踏青器山社火	赵余良
		赵广财
37	尖角社火	王经文
		赵升勤
38	滩王芯子	王养社
39	卷子村背芯子	侯英杰

续表

序号	项目名称	传承人
40	老南社弓芯子	程竹英
41	北郭竹马社火	白振发
		郭彦文
		陈德义
42	栎阳正月二十三古会	荆美玲
43	栎阳老南社芯子	
44	北田尖角芯子	
45	卷子村背芯子	
46	南赵芯子	
47	滩王村高跷	滩王村高跷队
48	尖角村社火	尖角村社火队
49	白郭村竹马社火	白郭村竹马社火队
50	义和村社火	义和村社火队
51	滩王传统民间社火	滩王传统民间社火队
52	赵小县喜庆司仪	赵小县
53	刘高科喜庆司仪	刘高科
54	骊山女娲风俗	张自修

资料来源：摘自《西安市临潼区非物质文化遗产名录》，陕西省非物质文化遗产网，http: //
www. sxfycc. com/portal/article/index/id/1092. html。

表3-13　临潼区第二批非遗项目

序号	项目名称	传承人
1	岩石彩画、旱船	王志英
2	新丰刘坡皮影制作	张晓玲
3	北田民间面花工艺	魏小思
4	纸李花馍	邢美玲
5	樊丙义民间人物绘画术	樊丙义
6	栎阳面塑	胡明侠
7	栎阳农民画	马淑芳
8	油槐北凌锣鼓	冯选朝
9	何寨季家锣鼓	高治江
10	任留韦家锣鼓	李亚联
11	斜口杨寨锣鼓	李志斌
12	代王庙刘锣鼓	张金平

续表

序号	项目名称	传承人
13	代王山任锣鼓	任旭西
14	交口高铁锣鼓	何诚
15	土桥茨林锣鼓	王克勤
16	新丰刘寨锣鼓	李忠峰
17	北田滩王芯子	王养社
18	北田月掌舞狮	杨威
19	何家孙家舞狮	孙小经
20	西泉高跷	李金满
21	西泉河上社火	赵红娟
22	雨金龙灯社火	宫计存
23	徐阳舞狮龙灯	杨作舟
24	徐阳邓王舞龙	党怀礼
25	栎阳西社桌芯子	邢美玲
26	栎阳义和村华寨竹马	马武军
27	代王冯家社火	冯志贤
28	代王北义舞狮	李经济
29	代王上邢竹马	黄运良
30	代王庙刘高跷	张小莉
31	马额荣村社火	郝海民
32	新丰木偶戏	张广涛
33	北田小曲子	薛天民
34	徐阳醪糟制作工艺	孙忙粉
35	栎阳传统油馍制作工艺	邹会玲
36	斜口岳老三荞面制作工艺	岳小建
37	马额手工挂面制作工艺	王忠和
38	油槐狗舌头烧馍制作工艺	常润玲
39	何寨宋家挂面制作工艺	宋自杨
40	西泉兴王手工挂面制作工艺	禹专荣
41	相桥泡泡油糕制作工艺	郭淑侠
42	相桥水盆羊肉制作工艺	孟平利
43	兵马俑制作工艺	和奖励
44	代王花盆制作工艺	司马松
45	代王古建筑艺术工艺	张专江

续表

序号	项目名称	传承人
46	西泉贾村古建筑陶艺工艺	李彦龙
47	斜口陶盆制作工艺	范金友
48	斜口陶埙制作工艺	姬庆丰

资料来源：摘自《西安市临潼区非物质文化遗产名录》，陕西省非物质文化遗产网，http://www.sxfycc.com/portal/article/index/id/1092.html。

表3-14　临潼区第三批非遗项目

类别	序号	项目名称	传承人
民间音乐 （2项）	1	宫廷鼓韵	杨旭东
	2	八仙乐鼓	董志宏
民间舞蹈 （4项）	3	关中骏马	杜冬至
	4	代王竹马	张德生
	5	关中推车	沈逢勃
	6	关中旱船	卢联峰
戏曲（2项）	7	手杖木偶	赵兴龙
	8	交口小曲	张东峰
传统手工技艺 （3项）	9	关中布鞋	王桂玲
	10	关中风箱	段忠怀
	11	古戏帽制作工艺	韩建光

资料来源：摘自《西安市临潼区非物质文化遗产名录》，陕西省非物质文化遗产网，http://www.sxfycc.com/portal/article/index/id/1092.html。

7. 科技资源禀赋

2020年，临潼区科技创新成效明显。伊思灵华泰等13家企业成功申报成为高新技术企业，36家企业成为科技型中小企业，科技市场合同交易额6.28亿元。建设众创载体37家，入驻小微企业626家。开展产学研协同活动7次，建成陕鼓先进制造业人才培养示范基地，设立科技大市场临潼分中心，引进学科带头人、专业技术人才4名。银桥乳业、陕鼓集团、长恨歌演艺公司获西安市首届"市长特别奖"。

（六）蓝田县

蓝田县地处秦岭北麓，关中平原东南部，属西安市郊县，县城距市区22千米。蓝田自古为秦楚大道，是关中通往东南诸省的要道之一，总面积 2006 平方千米，约占西安市总面积的 19.9%。

1. 自然资源禀赋

植物资源：蓝田县土壤肥沃，土地资源种类齐全，农副土特产丰富。植被总覆盖率为 89.18%，森林覆盖率达 50.3%。

矿产资源：蓝田县矿产资源丰富，各种矿产共计 38 种，已探明储量的有 21 种，其中金属矿包括铁、钛、铅、锌、钨、金、铀等 9 种，共有 85 个矿点；非金属矿有玉石、硅石、石灰石、饲料石灰岩、蛇纹石、石墨、高岭土、大理石、石英石、石棉等 12 种，共有 24 个矿点；能源矿有地热、矿泉水 2 种，共有 6 个矿点。在探明储量的矿产资源中，大理石、花岗岩、石灰石、高岭土等非金属矿和能源矿储量较多，铁、铅、锌等次之，铀、钛、金较少。

水资源：蓝田县水源充沛，有灞河、浐河两大水系，4 千米以上河流有 114 条。

土壤资源：蓝田县土壤分为 10 个土类，22 个亚类，47 个土属，107 个土种。包括褐土、塿土、黄土性土、红色土、水稻土、淤土、潮土、沼泽土、棕壤、紫色土。其中褐土又分为 4 个亚类，12 个土属，25 个土种；塿土是蓝田县面积最大的农业土壤，又分为 5 个亚类，8 个土属，13 个土种；黄土性土又分为 4 个土属，11 个土种；水稻土又分为淹育型水稻土、潴育型水稻土、潜育型水稻土 3 个亚类，黄泥土等 5 个土属，黄泥田等 13 个土种；淤土按其母质来源分为河淤土和洪积土 2 个亚类，5 个土属，16 个土种；潮土有 1 个亚类，2 个土属，6 个土种；棕壤主要分布在蓝田秦岭山区海拔 1300 米以上的山地，区域面积 104.1634 万亩，占全县土地总面积的 34.60%，是县境内第一大土类，又可分为 3 个亚类，5 个土属，6 个土种；紫色土的亚类和土属均为 1 个，土种 3 个。

2. 区位资源禀赋

蓝田县地势由东南向西北倾斜，南部为秦岭北麓延伸地带，东部为骊山南麓沟壑区，中、西部川塬相间，灞河、浐河等重要河流贯穿蓝田县，地貌类型分为河谷冲积阶地、黄土台塬、黄土丘陵、秦岭山地。海拔最高 2449 米，县城海拔 469 米。全县土地面积 80.4% 属于山和岭。秦岭山地在蓝田县内自西而东再折北，总长 100 多千米，海拔在 800 米至 2449 米之间。

3. 人力资源禀赋

截至 2019 年末，蓝田县共有各类学校 449 所，其中普通中学 46 所，在校学生 26522 人；小学 83 所，在校学生 27805 人。小学、初中学龄人口入学率均为 100%。2019 年，蓝田县新增城镇就业 4361 人，城镇登记失业人数 73 人，年末城镇登记失业率为 3.6%。截至 2019 年末，蓝田县城镇基本医疗保险参保人数 4.51 万人；基本养老保险参保人数 42.19 万人，其中，城镇职工养老保险参保人数 3.91 万人；失业保险参保人数 6065 人；工伤保险参保人数 1.82 万人；职工生育保险参保人数 1.73 万人。截至 2019 年末，农村新型合作医疗参保人数 55.63 万人。

4. 农业资源禀赋

首先，积极建设农业产业体系。一是稳定粮食生产。守住耕地保护红线，稳定粮食播种面积，提高单产，完成粮食种植面积 60 万亩，产量保持在 17 万吨以上。二是发展蔬菜产业。以生产基地建设为重点，建成标准化蔬菜温室大棚 200 座，通过改造原有老旧设施，提升大棚生产水平，增加复种指数，确保蔬菜生产面积稳定在 6.3 万亩左右，产量 12.8 万吨以上。三是推进特色果业提质增效。以建设"北方时令水果之都"、打造"百年产业"为目标，做优做强樱桃、大杏、草莓等特色水果产业。充分发挥玉山国家农村产业融合示范园引领作用，在玉山、九间房、厚镇、普化片区集中连片发展葡萄种植。以水安路扶贫产业带为依托，扩大草莓种植面积。2019 年新增果园面积 0.1 万亩，果业提质增效标准示范基地建设面积 0.05 万亩。全县园林水果种植面积达到 6.1 万亩，年产水果 6.8 万吨。四是加快畜牧业绿色发展。突出抓好奶山羊扩群增量、生猪稳产保供以及羊乳加工、非洲猪瘟疫病防控等工作。在半岭和岭区推进畜牧产业发展，扶持鑫龙门现代农业园区做大做强，美力源羊奶生产线投入使用。引进石羊集团，建设年出栏 30 万头的生猪基地。完成市级以上标准化示范养殖场建设 2 个；奶山羊存栏量 12 万只，羊乳产量 3.6 万吨；生猪存栏量 4 万头，生猪出栏量 6.5 万头。五是培育发展花卉苗木产业。瞄准市场需求，坚持用项目带动产业发展，扩大规模、增强特色、做大品牌。打造集美丽乡村、休闲农业于一体的乡村旅游产业。2019 年全年粮食种植面积 59.89 万亩，比上年增长 0.9%；蔬菜种植面积 5.8 万亩，与上年持平；瓜果种植面积 9800 亩，下降 10.1%；油料种植面积 2.47 万亩，下降 3.5%；棉花种植面积 640 亩，增长 2.4%。全年粮食产量 16.78 万吨，比上年下降 1.5%，其中，夏粮 9.39 万吨，下降 3.3%，秋粮 7.39 万吨，增长 0.8%。蔬菜产量 10.94 万吨，增长 5.2%；水果产量 6.89 万吨，增长 5.8%。[①]

其次，积极建设农业生产体系。一是推进高标准农田建设。实施"藏粮于地、藏粮于技"战略，改善农田基础设施条件，提高农田综合生产能力。2019 年完成高标准农田建设 4.5 万亩。二是做好良种繁育推广。支持鑫龙门奶山羊繁育场、华秦种鸡场、茂吉生猪繁育场建设，为建设奶山羊基地县、肉鸡大县和生猪恢复性发展提供优良品种。三是推进农业机械化。主要农作物耕种收综合机械化率达到 74.5%。川塬粮食生产全面实现农业机械化，岭区大部分粮食生产实现农业机械化。四是强化农产品质量安全监管，推进农产品质量安全追溯制度建设。认证绿色食品、有机农产品、地理标志农产品各 1 个，农产品检测任务量较上年增长 10%，检测合格率高于省、市考核要求。

再次，积极建设农业经营体系。培育家庭农场，新增家庭农场 14 个；培育农民专业合作社，新增合作社 30 个；培育壮大农业产业化龙头企业，认定市级龙头企业 2 个；培育农村实用人才，组织培训农业农村人才不少于 1800 人次，其中培育职业农民 450 人；加快推进农业品牌建设，形成区域公用品牌 1 个，注册农产品企业品牌（商标）2 个，创建市级以上品牌 1 个，建立企业品牌店 4 个。

最后，积极推进第一、二、三产业融合发展。创建农业产业化联合体，创建县级农业产业化联合体 3 个；推进田园综合体建设，完成 1 个田园综合体建设；加快现代农业园区建设，新建现代农业园区 2 个。

5. 第二、三产业资源禀赋

第二产业：2019 年全年规模以上工业中，农副食品加工业产值比上年下降 95.5%，食品制造业下降 7.3%，家具制造业增长 8.9%，造纸和纸制品业增长 95.5%，印刷和记录媒介复制业增长 30.2%，文教、工美、体育和娱乐用品制造业下降 26.4%，医药制造业增长 80.4%，橡胶和塑料制品业下降 7.1%，非金属矿物制造业增长 21.3%，有色金属冶炼和压延加工业下降 6.2%，金属制品业下降 41.1%，专业设备制造业下降 19.7%，汽车制造业增长 0.7%，铁路、船舶、航空和其他运输设备制造业增长 0.3%。

---

① 西安市蓝田县农业农村局 2020 年农业农村工作要点。

第三产业：2019年全年批发和零售业增加值14.04亿元，比上年增长3.9%；交通运输、仓储和邮政业增加值3.75亿元，增长16.1%；住宿和餐饮业增加值4.39亿元，增长3.8%；金融业增加值7.04亿元，增长5.0%；房地产业增加值10.07亿元，增长4.4%；其他服务业增加值43.47亿元，增长11.5%。2019年全年规模以上服务业企业营业收入7.87亿元，比上年增长27.6%。

6. 文化资源禀赋

蓝田县物质文化遗产包括公王岭蓝田猿人遗址，被誉为"第二敦煌"的壁塑瑰宝水陆庵，建于隋唐的佛教净土宗圣地悟真寺，东汉才女蔡文姬墓，地下神宫辋川溶洞，王维别业遗迹，风景迷人的汤泉湖，兼具华山之险、黄山之秀的王顺山国家森林公园等大批人文、自然景观。

蓝田县按照"保护为主、抢救第一、合理利用、传承发展"的工作要求，切实做好非物质文化遗产的保护、传承和合理利用工作。截至2019年1月，蓝田县非物质文化遗产共有23项，其中蓝田县成功申报蓝田普化水会音乐国家级非物质文化遗产1项，肖家坡社火等省级非物质文化遗产4项，戏剧盔帽制作技艺、华胥上许道情等市级非物质文化遗产9项，蓝田葛牌花鼓、蓝田民俗九大碗等县级非物质文化遗产9项（见表3-15）。

表3-15　西安市蓝田县非物质文化遗产名录

序号	项目名称	级别
1	蓝田普化水会音乐	国家级
2	肖家坡社火	省级
3	华胥传说	省级
4	吕氏乡约乡仪	省级
5	华胥上许道情	省级
6	蓝田玉雕工艺	市级
7	打草鞋	市级
8	蓝田剪纸	市级
9	灞源汉调二黄	市级
10	蓝田苦荞面饸饹制作技艺	市级
11	蓝田茂盛扯面制作技艺	市级
12	神仙粉制作技艺	市级

续表

序号	项目名称	级别
13	戏曲盔帽制作技艺	市级
14	孙家坡祈水民俗	市级
15	曳湖李成计泥塑	县级
16	蓝田孝歌	县级
17	史家寨社火	县级
18	真武庙庙会	县级
19	东峰山庙会	县级
20	灞源舞龙	县级
21	蓝田小寨岱峪酒歌	县级
22	蓝田葛牌花鼓	县级
23	蓝田民俗九大碗	县级

资料来源：摘自《西安市蓝田县非物质文化遗产名录》，陕西省非物质文化遗产网，http：//www.sxfycc.com/portal/article/index/id/1090.html。

二、秦岭北麓宝鸡段资源禀赋

宝鸡古称陈仓、雍城，是关中平原城市群重要节点城市、关中—天水经济区副中心城市。宝鸡历史悠久，是宝学（宝鸡之学）所在地，有2700余年建城史，出土了晚清四大国宝及石鼓、何尊等文物，存有西府社火、凤翔木版年画、泥塑等中华工艺。宝鸡是炎帝故里、青铜器之乡、中国社火之乡、中国泥塑之乡、周秦文明发祥地、东方佛都、民间工艺美术之乡。是成语"明修栈道，暗度陈仓"、歇后语"姜太公钓鱼——愿者上钩"发源地。

（一）渭滨区

宝鸡市渭滨区，地跨渭河南北两岸。东、西与陈仓区接壤，南与太白县、凤县交界，北与金台区毗邻，总面积842平方千米。

1. 自然资源禀赋

水资源：渭滨区地下水资源总量为16.79万立方米，可供采用16.2万立方米。

植物资源：渭滨区植被以乔、灌林木为主，草本和栽培植物次之；其种群以草本为主，乔、灌林木和栽培植物次之。主要包括野生果木（中华猕猴桃、野葡萄、山桃、山楂等）、花卉、药用植物（柴胡、杜仲、猪苓、车前等）、野生草本植物、用材林木（杨树、桐树、柳树等）。

动物资源：渭滨区有 19 科 59 种野生禽鸟，13 科 28 种野生动物，230多种昆虫。

2. 区位资源禀赋

渭滨区地处关中西端，秦岭耸峙于南，渭河穿越其中，陇海铁路、宝成铁路贯穿其境。渭河流经渭滨区，一级支流有 11 条，均源于秦岭北麓。

3. 人力资源禀赋

截至 2019 年末，渭滨区户籍人口 426366 人，总户数 149294 户。其中，城镇人口 351554 人，乡村人口 74812 人，城镇化率 88%（常住人口）。人口出生率 7.98‰，自然增长率 3.38‰。

4. 农业资源禀赋

2019 年渭滨区全年实现农林牧副渔业总产值 86124 万元（同比增长 4.6%），增加值 52073 万元（同比增长 4.3%）。全年粮食播种总面积 53289 亩，总产量 10127 吨。2019 年末牛存栏 697 头，羊存栏 2103只，生猪存栏 7476 头，家禽存栏 13.33 万只。全年实现林业总产值 47697 万元，主要林产品产量 5686 吨（其中：核桃 5257 吨，板栗429 吨）。

5. 第二、三产业资源禀赋

2019 年，渭滨区规模以上工业总产值同比增长 14.9%；规模以上工业增加值同比增长 8%。2019 年，渭滨区建筑业完成增加值 99.7 亿元，同比增长 20.8%。2019 年，渭滨区社会消费品零售总额同比增长 8.5%。按经营单位所在地分，城镇消费品零售额同比增长 8.9%，农村消费品零售额同比增长 5.4%。按消费形态分：餐饮业收入同比增长 14.8%，商品零售业收入同比增长 8.1%。2019 年，渭滨区招商引资实现到位资金 120.96 亿元，完成省际到位资金 95.64 亿元。2019 年，渭滨区累计接待旅游人数 2379.5 万人次，实现旅游收入 166.9 亿元。

6. 文化资源禀赋

渭滨区物质文化遗产包括：炎帝陵、中华礼乐城、中华石鼓园。

渭滨区非物质文化遗产包括：3项传统技艺、1项传统音乐、1项传统医药（见表3-16）。

表3-16 宝鸡市渭滨区非物质文化遗产名录

类别	序号	项目名称
传统技艺 （3项）	1	渭水石雕技艺
	2	梓桐坊古法斫琴技艺
	3	珍真阁拓片技艺
传统音乐（1项）	4	渭滨唢呐
传统医药（1项）	5	文善王疮疡药膏制作技艺

资料来源：陕西省非物质文化遗产网，http：//www.sxfycc.com/。

（二）陈仓区

宝鸡市陈仓区，南依秦岭，与太白县、凤县毗邻，北靠陇山余脉，与陇县、千阳县、凤翔县接壤，西沿渭水，与甘肃省天水市麦积区、清水县隔河相望，东与岐山县相连，三面环围宝鸡市金台区、渭滨区二区，总面积2057平方千米。

1. 自然资源禀赋

土地资源：陈仓区耕地保有量62.08万亩，基本农田保护面积39.19万亩。[1]

植物资源：主要包括丰富的野生林木、牧草和药用植物等。

动物资源：国家一级保护动物有黑鹳；二级保护动物有大天鹅、鸳鸯；三级保护动物有锦鸡、血雉、豹、青羊。

矿产资源：经陕西省地矿局第三地质矿产队勘查，陈仓区有矿点10处，矿藏6种；拓石望家坡硫铁矿，品位较高的（含硫量9%—15%）藏量约150万吨，品位差的（含硫量5%—6%）藏量约226万吨；大理石藏量20余万吨；铜、铅、锌、铁、白云母、石英石、石灰石等均有一定藏量。砂、石子等建筑材料，分布极广，藏量很大，年开采量约60万立方米。

2. 区位资源禀赋

陈仓区位于陕西关中八百里秦川西端，东西长119.49千米，南北宽

---

[1] 数据统计截至2018年末。

67.78 千米，总面积 2057 平方千米，80.2% 为山地，19.8% 为平原。西距宝鸡市中心 22 千米，东距省会西安市 147 千米。陈仓区地处中国大陆槽——秦岭北麓、陇山支脉、黄土高原和渭河地堑交界区。渭河自西向东从中穿过，地形山、川、原皆有，可分为南部秦岭北麓山地和西部（西北部）陇山山地，东部渭河和千河河谷平原，黄土台塬，丘陵沟壑区四种类型。

3. 人力资源禀赋

截至 2019 年末，陈仓区总户数 16.60 万户，户籍总人口 59.99 万人。年末常住总人口 60.25 万人，城镇化率 49.68%。全年出生人口 5338 人，出生率 8.90‰；死亡人口 3016 人，死亡率 5.03‰；人口自然增长率 3.87‰。

4. 农业资源禀赋

全年完成农林牧渔及农林牧渔服务业总产值 44.93 亿元（同比增长5.2%）。其中，农业总产值 23.65 亿元，畜牧业总产值 17.22 亿元，林业总产值 1.72 亿元，渔业总产值 0.38 亿元。粮食总产量 20.30 万吨（增长2.92%），其中夏粮产量 12.18 万吨（增长 1.10%），秋粮产量 8.12 万吨（增长 5.77%）。蔬菜产量 19.79 万吨（增长 8.63%），水果产量 6.29 万吨（增长 18.89%），肉产量 2.25 万吨（下降 32.16%），蛋产量 0.95 万吨（增长 28.01%），奶产量 3.71 万吨（增长 190.95%）（见表 3-17）。

表 3-17　2019 年宝鸡市陈仓区主要种植业产品产量

单位：万吨，%

指标	产量	增速
粮食	20.30	2.92
夏粮	12.18	1.10
秋粮	8.12	5.77
蔬菜	19.79	8.63
水果	6.29	18.89

5. 产业资源禀赋

截至 2019 年末，第一产业、第二产业、第三产业增加值分别为 25.21亿元、121.14 亿元、68.05 亿元（见图 3-4）。第一产业、第二产业、第三产业结构比为 11.8∶56.5∶31.7。

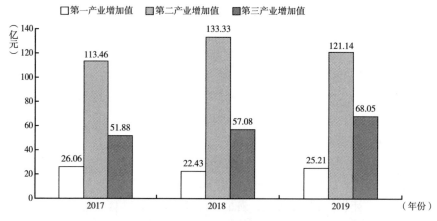

图 3-4　2017—2019 年宝鸡市陈仓区各产业增加值

6. 文化资源禀赋

陈仓区名胜古迹众多。包括姜太公隐居垂钓之处姜子牙钓鱼台、坪头镇九龙山、坪头镇安坪沟、虢镇城南磻溪宫、新街镇吴山。

陈仓区有非常丰富的非物质文化遗产。比如：陈仓姜太公钓鱼宴、烈马柏①民间传说等。另外，陈仓区是社火艺术之乡，各村都有耍社火的传统和服装道具。现已对传统的民间社火进行了艺术创新，该项古老民间技艺成为全省甚至全国一绝的艺术表现形式。宝鸡市陈仓区非物质文化遗产名录（部分）如表 3-18 所示。

表 3-18　宝鸡市陈仓区非物质文化遗产名录（部分）

序号	项目名称	序号	项目名称
1	陈仓姜太公钓鱼宴	4	李氏琵琶制作技艺
2	陈仓大水川生态宴	5	靳氏扬琴制作技艺
3	古陈仓待客宴	6	陈仓万顺刀山会

———————

① 来自生长在陕西省宝鸡市陈仓区胡店镇林光村的一颗侧柏，名"林光侧柏"，又名"烈马柏"，树龄 1500 年，树高 3 米，树围 710 厘米，冠幅 27 米。相传宋金抗衡时期，吴玠驻军关中西部军事要塞方山原，收复了陇州、千县、天水等，为了配合进攻，吴玠将军帅营前移到今陈仓区坪头镇林光村一带柏树附近，以金军惨败告终。

续表

序号	项目名称	序号	项目名称
7	陈仓有礼锣鼓	14	虢镇核桃饼
8	陈仓六寨威风锣鼓	15	陈仓吴山浆水豆腐
9	陈仓桥镇皮鼓	16	虢镇烧肉面皮
10	陈仓道教黄经	17	虢镇擀面皮
11	烈马柏民间传说	18	虢镇腊汁肉夹馍
12	虢镇臊子面	19	虢镇搅团
13	虢镇臊子豆花	20	虢镇卤猪蹄

资料来源：摘自《宝鸡市陈仓区非物质文化遗产名录》，陕西省非物质文化遗产网，http：//www.sxfycc.com/。

（三）岐山县

宝鸡市岐山县古称"西岐"，是炎帝生息、周室肇基之地。现辖9个镇，101个行政村，15个社区，1个省级经济技术开发区（蔡家坡经济技术开发区），面积856.45平方千米，耕地58.7万亩，人口46万人。

1. 自然资源禀赋

水资源：岐山县水资源丰富，水资源总量为13263万立方米。多年平均自产地表水资源量7551.5万立方米，多年地下水资源量平均为7400.5万立方米，可开采量4794.3万立方米。县内冯家山灌区、石头河灌区等灌溉工程境外引水量平均达6829万立方米。渭河、石头河、韦水河等河流，多年平均入境水量40.8亿立方米。

植物资源：岐山县有油松、华山松、白皮松、黑松、侧柏、圆柏、水柏、银杏等木本植物。药用植物多属野生，有防风、生地、黄芪、大黄、白术、柴胡、黄芩、苍术等19种。

动物资源：岐山县有金钱豹、云豹、斑羚（青羊）、水獭等国家二级保护动物，麝（獐子）、石貂（扫雪）、豹猫（山猫）、狐狸、鹿、狼、獾、野猪、野兔、狗熊、黄鼬（黄鼠狼）等国家三级保护动物。

矿产资源：主要包括石灰石、石英石、大理石等。

2. 区位资源禀赋

岐山县位于陕西省关中平原西部，南北长53.5千米，东西平均宽30.5千米，总面积856.45平方千米。县城东距西安市136千米、扶风县城 26 千米，东南距眉县县城 36 千米，西距宝鸡市 70 千米、凤翔县城 25 千米，西南距陈仓区 47 千米，北距麟游县城 56 千米。地貌复杂多样，整体呈"凹"字形。中部塬区被横贯东西的横水河、雍水河、沣河、渭河及由南往北流入渭河的石头河、麦李河切割，形成由 5 个残塬、2 个川道、3 个河谷构成的"两山夹一川，两水分三塬"的地形地貌特征。山区、塬区、川道河谷分别占总面积的 38%、50%、12%。

3. 人力资源禀赋

截至 2019 年末，岐山县共有户籍人口 461834 人。其中，男性 239036 人（占 51.8%）、女性 222798 人（占 48.2%）。全年出生人口 3558 人，人口出生率为 7.7‰；死亡人口 2447 人，死亡率为 5.3‰；人口自然增长率为 2.4‰。0—17 岁抚养系数为 26.6%，较 2018 年上升 0.04 个百分点。

4. 农业资源禀赋

岐山土地肥沃，农耕历史悠久，农业特色鲜明。现有省、市、县级农业示范园区 34 个，华祥食品、石羊饲料、金红苹果等龙头企业 108 户，"岐山天缘""百年美阳"等农业知名商标享誉全国，"鸾凤"挂面、"天缘"香醋、"德有邻"辣椒制品等 12 个品牌荣获陕西省著名商标称号，"岐安唐""华乐圣果"猕猴桃被认证为有机食品。岐山县是全国商品粮基地县、全国粮食生产先进县、优势农产品产业带示范县，获评国家级农产品质量安全县，被确定为全国农村集体产权制度改革试点县。

5. 产业资源禀赋

2019 年，岐山县实现地区生产总值 179.34 亿元，同比增长 5.1%。其中，第一产业、第二产业、第三产业增加值分别为 23.98 亿元、94.85 亿元、60.51 亿元，同比分别增长 4.5%、5.1%、5.1%。第一产业、第二产业、第三产业比为 13.4：52.9：33.7。非公有制经济增加值 97.19 亿元，占生产总值的 54.2%，较 2018 年提升 0.74 个百分点。按常住人口计算，全县人均生产总值 38534 元（同口径增长 5.3%）。岐山县工业实力雄厚。曾经研制生产我国第一代重型军用越野车、第一辆重型汽车，现有 207 户"五上"企业，中小微企业 2100 多户，重型车桥、变速箱等产品 2200 多个品种，产业工人 10 余万人。投资 50 亿元的陕汽商用车基地全面投产，百万平方米标准化厂房入驻企业近百户，蔡家坡经济技术开发区被命名为"国家新型工业化产业示范基地"。新材料产业园被确定为省级专业特色示范县域工业集中区，建成投产的民俗食品工业园太公醋庄项目属于全国五大食醋生产基地之一。

6. 文化资源禀赋

岐山县有仰韶文化遗存、龙山文化遗存、凤雏遗址等文物点 500 处，出土了以毛公鼎、大盂鼎为代表的青铜器和数万片甲骨文，有国家 4A 级景区周公庙、3A 级景区诸葛亮庙和周原遗址等风景旅游区。

岐山剪纸等入选省级非遗名录（见表 3-19），擀面皮、锅盔、空心挂面等美食闻名遐迩，岐山臊子面荣获"中国第一面"称号。岐山县素有青铜器之乡、中国礼仪文化之乡、中国臊子面之乡、甲骨文之乡、民间艺术之乡等美誉。纸社火是流传于岐山、扶风、周至等县的一种民间社火形式，因社火内容和表现人物均用彩纸扎制而得名。每年农历六月十九会在岐山京当镇西观山举行大型纸社火游演。

表 3-19 宝鸡市岐山县非物质文化遗产名录

序号	项目名称	序号	项目名称
1	岐山油漆绘画工艺	14	岐山豆腐制作技艺
2	岐山剪纸	15	岐山稍米包子制作技艺
3	岐山马勺脸谱	16	岐山皮影
4	岐山刺绣	17	岐山曲子
5	岐山油炸面花	18	西府道情
6	岐山擀面皮制作技艺	19	岐山宗教音乐
7	岐山浆水面制作技艺	20	岐山周公庙古庙会
8	岐山竹编工艺	21	岐山纸社火
9	岐山庵里黄酒制作技艺	22	宋村八社
10	岐山土织布工艺	23	岐山背社火
11	岐山传统布鞋制作技艺	24	岐山婚俗
12	岐山酥饺制作技艺	25	岐山丧葬俗
13	岐山传统榨油工艺		

资料来源：摘自《宝鸡市岐山县非物质文化遗产名录》，陕西省非物质文化遗产网，http://www.sxfycc.com/。

（四）眉县

宝鸡市眉县，古称"眉坞"，位于秦岭主峰太白山脚下，北跨渭河，总面积 863 平方千米。

1. 自然资源禀赋

地热资源：眉县汤峪地下温泉，属低矿化弱碱性硫黄钠型高热水，日均出水量 500—600 立方米，年产地热水 23.7 万立方米，富含钾、钠、镁等元素。

矿产资源：眉县南部山区矿产资源丰富，总储量 8000 多万吨。

动物资源：眉县动物资源主要包括野生兽类、野生鸟类、昆虫类和水生动物。野生兽类中云豹、金毛扭角羚、麝、锦鸡等是国家保护动物。

植物资源：眉县有数千种野生植物，其中包括 1550 多种种子植物，分属 121 科 640 属，300 余种苔藓植物，分属 63 科 142 属。

2. 区位资源禀赋

眉县位于陕西省关中平原西部，南依秦岭，北临渭水，属黄河中游川塬沟壑区。东接周至县，西邻岐山县，北与扶风县接壤。介于东经 107° 39′至 108°00′、北纬 33°59′至 34°19′之间，总面积 863 平方千米。

3. 人力资源禀赋

截至 2019 年末，眉县户籍人口 324608 人，自然增长率 3.58‰。全县出生人口 2897 人，出生率 8.92‰，出生人口性别比为 105∶100。

4. 农业资源禀赋

农业：2019 年，眉县完成现价农业总产值 41.5091 亿元，比上年增长 5%。2019 年，眉县猕猴桃品牌价值达到 128.33 亿元，眉县现代农业产业园被认定为"第二批国家现代农业产业园"。2019 年，眉县粮食种植面积为 19.6312 万亩，比上年下降 0.18%；油料作物种植面积为 3804 亩，比上年下降 0.6%；蔬菜种植面积达到 11062 亩。蔬菜产量 15647 吨，较上年增产 347 吨，增长 2.27%；粮食总产量达到 7.32 万吨，较上年增长 0.97%。

林业：2019 年，实施绿色眉县建设九大工程，完成县域造林绿化面积 3.81 万亩，栽植各类绿化苗木 461.2 万株，渭河北坡陡崖治理 2773 平方米。果树栽植面积 25.4853 万亩，其中猕猴桃栽植面积比上年增加 3307 亩。

畜牧业：2019 年，眉县抓建千头养殖场 10 个，新建规模养殖场 5 个，改造标准化肉鸡大棚 6 个，建成万吨有机肥加工厂 1 个。调整优化渔业养殖结构，引进水产名优品种 753 万尾，打造大鲵、脆肉皖、松浦镜鲤等特色养殖示范点 5 个。全县畜禽存栏量达到 54.875 万头（只），全年肉、奶、蛋总产量 8.43 万吨。全县牧业产值达到 56217 万元，比上年增长12.1%。全县肉类总产量 8539.2 吨，比上年下降 2.86%。

5. 产业资源禀赋

2019 年，眉县第一产业、第二产业、第三产业分别实现增加值23.9216 亿元、85.7399 亿元、51.5532 亿元，分别较上年增长 4.8%、5.4%、6.9%，第一产业、第二产业、第三产业占地区经济的比重分别为14.8%、53.2%、32.0%。人均生产总值 53101 元，较上年增长 2.9%。

6. 文化资源禀赋

眉县物质文化资源包括红河谷、凌云栈道、扶眉战役纪念馆[1]等。成功创建"省级旅游示范县"，荣获"感动世界旅游名县"称号。

眉县非物质文化资源体现为源远流长、种类繁多的手工艺制作，如剪纸、刺绣、皮影、泥塑等（见表 3-20）。

表 3-20 宝鸡市眉县非物质文化遗产名录

序号	项目名称	序号	项目名称
1	红星面塑	10	饦饦面制作技艺
2	眉县农民画	11	眉县刺绣
3	常兴皮影	12	玉泉秦腔戏剧服饰道具制作工艺
4	石头画	13	横渠镇古庙会
5	太白山桃木雕刻	14	太白山祈雨
6	枣林古笙乐	15	眉县木偶戏
7	吹杆唢呐坐双娃	16	眉县堆漆彩绘漆艺
8	黄家村音乐会	17	眉县手工面制作技艺
9	耍懒婆娘	18	眉县泥塑

[1] 扶眉战役纪念馆，位于陕西省眉县常兴镇，陇海铁路、西宝高速公路横穿而过，是为纪念在全国解放战争中西北战场上最大的一次战役，即"扶眉战役"而修建的一处烈士陵园，是陕西省第一批重点烈士纪念建筑物保护单位，是中共陕西省委、宝鸡市委命名的爱国主义教育基地和国防教育基地，是共青团陕西省委、陕西省教育厅、陕西省少工委命名的红领巾实践教育基地。2016 年12 月，扶眉战役纪念馆被列入全国红色旅游经典景区名录。2019 年 12 月，陕西省旅游资源开发管理评价委员会发布公告，宝鸡市扶眉战役纪念馆景区被确定为国家 4A 级旅游景区。

续表

序号	项目名称	序号	项目名称
19	横渠纸花工艺	22	保安堡锣鼓
20	炉齿面制作技艺	23	大爷海茶的制作技艺
21	肉蒸饭制作技艺	24	乌药汤制作技艺

资料来源：摘自《宝鸡市眉县非物质文化遗产名录》，陕西省非物质文化遗产网，http://www.sxfycc.com/。

7. 科技资源禀赋

(1) 示范园区（基地）建设情况

首先是眉县宁渠村猕猴桃示范园。眉县金渠镇宁渠村是一个具有2680多年历史的文明古村，位于眉县县城东南 7 千米处，河营公路穿村而过，距 310 国道不到 1 千米，交通十分便利。全村辖 14 个村民小组1080 户 4150 人，总耕地面积 6900 亩，其中主导产业猕猴桃面积 6500 亩，人均面积超过 1.5 亩。2019 年全村人均可支配收入 19370 元。先后荣获全国农村幸福社区建设示范村、全省基层党组织标准化建设示范村、全省美丽乡村建设试点村、全省村务公开民主管理示范村、全省"美丽乡村文明家园"建设示范村、省级"文明村"、全市美丽乡村示范村、市级民主法治建设示范村等荣誉称号。近年来，该村以创建全省乡村振兴示范村为契机，按照产业兴旺、生态宜居、乡风文明、治理有效、生活富裕的总要求，以发展猕猴桃产业促农增收为重点，全力振兴乡村产业，示范作用逐步显现。

其次是眉县职教中心现代农业产业示范基地。眉县职教中心现代农业产业示范基地位于眉县槐芽镇汤峪河西岸，是国家发改委"职业教育产教融合"建设项目。园区占地 120 亩，规划为"四心五区"① 建设布局，建成后实现研发推广、成人培训、产教融合、研学体验、专业实训等五大功能。基地 2017 年 6 月立项建设，2018 年 8 月通过公开招标正式实施，截至 2020 年前期工程建设已结束，规划的综合大楼（其中科研中心 1000平方米、培训中心 2000 平方米、加工销售中心 2000 平方米），设施农业

---

① 四心：科研中心（实验室）、培训服务中心、加工销售中心、管理服务中心。五区：设施栽培展示区、樱桃栽培展示区、猕猴桃栽培展示区、草莓栽培展示区和学生劳动体验区。

区连栋智能温室大棚，基地内道路、管网、围墙等已经基本竣工，投入建设资金已超过 2200 万元。

（2）科技人才储备情况

依托省派"三区科技人才"和省、市、县三级科技特派员服务团共 52 名科技人员，按照科技人才专业领域，结合贫困村产业发展需求，在全县 62 个贫困村实现科技人员全覆盖。科技特派员围绕服务镇、村的主导产业开展技术指导，培养乡土人才，解决发展难题，共同脱贫致富。

（五）太白县

宝鸡市太白县，地处秦岭腹地，因秦岭主峰太白山在境内而得名。北连秦川，南通巴蜀，横跨黄河、长江两大流域，总面积 2780 平方千米，县城海拔 1543 米，是陕西省海拔最高的县城。截至 2019 年末，太白县下辖 7 个镇，44 个行政村，总人口 5.2 万人（农村人口 4 万人）。太白县曾是国家扶贫开发重点县、秦巴山连片扶贫片区县，承担川陕革命老区部分项目建设任务。

1. 自然资源禀赋

水资源：太白县横跨黄河、长江两大流域，水资源十分丰富。境内石头河（古称武功水、斜水）、红岩河、湑水河等五大河流共 59 条支流，流境总长 219.8 千米，是关中城市水源涵养地和饮用水资源保护地，被誉为"关中水塔"。

风能资源：据 1980 年至 2013 年的气象资料记载和实际测量，最大风速为 20m/s，最小风速为 6m/s，年平均风速 14m/s—16m/s 的时间约 4500 小时，被列为风资源可开发县。

地热资源：陕西工程勘察研究院对太白盆地地热资源的勘察结果显示，太白县具有丰富的地热资源。已探明石沟小贯字黄土梁陈家院子一带基本具备形成地热水资源的条件，蕴藏低中温地热水资源。出水量为 167 米³/小时—229.63 米³/小时，水温为 35—45℃。

植物资源：太白县境内种子植物 121 科 640 属 1500 余种，苔藓植物 63 科 142 属 302 种。此外尚有大量蕨类植物、地衣植物和菌类植物。

动物资源：太白县境内鸟类 192 种，隶属 13 目 37 科；兽类 62 种，隶属 5 目 22 科；昆虫类 1435 种，隶属 19 目 99 科。

矿产资源：太白县境内已发现金、铌、钽、锡等稀有贵金属，铜、铅、锌、镍、铁等有色金属，大理石、云母、石英等非金属矿，已探明黄金储蓄量 40 吨，是陕西省第二大黄金生产县。

2. 区位资源禀赋

太白县横跨黄河、长江两大流域。县城距西安 180 千米，距宝鸡 64 千米，距汉中 170 千米。太白县内气温差别显著，古有"山前桃花山后雪""太白积雪六月天"之景观，年平均气温 7.8℃，无霜期 158 天，长冬无夏，春秋相连，气候温和湿润，具有大陆性季风气候与高山气候交汇的特征。

3. 人力资源禀赋

2019 年，太白县常住人口 51513 人，户籍人口 47398 人，常住人口出生率 10‰，死亡率 6.29‰，人口自然增长率 3.71‰，城镇化率 45.24%。2018 年，太白县常住人口 5.18 万人，户籍人口 48445 人，常住人口出生率 9.77‰，死亡率 6.18‰，人口自然增长率 3.59‰，城镇化率 44.23%。

4. 农业资源禀赋

2018 年，太白县实现农林牧渔业总产值 114573 万元（同比增长 4.2%）。其中：农业产值 89306 万元（同比增长 3.4%）、林业产值 13039 万元（同比增长 8.8%）、牧业产值 6820 万元（同比增长 2.4%）。2018 年，太白县粮食播种面积 29602 亩（同比减少 4%）。粮食产量达到 6721 吨（同比减少 5%），其中夏粮 1184 吨（同比减少 8%）、秋粮 5537 吨（同比减少 4%）。种植油料作物 3511 亩，实现油料作物产量 454 吨（同比增长 6.3%）。全年蔬菜种植面积 107360 亩，产量 394371 吨，实现产值 56987 万元。种植中药材 27031 亩，产量 18070 吨（同比增长 10%）。2018 年，太白县园林水果实有面积 2153 亩，当年采摘面积 2134 亩，园林水果产量 1814 吨（同比增长 4.3%）；食用坚果 2919 吨（同比增长 1.1%）。2018 年，太白县养殖大鲵、细鳞鲑 3.7 万尾；生猪出栏 14610 头，猪肉产量 1140 吨，出栏数及猪肉产量较 2017 年同期均略有增长；牛出栏 1050 头（同比增长 2%），牛肉产量 189 吨；羊出栏 17105 只（同比增长 1%），羊肉产量 190 吨；家禽出栏 7.45 万只，禽肉产量 110 吨（同比增长 10%）；养殖土蜂 75290 箱（同比增长 10.91%），蜂蜜产量 289510 公斤。

5. 产业资源禀赋

2019 年，太白县实现地区生产总值 344420 万元（同比增长 9.3%）。

其中第一产业、第二产业、第三产业产值分别为 75013 万元、139906 万元、129501 万元，各同比增长 4.4%、12.2%、8.7%。第一产业、第二产业、第三产业产值比为 21.8：40.6：37.6。按常住人口计算，人均地区生产总值 66861 元。实现非公有制经济增加值 159779 万元，占全县经济总量的 46.4%。

6. 文化资源禀赋

太白县物质文化遗产丰富。包括太白山鹦鸽镇柴胡山村药王谷风景区、太白县县城东北 25 千米处的青峰山、太白县桃川镇的青峰峡森林公园等。

太白县非物质文化遗产亦很丰富（见表 3-21）。李家沟社火，起源于清末，为地道的本地社火。起初以马社火为主，表演方队有两个：社火队、锣鼓队。社火分转，一般参与游演的为 12 至 15 转，一转 4 至 8 人，演出时间是正月 14—16 日三天，内容以戏曲典故为主，演员年龄 17—40 岁，男女不限。其特点是古朴典雅。1961 年，社火队发展为五个方队，以高芯为主，每天演出 20 转，参与人数 200 人左右。高芯包括转芯、水芯、十二生肖造型。整个芯子设计动中有静，静中有动，最高的 7 米有余。李家沟社火自清末形成以来，发展至今共有服装 130 套，包括戏曲服装、现代服装、锣鼓队服装，演出道具 120 余件。咀头街面花，"面花"又称"面塑"或"捏泥人"。"面花"是一种面食艺术，也是中华民族优秀文化传统中的一种"饮食文化"。诸葛亮与太白县地名传说，当地传说在太白山石沟河风景区的大罐和相隔不远的小罐便是诸葛亮生前设置的两处"假冢"。

表 3-21　宝鸡市太白县非物质文化遗产名录

序号	项目名称	序号	项目名称
1	李家沟社火	7	桃川豆腐制作技艺
2	黄凤山龙灯	8	神仙豆腐制作技艺
3	李家沟布老虎	9	明溜溜酒制作技艺
4	咀头街面花	10	豆食制作技艺
5	南塬曲子	11	皮冻制作技艺
6	太白洋芋糍粑制作技艺	12	太白山核桃工艺

续表

序号	项目名称	序号	项目名称
13	桃川画屏	16	诸葛亮与太白县地名传说
14	太白棉絮画工艺	17	桃川醋制作工艺
15	太白河山歌	18	大沟塬曲子

资料来源：摘自《宝鸡市太白县非物质文化遗产名录》，陕西省非物质文化遗产网，http：//www.sxfycc.com/。

7. 科技资源禀赋

（1）试验站建设情况

宝鸡市人民政府、西北农林科技大学、杨凌示范区管委会"两地三方"实施新一轮农业科技合作以来，西北农林科技大学太白蔬菜试验示范站驻站专家和教授，与宝鸡市科技局、太白县人民政府、市县农技人员校地对接，科学研究，紧密配合，相互协作，发挥科技优势，助力当地高山蔬菜产业持续迅速发展，也为深入实施乡村振兴战略，加强陕西省农业农村领域科技创新体系建设，充分发挥科技创新平台作用起到了示范引领作用，在一定程度上促进了农业农村优先发展。建站以来，驻站专家与地方农技人员合作，针对制约产业发展的问题开展联合攻关，进行科学研究和技术推广，形成了较为成熟的"驻点专家+地方农技人员+专业合作社+种植大户"校地合作成果推广模式，并推广落地，服务于地方经济和"三农"。

据悉，西北农林科技大学太白蔬菜试验示范站驻站专家教授与当地政府、地方农技人员长期紧密合作，发挥科技优势助力当地高山蔬菜产业发展，经过多年的深入研究，弄清了太白高山地区根肿病发生的规律，找到根肿病防控的关键突破口，总结出"轮、种、育、土、肥、管、防"七个环节的根肿病绿色综合防控技术体系，防治率在85%以上，防治成本降低了52%。突破了影响当地主导产业发展的技术瓶颈。

近年来，太白蔬菜试验示范站针对当地蔬菜品种多、乱、杂的问题，先后从国内外上百家单位引进适宜高山冷凉地区种植的蔬菜品种1300余个，并通过试验筛选出综合性状优良，适宜于高山地区栽培的"中甘15"、"威风"、"富尔"和"秦甘60"甘蓝，"耐斯高"、"山地英雄"、"秦春2号"和"秦春3号"大白菜，"富娃"和"CR春玉"

娃娃菜，"YR白春"、"凌翠"、"景福"和"秀绿"春萝卜，"塞纳"和"京葫42号"西葫芦，"锦秀"和"绿冠"青花菜，"万盛118"、"雷诺"和"喜绿101"结球生菜等优良蔬菜品种，同时在全县大面积推广，实现了高山冷凉蔬菜品种的升级换代。针对连作障碍、种植效益低的问题，试验站驻点专家在调查试验的基础上，总结出适宜太白高山地区推广的6种高山蔬菜轻简高效栽培模式与技术，极大地提高了菜农的种植效益。

（2）农业专业合作社情况

首先是星创天地。为推动农业领域创新创业工作，打造适应农业农村创业需要的众创空间，孵化农业企业，培养职业农民和农场主，太白县积极组织科技企业申报国家、省、市各级"星创天地"项目。太白县绿蕾农业专业合作社、太白县秦绿蔬菜有限责任公司、陕西太白雪岭生态农业发展有限公司已分别获得由科技部、省科技厅命名的"星创天地"称号。太白县"星创天地"建设工作已走在全市前列。星创天地项目企业负责人分别参加了全市星创天地工作现场会和全省星创天地工作推进会，并赴徐州市开展科技创新工作交流。太白县绿蕾农业星创天地依托宝鸡市绿蕾现代农业园区建设主体太白县绿蕾农业专业合作社，立足供港特色蔬菜产业，整合区域内优势资源，集聚各类先进技术、优秀人才和企业、合作社、家庭农场等农业创业创新要素，形成以太白高山特色蔬菜为主导产业的创新创业发展平台以及新型多元素农业创客群体。通过与国内农业高校和地方科研院所的合作，让合作社在快速成长的同时更好地实现创新驱动发展。太白绿蕾农业星创天地以"携手创新、服务至上、紧密合作、共谋发展"为主要发展理念，以发展"绿色农业、智慧农业、信息农业、文明农业、品牌农业"为主要抓手，通过顶层商业模式设计，盘活创新政策杠杆，搭建服务平台，提升载体水准，推进社会资本参与。以"互联网+农+X"模式重塑产业流程及结构，构建低成本、高便利度、全要素、全产业链、共享开放多元的新型农业创业创新服务平台。

其次是太白县绿蕾农业专业合作社。太白县绿蕾农业专业合作社成立于2013年5月，主要从事太白高山蔬菜育苗、种植、销售、农资统购统销等经营项目，合作社组织机构完善，规章制度健全，内部管理规范，经营诚信守法，2016年被认定为陕西省农民专业合作社示范社，宝鸡市十佳农民专业合作社，2017年供港蔬菜示范园被宝鸡市政府认定为市级现代农业园区。合作社注册了"魏川河"牌蔬菜产品商标，被认证为无公害产品、生态原产地产品。供港特色蔬菜生产基地是集新品种引进、种苗繁育、基地示范、生产加工、冷链物流、销售网络建设于一体的一条龙服务产业链。合作社现有两大基地：蔬菜工厂化育苗基地和供港蔬菜种植基地。供港蔬菜种植基地位于太白县咀头镇咀头街村，耕地面积500亩，全年种植供港特色蔬菜40个品种1000亩，订单带动周围农户种植蔬菜2000亩。为了确保蔬菜持续生产供应，合作社工厂化育苗基地建有智能化育苗温室3600平方米，漂浮育苗大棚10座，特色蔬菜种植大棚10座。基地大力发展智慧农业，种植采用了全程机械化覆盖，管理采用了智能化水肥一体化喷、滴灌全覆盖，植保采用了杀虫灯、黄板绿色防控措施，严格按照绿色无公害的标准进行生产种植，销售实现全程质量追溯，确保农产品安全优质，形成专业绿色的标准化蔬菜生产示范园区。合作社有蔬菜预冷、加工、包装间300平方米，农资、机械库400平方米，农药、种子库100平方米，配有电商销售、检测室等，建立完善的供港特色蔬菜冷链、加工、包装、航空运输体系。合作社按照"公司+合作社组织+农户参与"的生产模式，扩大蔬菜种植规模，现已形成面向全国及港澳地区的销售网络，是太白高山特色蔬菜直供香港最大的生产供应商。目前除供香港外，产品还供应西安、上海、厦门、福州、深圳、广州等地。

（3）科技人才储备情况

为进一步激发和调动科技人才的积极性和创造性，太白县聘请西北农林科技大学、市农科所等"三区"科技人才13名，从各镇遴选农业、林业、畜牧养殖等方面的专业技术人才、"土专家"12名，按照产业发展要求组建高山蔬菜、道地中药材、干杂果种植、特色种养殖及食用菌等6个专业技术服务团队，开展进企进村入户技术帮扶活动，助推全县脱贫摘帽。同时，太白县还联合县委组织部，在全县企、事业单位专业技术人员和乡土人才中推荐一批优秀科技人才，建立优秀科技人才库，发挥科技人才的技术创新和示范引领作用，不断推动县域产业发展壮大，以科技创新驱动县域经济发展。

（4）其他科技资源情况

为全面落实精准扶贫、精准脱贫的决策部署，主动担当科技扶贫这一政治责任，太白县坚持创新驱动与扶贫开发相结合，主动作为，服务精准扶贫工作，送技术、育载体、建平台、促增收，科技扶贫成效显著。一是智力扶贫强技能。充分利用科技活动周、"科技、文化、卫生三下乡"等形式，组织本土科技人才、"三区"科技人才、省市县科技特派员深入贫困村，邀请西北农林科技大学生命科学院杜双田教授、杨凌星科真菌研究所李曼霞老师，对贫困农民进行实用技术培训，引导贫困农户依靠科技发家致富，激发贫困户脱贫致富激情。二是项目扶贫搭载体。推进国家、省、市农业"星创天地"服务平台建设，全县"星创天地"实施单位示范先进技术 20 余项，培训 1000 余人，孵化创客 100 余人，为推动农村创新创业、加快科技扶贫发挥了积极作用。积极争取更多项目资金扶持和技术支撑，组织企业申报各类科技项目 27 项，带动全县主导产业优化升级，加快相关产业人员脱贫致富。三是企业扶贫促增收。坚持"科技引领+企业运作"科技扶贫模式，高新技术企业太白金矿和科技型中小企业太白山天然植物、盛沃农业、绿蕾农业等采用"公司+基地+经济合作社+贫困户"经营方式，以企业为投资主体，由镇村组织贫困户以入股或务工形式参与企业生产经营，构建利益联结机制，仅绿蕾农业专业合作社、秦西公司就带动贫困户 200 余户，户均增收 1890 元。太白县首批挂牌的 10 家科技创新示范园，在示范引领贫困群众积极发展高效产业，持续稳定增收方面也做出了积极贡献。

三、秦岭北麓渭南段资源禀赋

（一）临渭区[①]

临渭区地处陕西省关中平原东部，古称"下邽""莲勺""南新丰""灵源"，是渭南市委、市政府所在地，是渭南市政治、经济、文化、交通、商贸、物流中心以及全市决策交流和管理的汇集点，是中华文明极其重要的发祥地之一，2019 年 3 月，被列入第一批革命文物保护利用片区分县名单。

---

① 本部分资料主要来源于渭南市临渭区人民政府网站。

1. 自然资源禀赋

土地资源：临渭区有林地面积 26.32 万公顷，林木蓄积量 849 万立方米，森林覆盖率达 15.9%。天然草场 14.8 万公顷。耕地面积 54.61 万公顷，其中有效灌溉面积 34.4 万公顷。

交通资源：临渭区有陇海铁路、西南铁路、郑西高铁、大西铁路、310 国道、西潼高速、连霍高速横穿东西，108 国道、202 省道、关中环线、渭玉高速纵贯南北。东出潼关接中原，西邻西安连西北，距省会西安 42 千米，距咸阳国际空港 45 分钟车程，是"一带一路"起点城市之一、渭南"三地一中心"核心区，处于黄河金三角示范区、西安 1 小时经济圈，是关中东部的交通"陆港"，素有"三秦要道、八省通衢"之称。

水资源：临渭区主要有渭河、千河、漆水河、石头河等。以秦岭为界，河流分属黄河、长江两大水系。

生物资源：临渭区野生动物有 300 多种，丹顶鹤、黑鹳、青羊、大天鹅等 23 种珍禽珍兽驰名全国。人工饲养的畜禽有 20 多种，较为有名的比如秦川牛、关中驴、奶山羊等。

森林植被：临渭区森林植被属暖温带落叶阔叶林带，其南部山区是渭南市主要的天然林分布区，林木种类有 47 科 150 属 300 多种。主要森林建群种有油松、华山松、侧柏、白皮松、冷杉、锐齿栎、栓皮栎、桦、板栗、椴、漆、核桃等；灌木主要有胡枝子、黄栌、茅草、白草、蒿类、柴胡、地榆。平原区植被为人工栽植，主要有杨、泡桐、中槐、苹果、梨、杏、猕猴桃、花椒、枣等。[1]

光能资源：临渭区光能资源全年为 118.643 千卡/厘米^2。在季节分布上，春夏约占年辐射总量的 62%—64%，对作物返青、抽穗、灌浆、成熟十分有利（7月最大，为 14.337 千卡/厘米^2）；秋季次之，占 20%；冬季最低，占 16%—17%。

2. 区位资源禀赋

临渭区位于陕西省关中东部，南依秦岭与蓝田县相接，北部平原与蒲城县相连，东以赤水河为界与华州区为邻，西以零河为畔与西安市临

---

[1] 张晓鹏、段珍珍、郭永峰：《渭南市临渭区农村旅游业发展分析》，《甘肃农业》2013 年第 2 期，第 18—19 页。

潼区相望，东北以洛河故道（古乾河）与大荔县相望，西北经肖高村与富平县接壤。临渭区地处秦岭纬向、祁吕贺山字型、新华夏系和陇西旋卷四个巨型构造体系的交汇地区，地形复杂多样。南部为秦岭山地（海拔 800—2400 米）、中部偏南是黄土台塬（海拔 600—800 米）、中部和北部为渭河平原（海拔 330—600 米）。渭河经中部蜿蜒东流，零河、沈河、赤水河自南向北成"川"字形流入渭河。史称"省垣首辅"，"形胜甲于三秦"。

3. 人力资源禀赋

临渭区全区现辖 14 个镇、6 个街道办事处，总人口 90 万人，其中城市人口 40 万人。[①] 2016—2019 年脱贫效果明显（见表 3-22）。该区现有汉族、回族、满族、藏族、维吾尔族、壮族、土族、黎族、白族、朝鲜族、俄罗斯族、哈尼族、锡伯族、羌族、土家族、蒙古族等民族分布。

表 3-22　陕西省渭南市临渭区 2016—2019 年脱贫情况

年份	脱贫人数（人）	脱贫户数（户）	脱贫村数（个）
2016	23344	6415	10
2017	8700	2276	20
2018	10997	2867	33
2019	12032	3681	18
合计	55073	15239	81

资料来源：马宁：《休闲农业扶贫的精准供给路径探索——以陕西省渭南市临渭区为例》，《江苏农业科学》2020 年第 21 期，第 22—28 页。

4. 农业资源禀赋

临渭区农业资源丰富，生产条件优越，是国家商品粮和优质棉生产基地县（区）、国家秦川牛保种区之一，被誉为"中国葡萄之乡""中国核桃之乡""中国果菜无公害十强区"等。土地有效灌溉面积 98 万亩，已形成集灌、排、防洪于一体的水利设施系统。种植业以粮、棉、菜、瓜、果为主，常年农作物播种面积 170 多万亩，复种指数 148.7%，现代农业园区 46 个，种植特色产业 60 万亩，养殖业以牛、鸡、猪为主。

① 胡薇：《县域经济视角下各县经济发展困难现状研究——以渭南市临渭区为例》，《农村经济与科技》2020 年第 16 期，第 155—156 页。

5. 产业资源禀赋

临渭区产业繁荣，现代工业潜力无限。按照专业化、集约化、集群化发展方式，强势推进创新创业基地建设，初步形成了装备制造、医疗耗材、高新技术等科技含量高、低碳环保、劳动密集型的产业，创新创业基地被评为"省级县域工业集中区"，服务经济持续壮大。

6. 文化资源禀赋

临渭区物质文化资源丰富。区内南部有沈河川道生态风景区、石鼓山国家森林公园，北部有建于唐代的下吉慧照寺宝塔，以及全国仅存的秦始皇焚书台灰堆遗址、渭南八景之一"六姑泉"。临渭区西连世界八大奇迹之一秦陵兵马俑和华清池，东邻闻名天下的西岳华山。

临渭区非物质文化资源亦很丰富。据统计共 46 项，包括传统技艺 16 项、传统戏剧 3 项、民间文学 7 项、民俗 3 项、民间舞蹈 3 项、传统医药 7 项、杂技与竞技 4 项、民间美术 2 项、曲艺 1 项。其中，省级非物质文化遗产有渭南时辰包子制作技艺等 8 项，市级非物质文化遗产有渭南跑汗马、三贤锣鼓、渭南舞狮、田市芯子等 22 项，区县级非物质文化遗产有周坡秧歌剧、固市水盆羊肉、面塑制作技艺等 16 项（见表 3-23）。

表 3-23　渭南市临渭区非物质文化遗产名录

类型	序号	项目名称	级别
传统技艺	1	渭南时辰包子制作技艺	省级
传统技艺	2	石灰窑水晶饼制作技艺	省级
传统技艺	3	秦源影雕黑陶	省级
传统戏剧	4	陕西东路碗碗腔	省级
传统戏剧	5	渭南秧歌	省级
传统医药	6	中医骨诊疗法	市级
民间舞蹈	7	田市八仙鼓	省级
民俗	8	跑骡车	省级
传统医药	9	针挑治疗扁桃体炎	省级
民间文学	10	石鼓山传说	市级
民间舞蹈	11	渭南跑汗马	市级
民间舞蹈	12	三贤锣鼓	市级

续表

类型	序号	项目名称	级别
杂技与竞技	13	渭南舞狮	市级
杂技与竞技	14	田市芯子	市级
杂技与竞技	15	唢呐吹技	市级
民间美术	16	渭南根雕	市级
民间美术	17	何刘剪纸	市级
传统技艺	18	阳郭草编	市级
传统技艺	19	渭南豆腐泡	市级
传统技艺	20	临渭区土织布技艺	市级
传统技艺	21	关中二胡制作技艺	市级
传统技艺	22	南七饸饹	市级
传统技艺	23	手工豆腐制作技艺	市级
传统技艺	24	临渭醪糟制作技艺	市级
传统技艺	25	戏剧头帽制作技艺	市级
传统医药	26	张氏痹症外治疗法	市级
传统医药	27	屈氏中医骨伤疗法	市级
民俗	28	下吉古庙会	市级
民俗	29	打铁花	市级
曲艺	30	三弦弹唱	市级
传统戏剧	31	周坡秧歌剧	区县级
杂技与竞技	32	细狗撵兔	区县级
民间文学	33	塔山的传说	区县级
民间文学	34	六姑泉的传说	区县级
民间文学	35	天留山的传说	区县级
民间文学	36	秀龙山的传说	区县级
民间文学	37	御花园的传说	区县级
民间文学	38	长稔塬的传说	区县级
传统技艺	39	花庙手工挂面	区县级
传统技艺	40	固市水盆羊肉	区县级
传统技艺	41	面塑制作技艺	区县级
传统技艺	42	渭南豆腐席	区县级

续表

类型	序号	项目名称	级别
传统医药	43	张氏针灸治疗中风	区县级
传统医药	44	八里店正骨术	区县级
传统技艺	45	杆火制作技艺	区县级
传统医药	46	张氏烧伤膏	区县级

资料来源："非遗智库",陕西省非物质文化遗产网,2019 年 7 月 18 日,http://www.sxfycc.com/portal/fyzk/index.html;"政务公开",陕西省文化和旅游厅官网,2020 年 4 月 24 日,http://whhlyt.shaanxi.gov.cn/。

7. 科技资源禀赋

(1) 试验基地建设情况

临渭区故市地尧粮食科技示范基地以粮食生产为主,组织广大种植户与临渭区地尧农业机械农民合作社签订种植协议、收购合同,发展订单农业,促进了粮食产业化发展,实现了优质小麦产前、产中、产后的有效衔接。通过粮食科技示范基地的示范效应,加快了农作物新品种及配套技术的推广步伐,农技服务效能得到明显提升,为临渭区小麦生产实现优质优价起到了重要的推动作用。

临渭区葡萄研究所试验示范基地始建于 2013 年 10 月,现已建成陕西省最大的鲜食葡萄种质资源圃 30 亩、试验示范园 50 亩,并配套建设有滴灌和肥水一体化、避雨栽培等高效栽培设施,先后引进葡萄新优品种 120 余个,带动临渭区葡萄种植面积发展到 28 万亩,位列全省第一、全国第三,年综合产值超 50 亿元。截至 2020 年示范带动园区 99%以上贫困果农发展避雨栽培技术,并在全区推广 12 万亩以上,产生了极大的社会效益和经济效益,园区通过高新技术引领,使每亩葡萄产量普遍能超过 5000 斤,使贫困户平均每户增收 2000 元。截至 2020 年10 月,葡萄产业已经成为临渭区 10 万户家庭 30 余万名农民脱贫致富的支柱产业。

此外,陕西东荣现代农业猕猴桃科技示范基地机构和配套设施齐全,发展方向为智慧果园管理。阳郭镇阳光社区产业扶贫科技示范基地大力发展林果产业,提高以核桃为主的产业管理技术,带领农户脱贫致富。

（2）科技人才储备情况

临渭区葡萄研究所首席专家王录俊副理事长是西北农林科技大学果树专业的农学学士，参加工作30多年来，长期工作在基层一线，致力于果树特别是葡萄新品种及栽培新技术的研究与推广工作。20世纪90年代末，他多次自费走访山东、河南等地，请教专家，观摩考察，先后引进了100余个葡萄品种，以及5个苹果新优品种。从业30多年来，王录俊先后荣获国家级奖项6项、省级奖项5项、市级奖项近20项。2020年王录俊被农业农村部评为"全国最美农技员"，同年入选陕西省"特支计划""区域发展人才"。他的足迹遍布全区、全市乃至全省大大小小的葡萄种植园区，不断激发着农民们的种植热情。

（二）华州区①

华州区，隶属陕西省渭南市，古称"郑县""咸林""武乡"，1913年改名为华县，2015年10月撤县设区，2016年初，华州区挂牌成立，辖9镇1街道121个村28个社区（14个城市社区、14个新型农村社区），是"中国皮影之乡""中国钼业之都"。

1. 自然资源禀赋

水资源：华州区境内河流属黄河流域的渭河及南洛河两个水系。渭河从赤水镇三涨村西入境东流，至区东北端方山河入渭口出境，全长47.25千米。岭北的赤水、遇仙、石堤、罗纹、构峪、方山六条支流，由南而北汇入渭河；发源于华阴市方山峪的方山河，从老西潼公路北0.5千米处入境北流，经柳枝镇北拾村穿过渭河大堤，向东北注入渭河，区间流程4.6千米。岭南的文峪、蒿平川、大栗西、栗峪四条支流，由北而南汇入南洛河。据有关资料，华州区年产地表水22498万立方米，地下水埋藏量为24864.83万立方米，扣除地下水资源重复计算的14014.05万立方米，华州区水资源总量为33348.78万立方米，为渭南市地下水富水区之一。地热水资源在平川地带也有分布。

土地资源：华州区土地总面积113137.3公顷，其中山地面积70200.28公顷，占总面积的62%；台塬面积13512.14公顷，占总面积的12%；平原面积29424.88公顷，占总面积的26%。全区耕地面积43万亩，基本农田保护面积37.5万亩，人均耕地1.2亩。

---

① 本部分资料来源于渭南市华州区人民政府网站。

矿产资源：华州区境内地质条件独特，矿产资源丰富。已探明的金属矿产有 12 种，非金属矿产有 16 种。矿产资源有金、钼、铜、铅、锌、钨、锰、铁、锶、稀土、银、镁、滑石、水晶、白云岩、花岗岩、大理石、硅石、含钾岩石、黏石、蛭石、片麻岩、闪长岩、铀等。已开发利用的有钼、铅、锌、铀、大理石、片麻岩等。其中钼的储量和生产能力均居世界前列，主要钼产品在拥有较大国内市场份额的同时，还远销欧洲、非洲、澳洲，以及亚洲的日本、韩国、印度等国家和地区。秦岭北麓的花岗岩储量达 6.7 亿立方米，年生产规模约 80 万立方米。

动植物资源：华州区境内有野生动物 73 科近 300 种，其中国家一级保护动物有林麝、白肩雕，二级保护动物有黑熊、鸳鸯、鸢、赤腹鹰、白尾鹞、红脚隼、血雉、大鲵等。人工饲养动物 50 余种，以猪、鸡、牛、羊、兔为主。林木树种 81 科 398 种，其中华山松、油松、白皮松、侧柏、栎类、桦类、杨、柳、榆、槐、桐、银杏等分布较广，青竹也有片状分布。果树主要有桃、梨、苹果、核桃、樱桃、杏、柿、枣、葡萄、猕猴桃、枳椇等。

交通资源：华州区交通便利，四通八达。高速公路有三条，共 52.97 千米，其中西潼高速公路境内 27 千米，渭玉高速公路境内 13.97 千米，渭蒲高速公路境内 12 千米；310 国道境内 27 千米；202 省道境内 9.3 千米；县道 5 条 92.358 千米；乡道 19 条 137.659 千米；专用公路 2 条 16.3366 千米；村道 763.8 千米。华州区西距西安 80 千米，距渭南主城区 25 千米，位于"西安一小时经济圈"，是"丝绸之路经济带"辐射区和关中城市群"次核心"区域。华山机场选址华州，关中城际铁路网在华州规划两个站点，陇海铁路、郑西高铁、连霍高速、310 国道、老西潼公路横贯东西，华洛公路、渭蒲高速和渭玉高速沟通南北，境内有高速出口 3 个，铁路专用线 3 条，公路密度居全市第一，是关中东部最大的交通枢纽。

2. 区位资源禀赋

华州区位于陕西关中平原东部，东经 109°36′00″—110°2′48″、北纬 34°12′27″—34°36′27″。南依秦岭，与洛南县交界，北临渭河，与大荔县、临渭区隔水相望，东与华阴市毗邻，西与临渭区接壤，西南一隅与蓝田县相连。华州区地势南高北低，落差较大，海拔高度 334—2646 米。地貌分区明显，类型多样，南部为秦岭华山山地，层峦叠嶂，连绵起伏；西南为黄土台塬，沟壑交织，土层深厚；北部为冲积平原，沃野平阔，阡陌纵横。山、塬、川、滩，自南而北呈阶梯式递降，地貌差异明显，各具特色。

3. 人力资源禀赋

截至 2020 年，华州区常住人口 31.38 万人，户籍人口 32.17 万人。华州区民族有汉族、回族、满族、壮族、蒙古族、苗族、土家族、朝鲜族、布依族、白族、维吾尔族、藏族、纳西族、撒拉族、黎族、彝族、傣族、锡伯族等 18 个民族，其中汉族人口占 99.84%，其他 17 个少数民族共 509 人，散居于华州区城区及金堆、瓜坡、杏林、莲花寺、柳枝等地。2018 年全区地区生产总值 75.61 亿元，城镇居民人均可支配收入 32445 元，农村居民人均可支配收入 11670 元。

4. 农业资源禀赋

华州区农作物共 8 类 50 多种，以小麦、玉米、蔬菜、豆类、薯类、油菜、棉花等为主，蔬菜生产尤为发达，华州区已被认定为"全国无公害蔬菜基地县""全国果菜标准化建设十强县"。地方名特蔬菜华州山药、赤水大葱、柳枝香椿、圣女果等质优量大，行销省内外。2006 年 9 月，马铃薯、山药、大葱、番茄通过国家无公害农产品认证，华州区成为全国绿色无公害蔬菜基地。2019 年全年粮食总产量达到 14 万吨，新增设施蔬菜 3828 亩，新（扩）建规模养殖场 7 个，新建果园 1100 亩，新增家庭农场 21 家、农民合作社 16 家。菜、畜、果三大产业总产量 70.9 万吨，总产值 20.7 亿元，占地区农业总产值的 80.2%。"华州山药"获批国家地理标志证明商标，瓜坡君朝、柳枝莲峰、华州先农、赤水小涨成为现代农业园区发展的新亮点。

5. 第二、三产业资源禀赋

第二产业：工业经济稳步提升。金钼技改、华光溶剂法黄药、斯伦贝谢油气田特种器材、派尔森碳纳米导电浆等四个项目实现投产；二硫化钼生产线改造、陕化烟气治理、磷酸铵复合肥提标改造、省煤研院千吨级催化剂等四个项目顺利竣工；2017 年新增规模以上企业 6 户，神光氟化工创建为国家高新技术企业，载元派尔森成功借壳上市，成为渭南首家上市的民营企业。

第三产业：华州区编制了全域旅游规划，华州皮影获批国家地理标志保护产品，少华山景区完成经营体制改革，渭华起义纪念园升级改造后列入国家项目，李坡农家乐、毛沟红色游等乡村游兴起，全年接待游客 746 万人次，旅游收入 45.3 亿元。2017 年新增电商企业 13 家、限额以上贸易企业 8 家，全社会消费品零售总额完成 25.58 亿元，同比增长 13.6%。

6. 文化资源禀赋

华州区物质文化资源丰富。包括：国家 4A 级旅游风景区少华山国家森林公园，它是陕西东部最大的集山水观光、生态休闲、登山健身于一体的山岳谷地型森林公园；国家重点文物保护单位、陕西东部唯一的红色旅游风景区渭华起义纪念馆；国家级文物保护单位柳枝泉护村、元君庙新石器时代文化遗址；省级文物保护单位郑桓公墓、李元谅碑、赤水桥上桥，以及众多的自然人文旅游观光点，比如老观台文化遗址、郑桓公陵园文化广场、郭子仪故里风物、潜龙寺、永庆寺、宁山寺、禅修寺、蕴空山寺塔、文庙、赤水胡家古宅、太平峪山庄、桥峪水库等。

华州区非物质文化遗产种类丰富。据不完全统计，华州区非物质文化遗产共 39 项，包括传统技艺 11 项、传统戏剧 5 项、民间文学 4 项、民间舞蹈 1 项、杂技与竞技 4 项、民间美术 6 项、民间音乐 1 项、民俗 7 项（见表 3-24）。代表性传承人县级 192 人、市级 50 人、省级 12 人、国家级 4 人。特别是，国家级非物质文化遗产华州皮影，被誉为"中华一绝"。作为陕西东路皮影的代表，华州皮影的唱腔以细腻悠扬的"碗碗腔"为主，表演技艺精湛，在中国傀儡戏剧中独树一帜。2006 年，华州皮影被国务院列入首批国家级非物质文化遗产名录；2008 年，华州被认定为"中国皮影艺术之乡"，华州皮影文化产业群亦被文化部认定为"国家级文化产业示范基地"。华州皮影均以上等牛皮为原料，经刮、磨、刻、染、烫、缀等 20 多道工序精工细作而成，造型精巧别致，刻工细腻形象，线条分明流畅，着色考究艳丽，既能表现中国传统文化的博大精深，又不失民间艺术的古朴淳厚，具有极高的欣赏价值和收藏价值。近年来，华州非物质文化遗产保护工作始终坚持"保护为主，抢救第一，合理利用，传承发展"的方针，为进一步加快推进这项工作，先后出台了一系列政策和实施办法，在建立名录体系、传承人命名、遗产普查、重点项目保护和重大宣传活动等方面取得了显著成绩，全区范围内重视非物质文化遗产保护工作的氛围已经形成。

表 3-24　渭南市华州区非物质文化遗产名录

类型	序号	项目名称
传统戏剧	1	华州秧歌戏
民俗	2	东庄神楼
民俗	3	东峪孝歌
杂技与竞技	4	铁里芯子
传统技艺	5	华县皮影制作技艺
杂技与竞技	6	华县填字谜接龙游戏
民间舞蹈	7	华州背花鼓
传统技艺	8	华州传统木工技艺
传统技艺	9	华州竹编技艺
民间美术	10	华州面花
民间文学	11	宝华山尧帝传说
民间文学	12	少华山传说
民间音乐	13	东阳跑乐
传统戏剧	14	华县迷胡戏
传统戏剧	15	金堆花鼓戏
传统戏剧	16	华县竹马戏
传统戏剧	17	华州木偶戏
杂技与竞技	18	小涨芯子
民间美术	19	华州皮影
民间美术	20	华州剪纸
民间美术	21	华州粮食字画
传统技艺	22	华县棉纺织技艺
传统技艺	23	华县梅花人像绘画技艺
传统技艺	24	同家村空心挂面制作技艺
传统技艺	25	月琴制作技艺
民俗	26	宁山寺禅院庙会
民俗	27	永庆寺庙会
民俗	28	姜田背芯子
传统技艺	29	华州黑陶
传统技艺	30	赤水醪糟
民间美术	31	华县刺绣
传统技艺	32	高塘麻花
杂技与竞技	33	掐方竞技

续表

类型	序号	项目名称
民间文学	34	王宿传说
民俗	35	禅修寺庙会
传统技艺	36	华州烧木炭
民间美术	37	华州泥塑
民间文学	38	天龙寺传说
民俗	39	华州殡葬礼仪

资料来源："非遗智库",陕西省非物质文化遗产网,2019 年 7 月 18 日,http://www.sxfycc.com/portal/fyzk/index.html;"政务公开",陕西省文化和旅游厅官网,2020 年 4 月 24 日,http://whhlyt.shaanxi.gov.cn/。

7. 科技资源禀赋

(1) 试验基地建设情况

华州区大明镇花椒种植基地共有耕地 5.4 万亩。花椒种植面积 4.5 万亩,占全镇耕地总面积的 83%,属于华州区最大的花椒种植基地,主要集中于薛马、下李、李岩、兴国、寺王等山坡地带。全镇贫困户花椒种植率 96.7%,为其稳定增收打下坚实基础。华州区莲花寺镇"北花一号"金银花种植加工示范基地占地 500 余亩,投资 800 余万元,是集种植、加工和销售于一体的全产业链农产品基地。该基地采用"党建+公司+贫困户"模式,带动莲花寺镇 366 户贫困户和 38 户移民户加入并分红。

(2) 示范园区建设情况

华州区君朝现代农业园属于省级现代农业园,是在 2009 年全省启动百万亩设施蔬菜计划背景下,依托华州地理优势和农业资源建设而成。园区占地 1000 亩,拥有 300 个日光温室。成立之初采取"合作社+基地+农户"模式,把大棚承包给有实力有经验的种植户,通过多年发展,现已成为华州区设施农业的龙头产业园。脱贫攻坚工作开展后,瓜坡镇党委、政府充分发挥君朝现代农业园的带动作用,通过"党建+合作社+公司+贫困户"模式,成立君朝拳心大白菜专业合作社和富春现代农业发展公司。近年来,君朝现代农业园一直以种植普罗旺斯水果西红柿、圣女果、草莓、甜瓜等经济作物为主。通过科学种植、有效管理、疏通销售渠道等方式使园区产品行销省内外,为全镇经济发展奠定良好基础。为带动群众脱贫,君朝村帮助村里有脱贫意愿的 6 户人家,把园区大棚免费给他们,让他们发展产业,园区则提供技术和销售帮助。这几户人家每年每棚可增收 3 万多元,实现脱贫。君朝村还辐射带动周边黄家社区、良侯社区、北沙村贫困户发展产业。

（三）华阴市①

华阴市位于关中平原东部，陕晋豫三省交界地带，东起潼关，西邻渭南市华州区，南依秦岭，北临渭水，市境南北长约 34.5 千米，东西宽约 28 千米，总面积 817 平方千米，约占陕西省总面积的 0.4%、渭南市总面积的 6.22%。县城东距潼关县界 12 千米，西距华州区界 19 千米，南距洛南县界 17 千米，北距大荔县界 8 千米。1990 年 12 月经国务院批准撤县设市，1993 年被陕西省政府命名为"历史文化名城"，1996 年被国家科技部等 28 个部委联合命名为"国家可持续发展综合实验区"，属西北地区首例。

1. 自然资源禀赋

水资源：华阴市水力资源丰富，全县理论水力蕴藏量为 24968 千瓦（其中罗敷河 13276 千瓦），可开发 4040 千瓦。境内秦岭北麓 6 条南山支流与渭河交汇。地表水年总经量 1.2 亿立方米，地下水年补给量 1.43 亿立方米。

矿产资源：华阴市已探明矿藏共 25 种。包括铁矿、铜矿、金矿、钼矿、铝矿、稀土、铀矿等金属矿产，硅石、长石、水晶石、花岗岩石材等非金属矿产。陕西省批准开发的地热资源位于该市。

动物资源：华阴市有动物 18 目 29 科 54 种。珍稀保护动物包括国家二级保护动物大鲵（娃娃鱼），国家三级保护动物金钱豹、草鹿、苏门羚、青羊以及鸟类中的锦鸡（金鸡）。

交通资源：华阴市自古有"三秦要道、八省通衢"之称，是中原通往西北的必经之地。横贯东西的线路有郑西高速铁路、陇海铁路、西潼高速公路、310 国道、202 省道等，纵贯南北的线路有沿黄公路。公路路网密度（90 千米每百平方千米）居我国西部前列。境内有 5 个火车站，其中华山火车站为国家二级编组站，郑西高速铁路华山北站规模仅次于西安站和郑州站。通信业发达，国家郑—西—成电信光缆穿境而过，程控电话、移动通信、互联网络设施完备。

2. 区位资源禀赋

华阴市整体地势南高北低，东西高差较小，全区包括渭河河漫滩和一、二、三级阶地。秦岭山脉北支的东段华山山脉横亘于华阴市南部，面积约 327 平方千米（占全市总面积的 40%），山脉主脊线呈东西向延伸于华阴市

---

① 本部分资料来源于渭南市华阴市人民政府网站。

和洛南县交界处，主要山峰自西向东有金岩沟（2483.6 米）、老爷岭（2250 米）、赛华山（2200 米）、王道岭（2338 米），最高峰位于华阴市五方乡、华阳乡交界处（海拔 2279.1 米），南部山地中部的西岳华山以险峻著称。华山山脉以北、观北至潼关断层以东的三角地带属于华阴市黄土台塬（俗称孟塬），东部以陡坎断面与平原、洪积扇相隔（前缘高差 30—50 米），面积 65 平方千米（约占全市总面积的 8%），塬面海拔 400—850 米。黄土台塬和山前洪积扇以北区域为该市平原区，系渭河及其支流冲积而成，总面积约 379 平方千米（占全市总面积的 46.4%），海拔 329—420 米。

3. 人力资源禀赋

2019 年，华阴市年末户籍总人口 239547 人，其中，城镇人口 106934 人，乡村人口 132613 人。全市共有 81596 户，户平均规模约为 2.94 人。2019 年 1% 人口抽样调查情况显示，年末常住人口 247765 人，其中，城镇常住人口 139772 人，城镇化率 56.4%（见表 3-25）。出生人口 2391 人，出生率 9.65‰；死亡人口 1683 人，死亡率 6.79‰，自然增长率 2.86‰。

表 3-25　2019 年华阴市人口及构成

单位：人，%

指标		年末人数	比重
常住人口		247765	100.0
按城乡分	城镇	139772	56.4
	乡村	107993	43.6
户籍人口		239547	100.0
按城乡分	城镇	106934	44.6
	乡村	132613	55.4
按性别分	男性	122278	51.0
	女性	117269	49.0
按年龄组分	0—17 岁	47211	19.7
	18—34 岁	60482	25.3
	35—59 岁	87181	36.4
	60 岁及以上	44673	18.6

4. 农业资源禀赋

华阴市气候宜人，四季分明，地理条件适宜。该市沿山三条峪道盛产香椿和花椒。该市卫峪乡地下泉水资源丰富，历朝朝贡专用即当地"泉水莲"（亦称"九孔贡莲"），属于莲中极品。华阴市华西生态农业观光园经过几年的发展，集生态农业、生态体验、生态旅游、农业观光、休闲度假、示范推广、科研交流以及农产品加工于一体的高效生态农业观光园区已基本成型。目前建设有鸵鸟园、大樱桃种植区、农家乐休闲别墅区、时令瓜果采摘区、生态餐厅、专家公寓、垂钓园、野营烧烤基地等，每年一度的4月26日大樱桃节，更是吸引着八方来客。2019年，全年农林牧渔及其服务业总产值164767万元，比上年增长4.1%，详细情况见图3-5。2019年全年粮食总产量110053吨，比上年增长0.17%。其中夏粮51062吨，秋粮58991吨（见表3-26）。全年造林面积63000亩，比上年增长11%。水产品产量1192吨，比上年增加182吨，增长18.02%。年末大牲畜存栏7953头，增长5.27%。全年肉类产量1859吨，下降2.27%；牛奶产量17173吨，下降44.16%。

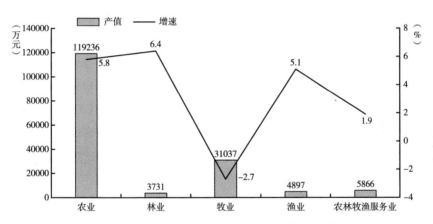

图3-5　2019年华阴市农林牧渔及其服务业产值

表3-26　2019年华阴市各类作物产量

单位：吨，%

作物	产量	增长率
夏粮	51062	-4.17
秋粮	58991	4.26
瓜果	68226	0.54
油料	948	-66.3
蔬菜	59534	1.5

5. 产业资源禀赋

2019 年，华阴市生产总值 70.79 亿元（较上年增长 0.3%）。其中第一产业、第二产业、第三产业产值分别为 9.27 亿元、9.13 亿元、52.38 亿元，各增长 4.2%、下降 10.7%、增长 2.5%。第一产业、第二产业、第三产业结构比为 13.1：12.9：74.0（见图 3-6、表 3-27）。

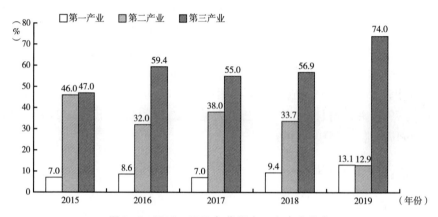

图 3-6　2015—2019 年华阴市三大产业分布

表 3-27　2015—2019 年华阴市三大产业产值情况

单位：亿元，%

年份	第一产业			第二产业			第三产业		
	产值	增长率	占 GDP 比重	产值	增长率	占 GDP 比重	产值	增长率	占 GDP 比重
2015	5.63	5.4	7.0	37.00	4.6	46.0	37.80	11.2	47.0
2016	6.02	3.7	8.6	22.41	-9.9	32.0	41.60	8.7	59.4
2017	5.95	5.2	7.0	32.28	9.5	38.0	46.73	7.7	55.0
2018	8.57	3.7	9.4	30.72	8.8	33.7	51.87	7.9	56.9
2019	9.27	4.2	13.1	9.13	-10.7	12.9	52.38	2.5	74.0

按常住人口计算，人均生产总值 28571 元。第一产业主要是农林牧渔业，包括粮食作物、经济作物、蔬菜瓜果，以及牛、羊、鸡等家禽饲养。第二产业主要是工业和建筑业。第三产业主要是交通和邮电业，以及旅游业。

6. 文化资源禀赋

华阴市境内物质文化资源丰富。包括世界级旅游资源西岳华山①，国家级旅游资源西岳庙②，省级旅游资源魏长城遗址、西汉京师粮仓、横阵遗址、西关村遗址等旅游景点，以及被尊为"道教第四洞天"的玉泉院。

截至 2020 年，华阴市共有非物质文化遗产保护项目 26 项，其中国家级保护名录 2 项、陕西省保护名录 7 项、渭南市保护名录 6 项、华阴市保护名录 11 项。其中，华阴老腔③、华阴迷胡具有鲜明的地方特色（见表 3-28）。

表 3-28　华阴市非物质文化遗产名录

类型	序号	项目名称	保护单位/人
传统戏剧	1	华阴老腔	华阴市华山老腔艺术保护发展中心
传统戏剧	2	华阴迷胡	华阴市迷胡剧团
民间舞蹈	3	华阴素鼓	华阴市图书馆
民俗	4	华阴司家秋千会	司家村秋千委员会
民俗	5	华山红社火	华阴市西王堡华山红社火理事会
民间文学	6	劈山救母传说	华阴市图书馆
杂技与竞技	7	华山拳	华阴市华山太极武术协会
民俗	8	华山庙会	华阴市文化馆
民俗	9	华阴天芯子	华阴市太华办西关村委会
民间舞蹈	10	夫北扑蝶	华阴市罗夫镇北村新颖锣鼓队
传统戏剧	11	桥营木偶戏	华阴市桃下管区文化站
杂技与竞技	12	华山戏法	华山戏法艺术团
杂技与竞技	13	渭南红拳	华阴市武术运动协会、潼关县文化馆
杂技与竞技	14	华山陈抟丹道健身功	华阴市广播电视台
传统技艺	15	华阴陈氏老腔皮影雕刻制作工艺	陈艺文
传统技艺	16	华山瓦砚	潘红业
传统技艺	17	华阳浆水豆腐	史战平

① 华山景区是全国风景名胜四十佳，全国文明旅游景区示范点和国家 5A 级风景名胜区，2002 年被评为"中华十大名山"之一，2006 年被评为"最值得外国人旅游的 50 个景点"之一；被建设部列入申报世界自然和文化遗产预备名单。

② 西岳庙已有两千多年的历史，是全国重点文物保护单位，也是五岳庙中最大庙宇。

③ 华阴老腔系明末清初以华阴当地民间说书艺术为基础发展形成的一种皮影戏曲剧种。2006 年，华阴老腔经国务院批准列入第一批国家级非物质文化遗产名录。

续表

类型	序号	项目名称	保护单位/人
传统技艺	18	八一粉条制作技艺	袁军洲
杂技与竞技	19	华阴细狗撵兔	华阴市文广局体育股
传统技艺	20	华阳糍粑	华阴体育中心
传统技艺	21	华阴油轮	华阴电视台栏目部
民间舞蹈	22	华阴龙灯	华阴市文化馆
传统技艺	23	连升丸子	蔡铁良
民间舞蹈	24	司家"跑竹马"	司家村委会
杂技与竞技	25	华山鞭术	高随虎
民俗	26	兴乐坊关帝庙古庙会	兴乐坊村委会

资料来源:"非遗智库",陕西省非物质文化遗产网,2019 年 7 月 18 日,http://www.sxfycc.com/portal/fyzk/index.html;"政务公开",陕西省文化和旅游厅官网,2020 年 4 月 24 日,http://whhlyt.shaanxi.gov.cn/。

7. 科技资源禀赋

现代农业科技示范园项目位于陕西农垦集团华阴农场,充分利用华山农垦科技农业优势和资源优势,以农业科技生产为宗旨,以现代化新技术、新品种的引进、消化、吸收、示范、推广为基础,提高农业的附加值,在已有 3000 亩国有生产建设用地基础上开发建设集特色种植、畜禽养殖、农业观光于一体的现代农业科技示范园。

(四) 潼关县[①]

潼关,史称"畿内首险",隶属陕西省渭南市,是"三秦镇钥""四镇咽喉"。潼关于西汉初年设县,东汉末年建关,是中华文明发源地之一,1961 年恢复潼关县制,隶属陕西省人民政府。潼关县属暖温带大陆性半干旱气候,著名景点有潼关城墙、黄河湿地景区、岳渎公园等。潼关县位于黄河中游大拐弯处、陕西省的最东部,东经 110°09′32″—110°25′27″和北纬 34°23′33″—34°39′01″。东与河南灵宝毗邻,西、西北分别与华阴、大荔接壤,南与洛南县以秦岭为界,北与山西芮城隔黄河相望。南北长约 30 千米,东西宽 22 千米,总面积 526 平方千米。2019 年,人均地区生产总值 28944 元。地方财政收入实现 1.06 亿元,地方财政支出 14.03 亿元,居民存款 53.87 亿元。2019 年全县城乡居民人均可支配收入 20065

---

① 本部分资料来源于渭南市潼关县人民政府网站。

元,其中城镇居民人均可支配收入 32423 元,农村居民人均可支配收入 12552 元,城乡居民收入比为 2.6∶1。全年城市环境空气质量达标 242 天,其中优质 38 天,良好 204 天。

1. 自然资源禀赋

水资源:黄河为过境河,区间流程 18 千米,平均宽度 2 千米,水域面积 11.7 平方千米。渭河为入境河,宽 80—600 米,水域面积 2.67 平方千米,从秦东镇花园口注入黄河,区间流程 12 千米。境内自产河流大小 11 条,集为潼河、双桥河两大水系。年均径流量 7317.2 万立方米,地表水、地下水资源总量 9028.7 万立方米。其中,黄渭沿岸、太要洼地为富水区。

矿产资源:潼关县境内矿种主要有金、银、铅、铁、磁铁、石墨、蛭石、大理石、石英石等。其中优势矿种有金矿,遍布于小秦岭山区,西潼峪、潼峪、西峪藏量较丰,中深层藏量尤丰;石墨矿分布于大猛峪至善车峪一带,马峰峪藏量较丰;蛭石分布于潼峪、西峪、善车峪、玉石峪、太峪之浅山地带,藏量较丰;大理石分布于善车峪、玉石峪一带,藏量约 228 万立方米,蛇纹石化,色泽美丽,加工性能好,系优质建筑装饰原料,有中央和地方所建金矿 20 余个,黄金采选、生产、加工已具有规模,年产黄金近 20 万两,是全国第三产金大县。

动植物资源:潼关县全县有野生脊椎动物 6 纲 20 科 100 余种,其中,野雁为国家一级保护动物,青鼬、豺、獐、青羊、老鹰、鹞子为国家二级保护动物。人工饲养畜禽 14 种。野生植物中糖类 21 种,香料类 24 种,药用类 150 余种。人工栽培树种有 20 余种。

2. 区位资源禀赋

潼关县居西安、太原、洛阳三大城市经济辐射圈中心,地处陕西省关中平原东端,居陕晋豫三省交界处。东接河南省灵宝市,西连陕西省华阴市,南依秦岭,与陕西省洛南县为邻,北濒黄河、渭河,同陕西省大荔县及山西省芮城县隔水相望。潼关地貌南高北低,跌宕明显,呈台阶状,南部为秦岭山地,东起西峪,西至华阴蒲峪,面积 223 平方千米,占总面积的 42.40%。境内从东向西依次有西峪、东桐峪、善车峪、太公峪、麻峪、嵩岔峪、潼峪 7 条大峪,峪道长约 15 千米;另有玉石峪、马峰峪等长度 5 千米以下小峪 146 条。中部为黄土台塬,塬面南高北低,黄土覆盖深厚,长期流水冲蚀,形成台塬沟壑地貌。此区域东起牛头塬东端,西连华阴孟塬,面积 220 平方千米,占总面积的 41.83%。因受铁沟、远望沟、禁沟、通洛川、列斜沟的切割，自东向西形成了代字营、南头、寺角营、王溪屯、吴村、高桥六道残塬。北部为黄渭河谷，包括黄河、渭河的河漫滩和南岸狭长阶地，面积 83 平方千米，占总面积的 15.78%。

3. 人力资源禀赋

2019 年底，潼关县辖城关街道、太要镇、秦东镇、代字营镇、桐峪镇，28 个村（社区），511 个村民小组。年末常住人口 15.12 万人，其中城镇常住人口 7.18 万人（见表 3-29）。

表 3-29　2013—2019 年潼关县人口情况

单位：万人，‰

年份	常住人口	出生率	死亡率	自然增长率
2013	15.76	10.35	6.68	3.67
2014	15.79	10.27	6.76	3.51
2015	15.84	10.21	6.77	3.44
2016	15.91	9.98	6.54	3.44
2017	15.94	10.54	6.74	3.80
2018	15.42	10.68	6.68	4.00
2019	15.12	10.65	6.68	3.97

2019 年城镇新增就业人员 4051 人，城镇登记失业率为 3.2%，农村劳动力转移 3.36 万人次，2019 年末城镇职工养老保险参保 14864 人，城乡居民养老保险参保 73415 人。城镇职工医疗保险参保 13997 人，城镇居民医疗保险参保 11416 人。截至 2019 年末，城镇居民享受最低生活保障 271 户，共 640 人，支付低保资金 330.20 万元；农村居民享受低保 637 户，共 1648 人；城镇特困供养 22 人，农村特困供养 168 人，共计支付 125 万元，城镇化率不断提高（见图 3-7）。

4. 农业资源禀赋

2019 年粮食作物播种面积 19.64 万亩，较上年增长 0.63%。夏粮播种面积 10.7 万亩，下降 0.07%；秋粮播种面积 8.93 万亩，下降 1.3%。粮食总产量 4.24 万吨，较上年下降 4.3%，平均亩产 216 公斤，下降 3.6%。其中，夏粮产量 2.14 万吨，下降 18.24%；秋粮产量 2.1 万吨，增长 15.42%。全县农林牧渔及其服务业总产值实现 9.63 亿元（现价）（见图 3-8），扣除价格因素，较上年增长 4.8%。全县蔬菜种植面积 1.52 万亩，较上年增长

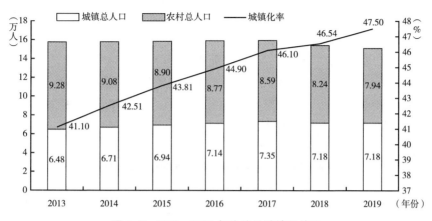

图 3-7 2013—2019 年潼关县城镇化情况

4.01%，产量 4.5 万吨，增长 3.68%。水果种植面积 1.94 万亩，增长 6.48%，产量 1.32 万吨，增长 8.37%。年末大牲畜出栏 1139 头，较上年增长 5.56%。猪出栏 7.45 万头，较上年下降 10%；羊出栏 0.42 万只，增长 12.07%；家禽出栏 13.93 万只，增长 17.06%。年末大牲畜存栏 1754 头，增长 4.1%。猪存栏 5.24 万头，下降 2.86%；羊存栏 0.43 万只，下降 1.81%；家禽存栏 25.56 万只，增长 14.57%。全年肉产量 6420 吨，下降 8.94%；蛋产量 2310 吨，增长 15.21%。

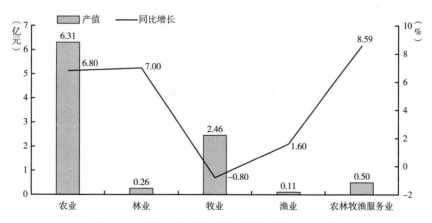

图 3-8 2019 年潼关县农林牧渔及其服务业产值

5. 产业资源禀赋

2019 年全县地区生产总值实现 44.2 亿元，较上年增长 5.8%。其中，第一产业、第二产业、第三产业产值分别为 5.39 亿元、13.70 亿元、25.11 亿元，各增长 4.5%、8.0%、4.9%（见表 3-30）。第一产业、第二产业、第三产业产值占地区生产总值的比重分别为 12.2%、31.0%、56.8%（见图 3-9）。

表 3-30　2013—2019 年潼关县三次产业结构变化情况

单位：亿元，%

年份	第一产业			第二产业			第三产业		
	增加值	增长率	占 GDP 比重	增加值	增长率	占 GDP 比重	增加值	增长率	占 GDP 比重
2013	3.43	5.3	8.8	22.54	15.3	58.2	12.78	10.3	33.0
2014	3.42	5.1	8.3	23.19	11.8	56.4	14.49	9.6	35.3
2015	3.52	5.5	9.6	17.27	3.7	47.3	15.76	10.2	43.1
2016	3.66	3.6	9.9	15.84	5.2	42.9	17.40	8.4	47.2
2017	3.79	4.9	8.3	22.87	10.7	50.0	19.11	4.9	41.7
2018	4.84	3.7	12.0	14.45	10.2	35.8	21.06	6.6	52.2
2019	5.39	4.5	12.2	13.70	8.0	31.0	25.11	4.9	56.8

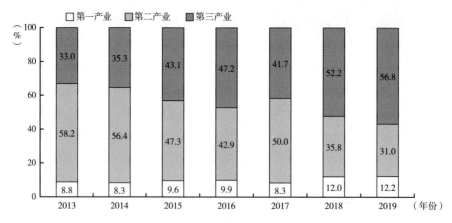

图 3-9　2013—2019 年潼关县三次产业比重

6. 文化资源禀赋

潼关县物质文化资源丰富。名相故里和陵墓有：汉太尉杨震故里；父子阁老刘崎、刘宽故里，俗称"还牛堡"；汉太尉杨震陵墓。人文旅游资源有：古潼关城墙、城楼遗址、李自成南原大战遗址、古泗州城遗址、十二连城烽火台遗址、隋杨素墓遗址、唐李元谅墓遗址、秦王寨遗址、明代军寨遗址、水坡巷的唐古井、乾隆槐及明清民居等。

潼关县非物质文化资源亦很丰富。潼关县不断加强对非物质文化遗产的保护和传承工作，潼关古战船、潼关肉夹馍等 6 个项目入选省级非物质文化遗产名录，背花锣、黄河老腔等 11 个项目入选市级非物质文化遗产名录（见表 3-31）。其中，潼关古战船是陕西省渭南市潼关县具有地方特色的民间舞蹈。旧时多在正月二十三及二月二演出。正月二十三是民间传统的休息日。当地有"正月二十三，老驴老马歇一天"之说。二月二在民间称为"龙抬头"日，也是当地举行盛大庙会之日。表演"竹马""战船"以示群众祈求风调雨顺、五谷丰登的意愿。旧时表演都在晚上，指挥者手提小锣，小锣一响三眼枪、鞭炮声齐鸣，火焰漫天，这是旧时群众祈祷敬神的方式，有浓厚的民间傩仪和传统世俗遗风。潼关万盛园酱菜制作技艺始创于清朝康熙年间，相传由山西临猗人在潼关经营蔬菜和酱制品时，因鲜笋不易久存，将其泡入酱缸，偶得其法，后经不断完善流传至今。潼关酱菜是当地久负盛名的传统特产，酿制工艺复杂，做工考究。潼关万盛园酱菜制作技艺已列入陕西省第二批非物质文化遗产名录。潼关南街背芯子，产生于古潼关南街辖区境内，这里与晋、豫接壤，依山傍水，历史上水陆交通发达，异常繁华。南依秦岭，北临黄河，潼洛河从村中流过。南街背芯子就是这里勤劳朴实而又充满生活热情的先民们，用自己的聪明才智创作的社火艺术，早在初唐时期演出就已走红，在当地及周边地区久负盛名，因其灵活性、新颖性和高危险性而深受人们喜爱。

表 3-31　渭南市潼关县非物质文化遗产名录

类型	序号	项目名称	级别	保护单位
民间舞蹈	1	潼关踩高跷	省级	潼关县非物质文化遗产保护中心
民间舞蹈	2	潼关古战船	省级	潼关县非物质文化遗产保护中心
民间舞蹈	3	潼关南街背芯子	省级	潼关县非物质文化遗产保护中心
传统技艺	4	潼关万盛园酱菜制作技艺	省级	潼关县非物质文化遗产保护中心

续表

类型	序号	项目名称	级别	保护单位
传统技艺	5	潼关肉夹馍	省级	潼关县文化馆
传统技艺	6	潼关鲶鱼汤	市级	潼关县文化馆
传统技艺	7	潼关八大碗	市级	潼关县文化馆
传统技艺	8	潼关鸭片汤	省级	潼关县非物质文化遗产保护中心
传统技艺	9	二肖湾面酱	市级	潼关县非物质文化遗产保护中心
民间音乐	10	潼关黄河船工号子	市级	潼关县非物质文化遗产保护中心
民间文学	11	马超刺曹（槐）传说	市级	潼关县文化馆
民间文学	12	女娲抟土造人传说	市级	潼关县文化馆
民间文学	13	寺底村哪吒传说	市级	潼关县非物质文化遗产保护中心
民间舞蹈	14	背花锣	市级	潼关县非物质文化遗产保护中心
民间舞蹈	15	魔妞舞	市级	潼关县非物质文化遗产保护中心
传统戏剧	16	黄河老腔	市级	潼关县文化馆
民间文学	17	闻太师大战绝鹿岭	市级	潼关县非物质文化遗产保护中心
民间舞蹈	18	西姚车芯子	区县级	潼关县非物质文化遗产保护中心
民间音乐	19	潢井锣鼓	区县级	潼关县非物质文化遗产保护中心
民俗	20	三月河坝会	区县级	潼关县非物质文化遗产保护中心
民间文学	21	杨震《暮夜却金》	区县级	潼关县非物质文化遗产保护中心
民间文学	22	潼关八景	区县级	潼关县非物质文化遗产保护中心

资料来源："非遗智库"，陕西省非物质文化遗产网，2019 年 7 月 18 日，http：//www.sxfycc.com/portal/fyzk/index.html；"政务公开"，陕西省文化和旅游厅官网，2020 年 4 月 24 日，http：//whhlyt. shaanxi. gov. cn/。

7. 科技资源禀赋

（1）示范园区建设情况

陕西省金桥现代农业科技园区以潼关县软籽石榴种植为主导产业，打造由核心区、科技示范区、产业辐射区构成的省级农业科技园区，建成具备农业科技研发功能、生产功能、培育功能、示范功能、观光和生态多功能于一体的农业科技园区样板，示范引领渭南乃至陕西农业产业转型升级发展。

（2）其他科技资源情况

软籽石榴产业作为该县重点发展的一项支柱产业，发展势头迅猛，种植面积已超过 2.3 万亩。2018 年，潼关县农业局联合金桥现代农业园区对该县及其他县市的 200 余名种植户进行软籽石榴越冬管理培训,引导广大种植户科学种植、科学管理,提高石榴产量,增加经济收入。不仅让种植户们学到了软籽石榴的种植技术,提高了防冻害的管理水平,更进一步助力种植户增产增收,脱贫致富奔小康。此外,潼关县农业局还不断根据种植户的实际需求,开办有针对性的农业技术培训班,加强对农户的技术指导,培育和促进地方特色产业发展,带动贫困人口增收脱贫。

8. 与潼关县扶贫办等部门座谈内容

潼关县是省委、省政府确定的黄河沿岸土石山区贫困片区县。2016年末,全县共有人口 16 万人,其中贫困人口 1893 户 5718 人,贫困发生率 3.57%,全县 27 个行政村中共有 14 个贫困村,2016 年退出 7 个贫困村,2017 年退出 3 个贫困村,2018 年退出 4 个贫困村,实现了整县脱贫。

潼关县把发展壮大农村集体经济作为脱贫攻坚产业扶贫的一个重要抓手,将贫困户与农业合作社有机结合,采取党支部搭台、合作社唱戏、贫困户参股的方式,发展村级集体经济,带领群众增收致富,推动党建由"组织覆盖"向"提升功能"转变。全县 10 个农民专业合作社、27 个扶贫专业合作社,共带动贫困户 1823 户,通过短期产业与长期产业的有机结合和科学规范的管理,确保了贫困户的稳定脱贫和持续增收。其中,8个专业合作社被省农业厅认定为"陕西省农民合作社示范社",并取得国家无公害产品认证书。截至 2019 年全县有劳动能力的贫困户通过"功能性党支部+"模式已实现产业扶持的全覆盖,并全部脱贫,走出了一条特色农业产业化、规模化的脱贫致富之路。

组织实施"四跟四走"的创新举措。一是政府担保,让资金跟着穷人走。建立了"政府+银行+企业+贫困户"的政银战略合作模式,由政府提供担保,提供风险补偿金并进行全额贴息,推动银行向"托管"贫困户的企业投放小额扶贫贷款,促进企业发展。同时,严格明确财政专项扶贫资金不打折扣,全部用于建档立卡贫困户发展产业脱贫。截至 2020 年初,县政府为金融机构共注入风险补偿金 605 万元,发放贷款 4676.2 万元。二是干部引领,让穷人跟着能人走。注重发挥农村致富能人的作用,在"抱团取暖"中树立脱贫致富的信心。政府投入扶贫资金,村干部和能人牵头成立专业合作社,吸收贫困户参加,一起发展集体经济,探索创立了中军帐村"致富能人+合作社+贫困户"的产业脱贫增收新模式。中军帐村不仅解决了本村 31 户贫困户的脱贫问题，而且吸纳了周边村 15 户贫困户。像这样由村干部和能人成立的专业合作社脱贫模式，全县已覆盖到所有有扶贫任务的 27 个行政村。三是"三变改革"，让穷人能人跟着产业项目走。脱贫靠产业，产业靠项目。在总结太要镇秦王寨社区股份改制经验基础上，制定了农村资源变资产、资金变股金、农民变股东"三变改革"实施方案，通过贫困户土地入股、分红、入园务工等方式，将贫困户的积极性和利益与产业项目联结在一起，实现了"流转土地有租金、入股社企有分红、农民进园有薪酬"，形成产业扶贫的合力。四是风险管控，让产业项目跟着市场走。在推动产业扶贫过程中，县财政出资4532.5 万元，通过各镇（办）统一整合土地、技术、营销手段，有效降低了贫困户增收风险。太要镇重点发展种鸭养殖、药材种植，代字营镇重点发展花椒种植，桐峪镇重点发展蚯蚓养殖，安乐镇重点发展设施大棚、豆腐加工产业，秦东镇重点发展生猪养殖、渔家乐产业，城关街道重点发展土鸡、黑猪养殖和软籽石榴种植，力争把产业发展方向调整到与市场需求相匹配，确保产业发展不走弯路。

第三节　秦岭北麓陕西段"三带"资源禀赋差异

一、秦岭北麓陕西段山区带资源禀赋

本部分研究的区域典型对象分别为西安市长安区滦镇喂子坪村、西安市临潼区仁宗镇房岩村、宝鸡市陈仓区坪头镇大湾河村、宝鸡市渭滨区高家镇胡家山村、宝鸡市太白县鹦鸽镇高码头村。秦岭北麓山区带山势起伏，层峦叠嶂，沟壑交横，山脉以秦岭为主。地势南高北低、西高东低。地貌复杂，川塬并茂。喂子坪村、房岩村、高码头村等山区带的村庄，海拔在千米以上，普遍离城区较远，交通便利程度较低，不利于产品贸易、经济往来以及外出打工。喂子坪村位于秦岭北麓沣峪沟内，距 210 国道44 千米，距沣峪口 13 千米，距西安钟楼 44 千米。高码头村位于鹦鸽镇政府西南 17 千米处，海拔 1100 米，村子离太白县城大约有 70 千米的路程。山区带以山地为主，海拔高，日照时间充足，早晚温差较大。房岩村落差 800—1300 米，日照时间长，昼夜温差大，因此生产的水果营养丰富，十分香甜可口。土地资源方面，山区带的耕地资源相对较少且耕地一般在坡地，但森林资源十分丰富。同时，具备丰富的矿产资源，已查明的矿藏资源主要有金、铜、铁、大理石、白云石等。地热资源丰富，例如，子午街道境内已钻成深 356 米热水井，出水量 36 吨/小时，井口水温达 54℃，含有多种矿物质及微量元素。

（一）人口结构及特征

笔者选取山区带典型村庄（包括大湾河村、高码头村、喂子坪村、高家山村和房岩村），走访调研总人数 290 人。

1. 年龄结构

0—18 岁 20 人，上学居多；18—25 岁 32 人，上学或工作；25—60 岁 184 人，属于主要的劳动力；60 岁及以上 54 人，劳动能力较弱（见图 3-10）。

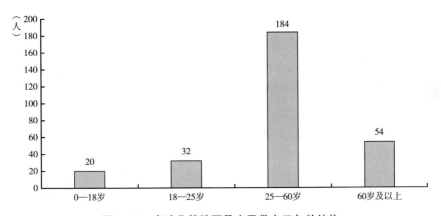

图 3-10　秦岭北麓陕西段山区带人口年龄结构

2. 文化程度

被调研者中，小学和初中学历占据较大比例，小学学历人数为 108 人，占比 37%；初中学历人数为 133 人，占比 46%（见图 3-11）。文化程度普遍较低。

3. 工作学习情况

60 岁及以上的村民大多数赋闲在家。0—18 岁村民的主要任务是上

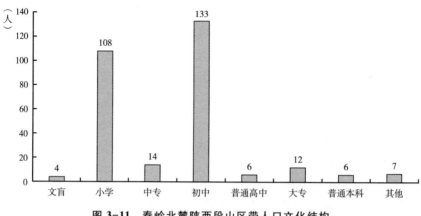

图3-11　秦岭北麓陕西段山区带人口文化结构

学。18—25岁的村民或已经从事社会工作或仍在校学习。25—45岁的村民中占比最高的是务工，一般属于青壮年劳动力。45—60岁的村民大多数在家务农。常住人口占据较大比例，外出打工人数较少。例如，滦镇喂子坪村常住人口占95%，外出打工人数占5%；大湾河村常住人口占72%，外出打工人数占28%。主要原因有二：一是村庄位于山区带，距离城市中心比较远，交通不便利；二是村内的农业资源和自然资源比较丰富，村民依靠种植业及养殖业可以就近获得收入。

（二）产业类型及特征

第一产业主要指经济作物，粮食作物几乎没有或者说非常少。例如：喂子坪村耕地面积小且主要在坡地，地形陡峭，灌溉困难，不易大规模种植农作物。因此该村主要种植的是经济作物，粮食作物几乎没有。经济作物以核桃、柴胡和花椒为主。在林下，部分村镇还会进行中药材的种植。例如：坪头镇大湾河村种植了中药材天麻和猪苓；太白县鹦鸽镇高码头村种植了猪苓、苍术等。同时，由于地处山区带，借助独特的自然资源和地理优势，部分地区会种植蘑菇。例如，高家镇胡家山村的"天泽人之和合作社"专门组织村民种植红菇。

另外，养殖业成为村民主要收入来源。例如，临潼区仁宗镇房岩村，最常见的是圈养藏香猪、黑猪、山羊等。每到春节前后，猪羊也被早早订购，放养的土鸡、鸭、鹅，收获的土鸡蛋日常供应农家乐或被游客订购。同时，大部分地区也会养蜂。例如，长安区滦镇喂子坪村，该村的特色产业是土蜂蜜，称为"秦岭百花蜜"，年产中华蜂 1000—2000 箱，收入 20000—30000 元/户。

第三产业包括旅游业、农家乐。一些村镇依托其独特的地理位置优势，以自然风景区为依托，以"绿水青山就是金山银山"为宗旨，提高该村知名度，大力发展乡村旅游，以旅游产业带动脱贫增收。除旅游业外，一些村镇还会发展农家乐作为支柱性产业。例如，喂子坪村位于沣峪口，每年 4 月、5 月会有旅游人员到秦岭北麓进行参观，因此该村发展峪口农家乐，以此增加收入。据村委成员口述，每年农家乐收入占全村村民收入的 60%，是该村的支柱性产业。

（三）扶贫情况及措施

1. 扶贫情况

胡家山村 2014 年在册贫困户 169 户 539 人，2020 年贫困户剩余 11 户 19 人。高码头村 2013 年在册贫困户 131 户 416 人，2020 年贫困户剩余 3 户 3 人（2 户因重大疾病致贫、1 户因家庭变故致贫）。大湾河村 2015 年在册贫困户 95 户 355 人，2020 年贫困户剩余 7 户 9 人。喂子坪村 2017 年在册贫困户 14 户 27 人，2020 年贫困户剩余 6 户，基本都是鳏寡高龄老人，缺乏劳动力。房岩村 2016 年在册贫困户 69 户，2020 年贫困户剩余 5 户（见表 3-32）。

表 3-32　扶贫情况统计

单位：户

村庄	原贫困户数量	2020 年贫困户数量
胡家山村	169（2014）	11
高码头村	131（2013）	3
大湾河村	95（2015）	7
喂子坪村	14（2017）	6
房岩村	69（2016）	5

2. 扶贫措施

山区带村民主要享受的扶贫政策有 5 种，包括产业扶贫、金融扶贫、就业扶贫、易地搬迁扶贫、生态扶贫。其中：生态扶贫占比 30%，易地搬迁扶贫占比 25%，就业扶贫占比 19%，金融扶贫占比 14%，产业扶贫占

比 12%。整体来看，山区带实施生态扶贫、易地搬迁扶贫措施相对较多
（见图 3-12）。

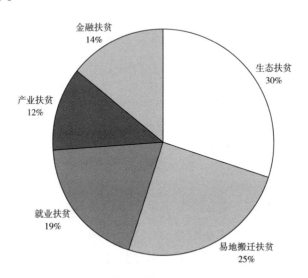

图 3-12　秦岭北麓陕西段山区带各扶贫措施占比

生态扶贫：胡家山村退耕还林 90 元/亩，公益林 13 元/亩；大湾河村
退耕还林（包括生态林、经济林）坡度线 25 度以上，从 2016 年开始新一
轮，2016 年 1 亩 300 元苗木费，1 亩 300 元的补助，2017 年 1 亩 400 元的
补助，2018 年 1 亩 500 元的补助。

产业扶贫：苗木补贴，7 月—8 月种花椒（大红袍、凤椒）2150 亩，
补贴 220 元/亩，占农业产业收入的 60%—70%。中蜂养殖，每年由所属
区镇统一分红 500 元/户，专门委派专业合作社或外来公司代养。

金融扶贫：5（5 万元）+3（贷三年）+2（免担保，免利息）+1
（贷款给农户自己发展产业）。

就业扶贫：部分村镇提供公益岗位，比如环境卫生、基础设施管护
等；部分村镇通过提供求职补助、交通补贴等方式促进村民就业。

易地搬迁扶贫：将大部分生活在山区带缺乏生存条件地区的贫困人口
安置他处，并通过改善安置区的生产生活条件，拓展增收渠道，帮助迁移
人口脱贫致富。例如，胡家山村有土坯房改造为砖混房政策，1 户补助 4
万元（2015 年至 2020 年有七八十户），村上房屋现在均为砖混房，已无

土坯房。再如，大湾河村集体将 17 户 74 人安排易地扶贫搬迁，标准为户均不超过 10000 元，人均不超过 2500 元，人均不超过 20 平方米，即 3 人 60 平方米、4 人 75 平方米、5 人 93 平方米、6 人 107 平方米。

二、秦岭北麓陕西段山缘带资源禀赋

本部分研究区域典型对象分别为西安市滦镇上王村、翁家寨村，渭南市临渭区天留村，渭南市华阴市永定村、仙峪口村。山缘带依山傍水，有利于农业的大规模发展，离城郊地区近，交通便利。翁家寨村地处秦岭北麓，位于环山路以北、西太路以东，依山傍水，具有得天独厚的自然条件，发展休闲农业前景广阔。上王村距西安市中心约 20 千米，南依青华山，北临环山路，东接秦岭野生动物园，西连沣河水，交通便利。天留村属于秦岭北麓，毗邻渭玉高速桥南出口，交通便利。永定村位于华阴市华山镇西 7 千米处，距市区所在地 9 千米，东邻柳叶河，西邻槐芽、董城村，南界 310 国道，北邻 319 县道，交通方便。仙峪口村位于华山山麓，紧邻华山仙峪景区，因其境内风景钟灵毓秀、胜似仙境而得名。距离市政府 4 千米，距离华山景区中心 2 千米，郑西高速铁路、陇海铁路、西潼高速公路、310 国道穿越而过，区位优越、交通便捷。

（一）人口结构及特征

山缘带人口结构简单，主要是常住人口和外出务工人口，有的村落外出务工人口甚至接近总人口的一半，且务工人员均就近务工。选取天留村、翁家寨村和永定村为典型代表。

1. 年龄结构

调研人口 18 岁以下有 9 人，占总人数的 4.37%；18—25 岁有 24 人，占总人数的 11.65%；25—45 岁有 68 人，占总人数的 33.01%；45—60 岁有 76 人，占总人数的 36.89%；60 岁及以上有 29 人，占总人数的 14.08%（见图 3-13）。

2. 文化程度

调研人口中文盲有 5 人，占总人数的 2.43%；幼儿园学历有 1 人，占总人数的 0.49%；小学学历有 28 人，占总人数的 13.59%；初中学历有 100 人，占总人数的 48.54%；中专学历有 1 人，占总人数的 0.49%；普通高中学历有 46 人，占总人数的 22.33%；大专学历有 13 人，占总人数

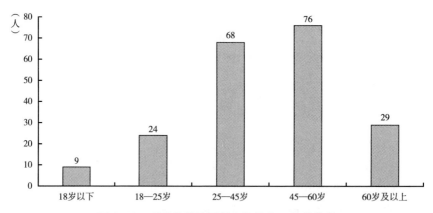

图 3-13 秦岭北麓陕西段山缘带人口年龄分布

的 6.31%；普通本科学历有 12 人，占总人数的 5.83%。学历普遍不高，以初中和普通高中学历为主（见图 3-14）。

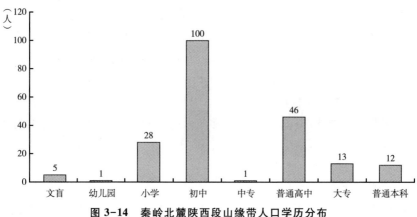

图 3-14 秦岭北麓陕西段山缘带人口学历分布

3. 工作学习情况

18 岁以下人口以学习为主，占 18 岁以下总人数的 77.78%；18—25 岁阶段是不稳定阶段，务工人数有 9 人，占 18—25 岁总人数的 37.50%，务农人数有 4 人，占 18—25 岁总人数的 16.67%，学习的有 11 人，占 18—25 岁总人数的 45.83%；25—45 岁阶段是上升期，活动空间比较大，人员涉及各个方面，有赋闲在家的，也有在学习的，主要人口还是在务农或者务工，务农的人数有 27 人，占 25—45 岁总人数的 39.71%，务工的有 37 人，占 25—45 岁总人数的 54.41%，总体来看还是务工人数更多；45—60 岁阶段属于稳定期了，已经没有学习的人了，务工人数有 34 人，占 45—60 岁总人数的 44.74%，务农人数有 37 人，占 45—60 岁总人数的 48.68%，总体来看 45—60 岁务农人数更多；60 岁及以上人口中，赋闲在家的有 13 人，占 60 岁及以上总人数的 44.83%，务农的人有 16 人，占 60 岁及以上总人数的 55.17%，60 岁及以上人口在身体健康的情况下均在家务农（见图 3-15）。

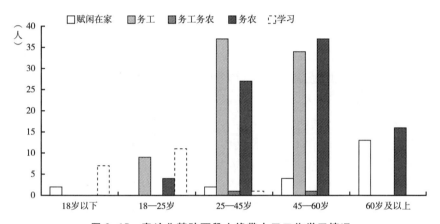

图 3-15 秦岭北麓陕西段山缘带人口工作学习情况

（二）产业类型及特征

山缘带以第三产业为主，以第一产业为辅。

第一产业包括以玉米、小麦为主的粮食作物，以核桃、板栗、花椒为主的经济作物，以及葡萄、猕猴桃等水果种植。山缘带交通便利，距离城郊比较近，具备规模经济发展基础，一般以大规模农业经济为主。比如：西安市长安区滦镇翁家寨大规模种植葡萄，被誉为"葡萄之乡"；华阴市华山镇永定村大规模种植香椿苗。

第三产业以新型旅游服务业为主，山缘带在其独特的地理位置、区域优势和文化底蕴下，充分利用旅游资源，促进农民转移就业，体现地区优势，发展优秀文化，使得资源发挥最大价值，实现产业合理布局、协调发展，从而增加农民收入，带动经济发展。例如，西安市长安区滦镇上王村实行个体"农家乐"经济并由村集体管理，成立了上王村股份经济合作社并进行了股权配置。渭南市临渭区桥南镇天留村依托绿水青山的资源优势,构建以乡村旅游为主导的"三二一"融合发展模式;利用其聚集人气和促进消费的优势,通过旅游资源开发、基础设施建设、配套服务产业延伸、旅游购物的消费以及旅游服务的体验,形成以消费聚集为引导的三产融合模式;通过"三变改革"实现了"资源变资产、资金变股金、农民变股东"。华阴市华山镇仙峪口村通过"三变改革",大力发展集体经济,探索出了"党支部+农家乐+乡村旅游"的新思路,依托当地风土人情、生活习惯、交通特色、区位优势,发展农家乐休闲旅游业并已初具规模。

(三)扶贫情况及措施

山缘带根据当地发展现状,展开各种有效帮扶措施,脱贫效果明显。比如,渭南市临渭区桥南镇天留村贫困人口从 2015 年的 143 户 523 人降到 2020 年的 11 户 19 人。[①]

1. 致贫原因

主要有 8 种。其中:缺技术致贫的有 7 人,占 16.28%;缺劳动力致贫的有 6 人,占 13.95%;缺土地致贫的有 4 人,占 9.30%;缺资金致贫的有 5 人,占 11.63%;因病致贫的有 7 人,占 16.28%;因残致贫的有 5 人,占 11.63%;因房致贫的有 1 人,占 2.33%;因学致贫的有 8 人,占 18.60%。缺技术、因病和因学致贫的居多(见图 3-16)。

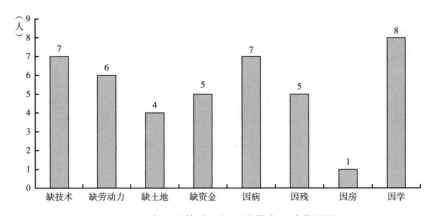

图 3-16 秦岭北麓陕西段山缘带人口致贫原因

---

① 下列分析中选取的调查样本略有不同。

2. 享受的扶贫项目

主要有 8 种。其中：享受产业扶贫的有 15 人，占总人数的 18.52%；享受国家兜底的有 1 人，占总人数的 1.23%；享受健康扶贫的有 20 人，占总人数的 24.69%；享受教育扶贫的有 12 人，占总人数的 14.81%；享受就业扶贫的有 14 人，占总人数的 17.28%；享受科技扶贫的有 1 人，占总人数的 1.23%；享受生态保护扶贫的有 17 人，占总人数的 20.99%；享受易地搬迁扶贫的有 1 人，占总人数的 1.23%。享受健康扶贫、生态保护扶贫和产业扶贫的居多（见图 3-17）。

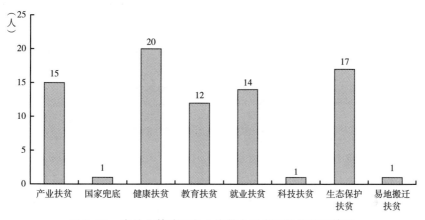

图 3-17　秦岭北麓陕西段山缘带人口享受扶贫项目情况

3. 希望得到的政策扶持

选取天留村、翁家寨村和永定村为典型代表。20 人希望得到创业资金支持，占总人数的 24.39%；35 人希望得到社保及教育开支的减免，占总人数的 42.68%；7 人希望提供低利率贷款，占总人数的 8.54%；7 人希望得到"一对一"帮扶，占总人数的 8.54%；13 人希望获得职业技术培训或技术扶持，占总人数的 15.85%（见图 3-18）。希望在社保、教育开支、创业资金、技术方面得到更多帮扶的被调研者居多。

4. 采取的扶贫措施

选取天留村、翁家寨村和永定村为典型代表。3 人获得了小额信贷，占总人数的 9.68%；14 人获得了"一对一"帮扶，占总人数的 45.16%；6 人获得了职业教育培训，占总人数的 19.35%；3 人获得了致富带头人创业培训，占总人数的 9.68%；5 人获得其他扶贫措施，

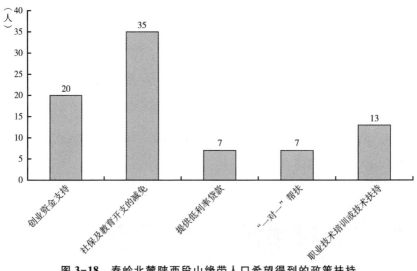

图3-18　秦岭北麓陕西段山缘带人口希望得到的政策扶持

占总人数的16.13%。获得"一对一"帮扶、职业教育培训的居多（见图3-19）。

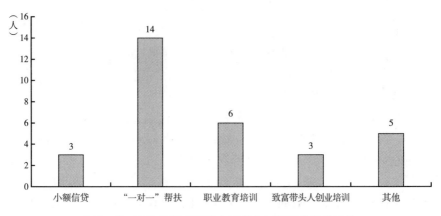

图3-19　秦岭北麓陕西段山缘带人口获得的扶贫措施

三、秦岭北麓陕西段城郊带资源禀赋

本部分研究的区域典型对象包括西安市周至县翠峰镇东肖村、东红村，西安市鄠邑区秦渡镇牛东村，宝鸡市眉县金渠镇枣林村、宁渠村，华阴市华山镇槐芽村。城郊带的村庄区位优势比较显著。例如：东肖村和东红村位于翠峰镇最低点，并处于秦岭北麓环山公路沿线，有107、108国道过境，有专线连接连霍高速、西汉高速，外部交通便利；宁渠村位于眉县县城东南7千米处，河营公路穿村而过，距310国道不到1千米，交通十分便利；牛东村、东肖村、东红村、枣林村等均毗邻城市，位于交通要道旁边，交通条件比较发达。依靠科技创新发展现代农业，出现了宁渠村猕猴桃示范园、太白县绿蕾智慧农业等智慧农业示范园区。对比发现，山区带、山缘带、城郊带地理区位距离城市由远至近，交通从极为不便至十分便利，经济发展、产业特征、振兴举措等相应不同。

（一）人口结构及特征

城郊带村民，一般60岁及以上人口在家务农，青壮年外出务工，由于距离城市较近，会在农忙时赶回帮忙，农忙结束后再次外出务工。

被调研总人数380人，其中男性225人（59.2%）、女性155人（40.8%）（见表3-33）。

表3-33　秦岭北麓陕西段城郊带人口现状

单位：人，%

人口类型	人数	占比
男性	225	59.2
女性	155	40.8
总人数	380	100

1. 年龄结构

0—18岁有32人，占比8.4%；18—25岁有57人，占比15%；25—45岁有100人，占比26.3%；45—60岁有133人，占比35%；60岁及以上有58人，占比15.3%。45—60岁的人数居多（见图3-20）。

2. 文化程度

学历方面，初中有181人，占比47.6%；大专有34人，占比8.9%；技校有3人，占比0.8%；普通本科有24人，占比6.3%；普通高中有56

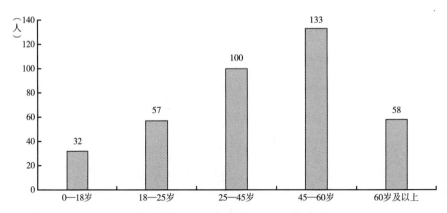

图 3-20　秦岭北麓陕西段城郊带人口年龄结构

人，占比 14.7%；小学有 72 人，占比 18.9%；中专有 10 人，占比 2.6%。初中学历人数居多（见图 3-21）。

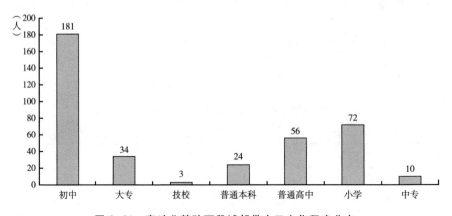

图 3-21　秦岭北麓陕西段城郊带人口文化程度分布

3. 工作学习情况

60 岁及以上的村民大多赋闲在家，或有慢性疾病，或做较轻松的农活。0—18 岁学习的居多。18—25 岁务工或学习。25—45 岁务工的居多，一般选择外出务工。45—60 岁务农的居多（见图 3-22）。

（二）产业类型及特征

城郊带以第一产业为主。具体采用以种植经济作物为主、以种植粮食作物为辅的产业发展方式。首先，种植小麦、玉米等粮食作物作为保障。

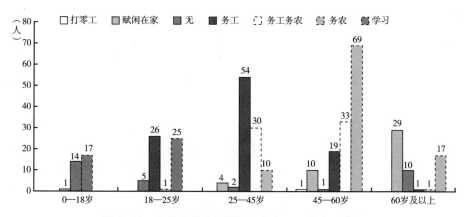

图 3-22　秦岭北麓陕西段城郊带人口工作学习情况

例如，鄠邑区秦渡镇牛东村种植的传统粮食作物包括玉米和小麦，共计100 亩，每亩收入 1000 元，粮食收入占农民收入的 10%；周至县翠峰镇东肖村亦种植粮食作物，主要为小麦、玉米，各有 200 余亩；金渠镇枣林村亦种植传统粮食作物，包括小麦和玉米，分别占地 360 亩、400 亩；华山镇槐芽村以种植传统农作物为主。其次，依靠经济作物振兴产业。例如，葡萄是牛东村村民的主导特色产业，2019 年农民人均收入增长约6%，主要来源于葡萄种植及农闲务工。其中葡萄种植收入占 60%。此外，该村现有两家葡萄种植专业合作社，即"碧春园种植专业合作社"（带动10 余户种植葡萄 300 余亩，品种有夏黑、新华王、户太八号等）、"西安建鑫种植专业合作社"（带动 10 余户种植葡萄 80 余亩，品种有新华王、户太八号）。再如，东肖村、东红村经济作物是猕猴桃，品种为海沃德，年均种植 900 多亩；枣林村的特色主导产业亦是猕猴桃，该村已实现土地集约化与统一机械化经营；眉县猕猴桃产业及太白绿蕾，均是科技支撑的智慧农业，有效带动了当地扶贫。

（三）扶贫情况及措施

1. 扶贫现状

截至 2020 年，牛东村建档立卡户为 71 户 254 人，在册贫困户为 4 户9 人，2020 年底全部实现脱贫，但是脱贫不脱政策，政策依旧延续。枣林村 2016 年建档立卡 72 户 239 人，2016 年脱贫 28 户 104 人，2017 年脱贫19 户 61 人，2018 年脱贫 9 户 37 人，2019 年脱贫 6 户 22 人，2020 年剩 10

户 15 人,1 户 6 人本身是低能人,其他 9 户属于"五保户"。槐芽村 2016 年脱贫 2 户 6 人,2017 年脱贫 3 户 10 人,2018 年脱贫 13 户 42 人,2019 年脱贫 1 户 1 人。因此,2020 年底城郊带已全部实现脱贫,但仍享受脱贫政策。①

2. 致贫原因

致贫原因主要包括因病、因残、因学、缺土地、缺资金、缺技术、缺劳动力、资源匮乏、自身发展动力不足、交通条件落后等。其中因残、缺资金、缺技术占比最高。若将因病、因残合并成为一类原因,则因病或因残致贫者有 19 人,占比 30.2%;缺资金致贫者有 11 人,占比 17.5%;缺技术致贫者有 10 人,占比 15.9%。特别是在我们调研的贫困户当中,因病致贫者中老年人且慢性病患者较多(见图 3-23)。

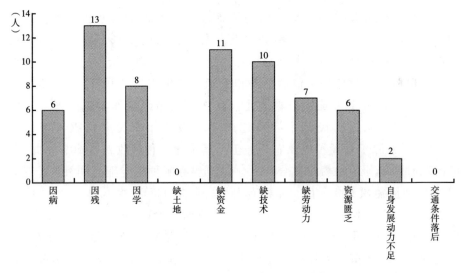

图 3-23 秦岭北麓陕西段城郊带人口致贫原因

3. 扶贫措施

扶贫政策有 7 种,包括产业帮扶、金融帮扶、教育扶贫、兜底保障、健康扶贫、就业帮扶、易地搬迁。其中:产业帮扶 8 人,占比 27.6%;金融帮扶 4 人,占比 13.8%;教育扶贫 5 人,占比 17.2%;兜底保障 1 人,

————————————

① 下列分析中选取的调查样本略有不同。

占比 3.4%；健康扶贫 4 人，占比 13.8%；就业帮扶 7 人，占比 24.1%。产业帮扶占比最高，其次是就业帮扶、教育扶贫、健康扶贫等（见图 3-24）。

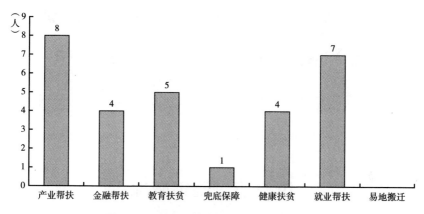

图 3-24　秦岭北麓陕西段城郊带扶贫措施

第四章 秦岭北麓陕西段巩固脱贫攻坚成果的现状与特征

第一节 调研概况

一、陕西县域经济发展概况

陕西 2019 年县域面积约 16.5 万平方千米，占全省陆域面积的 80.3%。陕西县域 GDP 占全省 GDP 的 42.5%。与全国平均水平相比，落后 13.5 个百分点，这也充分说明陕西县域经济处在全国县域经济发展中相对落后的位置和水平。

陕西县域经济自 2004 年建立考核监测机制以来得到了长足的发展和推进，县域经济基础得到较大改善。用现行标准的同口径 GDP 总量观察，2004 年陕西 83 个县（市）实现 GDP 1191.8 亿元，剔除 6 个县转区的县，按现 77 个县（市）算，实现 GDP 939 亿元，县均 GDP 12.2 亿元。截至 2019 年全省 77 个县（市）实现 GDP 10956.42 亿元，县均 GDP 142.29 亿元，其中超过 100 亿元的县（市）40 个，超 200 亿元的县（市）11 个。从 GDP 看，自 2004 年实施县域经济监测来的数据显示，县域经济发展 15 年来，全县 GDP 扩大 10.7 倍，充分说明县域经济正在加快发展，从 2004 年占全省 GDP 比重的 37.9%，提高到 2019 年的 42.5%，占比提高 4.6 个百分点。但如上所述，与全国同期其他省市县域 GDP 占全国 GDP 的比重看还有很大差距。也就是说，陕西县域经济发展与全国县域经济发展平均水平之间还有较大的差距需要弥补，同时反映出陕西县域经济相对落后的局面需要加快改善。

立足陕西产业结构来观察县域经济的发展趋势与状况。2004 年陕西省三次产业构成比为 11.4：47.9：40.7，同期县域经济三次产业构成比为 28.7：42.3：29。数据显示，县域经济发展中第一产业占比相对较大，同时同期陕西省第一产业占比超过了 10%。说明这一时期，县域第一产业增加值对全省的贡献较为明显。县域经济经过 15 年的发展，至 2019 年县域经济三次产业构成比为 13.2：53.5：33.3，同期陕西省三次产业比重构成比为 7.7：46.5：45.8。从 15 年来的县域经济与全省经济发展的产业运行状况看，陕西县域经济与全省经济发展的产业结构呈现出同步并轨共向的特点，具有相互融合衔接的特性。

从陕西省内区域构成特征观察，2004 年陕西三大区域（关中地区、陕北地区、陕南地区）县域经济规模比重（分地区生产总值占县域经济生产总值的比重）为关中 52.1%、陕北 26.4%、陕南 21.5%，关中独大之势明显。2019 年陕西三大区域县域经济规模比重为关中 39.6%、陕北 38.2%、陕南 22.2%。从 2004 年到 2019 年区域经济发展的比重看，关中独大的现象向区域均衡与协调发展转变，陕北、陕南做出更大的努力，正在弥补差距带来的发展劣势。

人口是经济发展的重要因素和最活跃的生产动力源泉。从常住人口来观察县域经济发展的底气和承载能力，2004 年陕西县域常住人口（83 个县市）2470.12 万人，占全省常住人口的 66.7%；2018 年、2019 年（77 个县市）常住人口总数分别为 2148.63 万人、2141.08 万人，2019 年县域常住人口占全省人口总数的 55.2%。2019 年县域人口占全省人口比重与 2004 年相比下降 11.5 个百分点。这充分说明县域常住人口呈下降趋势，处于净流出状态。也就是说县域在不断地向外输出劳动力和消费总量，同时弱化了本土生产供给和生产力。

陕西县域经济数据显示，农业产业发展稳中趋缓态势明显。陕西 2004 年 83 个县（市）实现农业增加值 342.05 亿元（用比重推算数据），占当期全省 GDP 的 10.9%。2019 年陕西县域农业实现增加值 151.3 亿元，占全省 GDP 的 0.6%，2019 年县域农业增加值占全省 GDP 比重较 2004 年回落 10.3 个百分点。充分说明县域经济中第一产业发展相对滞后，生产力和动能不足，受制于规模、产能、产值和价格因素。

工业是县域经济的重要支撑和牵引。2004 年县域经济工业发展突飞猛进，83 个县（市）实现工业增加值 441.51 亿元，占全省工业增加值的 37%。2019 年县域工业实现增加值 5389.73 亿元，占全省工业增加值的 50.1%，2019 年县域工业增加值占全省工业增加值的比重较 2004 年提高 13.1 个百分点。数据同时反映了县域工业正在加快发展，工业布局与支撑作用较为明显，工业的经济贡献度逐步加强。

服务业是经济发展的重要组成部分，同时是社会发展进程和水平的重要标志，可体现工业发展对社会的推进程度。2004 年 83 个县（市）服务业实现增加值 345.17 亿元，占当期全省服务业增加值的 26.9%。2019 年县域服务业实现增加值 3649.04 亿元，占全省服务业增加值的 30.9%，2019 年县域服务业增加值占全省服务业增加值比重较 2004 年提高 4 个百分点。数据说明县域服务业状况改善，规模效应逐步显现，趋势向好。

非公有制经济是社会主义市场经济的重要组成部分，是促进社会生产力发展的重要载体和力量，在稳定和促进国民经济健康有序发展，扩大就业，调整产业结构，培育新动能、新模式、新业态以及新型生产关系，带动新型产业发展，促进市场竞争等方面具有重要作用。2004 年 83 个县（市）非公有制经济增加值 659.86 亿元，占当期县域 GDP 的 55.4%。2019 年县域非公有制经济实现增加值 5291.95 亿元，占县域 GDP 的 48.3%，2019 年县域非公有制经济增加值占 GDP 比重较 2004 年下降 7.1 个百分点。从比重看，非公有制经济比重有所下降，但其规模是 2004 年的 8 倍，主要受对比基数的影响较大，也不能客观反映非公有制经济结构和要素质量问题。同时，2019 年县域非公有制经济增加值仅占全省非公有制经济增加值的 37.6%，其比重并不大。这也说明县域非公有制经济市场主体发展更需要加快步伐。

国内消费需求最直接的表现数据就是社会消费品零售总额。它反映了多元化市场主体和多样性流通方式向社会提供的生活消费品总量，是观察和研究零售市场变动、反映经济景气程度的重要指标。2004 年 83 个县（市）社会消费品零售总额为 371.25 亿元，占当期全省社会消费品零售总额的 38.4%。2019 年县域社会消费品零售总额为 2625.17 亿元，占当期全省社会消费品零售总额的 27.3%。2019 年县域社会消费品零售总额占全省社会消费品零售总额比重较 2004 年下降 11.1 个百分点。在剔除 6 个县转区的数据基础上，这一趋势依然没变。这也说明县域社会消费品零售规模和效益逐渐下降，消费进入时代性更新换代与理念转换期，消费结构和倾向发生变化。

反映购置固定资产的经济活动以及支撑和支持推进经济发展的基础要素指标就是固定资产投资额。固定资产投资额对于掌握经济发展质量基础和投入产出状况，有序平衡经济发展进度和结构具有重要作用。2004 年 83 个县（市）固定资产投资（不含农户）461.04 亿元，占当期全省固定资产投资（不含农户）的 29.9%。2019 年县域固定资产投资较上年同期增长 4.5%，高于当期全省增速 2 个百分点（2019 年无绝对量数据）。尽管绝对量数据与增速所体现的投资发展形态不一，但从县域经济总量及其相关指标总体走势可以观察到县域投资持续增长，投资规模在逐步扩大，前期投资效益也在释放。

城乡居民收入稳步增长，增量不断提高。2004 年县域城镇居民人均可支配收入实现 7492 元，农村居民人均纯收入 1867 元，城乡居民收入剪刀差 5625 元，城乡收入比约 4∶1。2019 年城镇居民人均可支配收入 36098 元，农村居民人均可支配收入 12326 元，城乡居民收入剪刀差为 23772 元，城乡居民收入比约 2.9∶1。数据充分说明城乡居民收入稳步增长，特别是农村居民收入增长加快。

二、调研问卷发放及回收状况

本次调查于 2020 年 6 月—12 月，在秦岭北麓陕西段西安市的长安区、临潼区、周至县、鄠邑区、蓝田县；宝鸡市的陈仓区（磻溪镇、钓渭镇、天王镇、坪头镇、胡店）、渭滨区、岐山县（五丈原镇、安乐镇、曹家镇）、太白县、眉县；渭南市的临渭区、华州区、华阴市、潼关县等 14 个县区进行调查。问卷调查的对象为秦岭北麓陕西段 14 个县区的部分村民，共抽样调查村民个人 1100 名，发放问卷 1100 份，回收有效问卷 1061 份，有效问卷回收率为 96.5%；村户家庭 430 份，回收 422 份，有效回收率为 98.1%。样本范围丰富，数据真实可靠，因而具有较强的科学性和参考性。

三、被调查样本构成状况

此次调查样本构成较广泛，包括秦岭北麓陕西带不同区域（西安市、宝鸡市、渭南市）、不同带（山区带、山缘带、城郊带）的村民，调查样本数据真实可靠，内容丰富多样。以西安段为例，具体实地调研走访地区分别在西安市长安区、周至县、鄠邑区、临潼区、蓝田县等地进行。其中：2020 年 6 月，调研了西安市长安区的五台镇、滦镇、东大镇、太乙镇、子午镇、杨庄镇、王莽镇。具体选取滦镇街道及其下属翁家寨、上王村等典型村落进行调查。2020 年 7 月，调研了西安市周至县、鄠邑区。具体选取周至县翠峰镇及其所属下河邑、东肖村、新联村、八家村，鄠邑区牛东村等典型村落进行调查。2020 年 8 月，调研了西安市临潼区。具体选取仁宗街道及其所属房岩村、壕栗村、仁宗村、庄王村、茨林村、芋坡村等典型村落进行调查。

（一）具体抽点调研情况

1. 西安市长安区滦镇

滦镇街道隶属于陕西省西安市长安区，位于长安区南部，总面积244.6 平方千米，镇区建设用地面积 0.8 平方千米。2010 年，镇域总人口 56975 人，镇区人口 1.1 万人。滦镇位于秦岭北麓旅游休闲带，旅游名胜众多，西北大学现代学院、西安明德理工学院（原西北工业大学明德学院）等人文气息浓厚，度假游览人流量大。滦镇地理位置优越，东有子午大道，南依环山公路，西临西沣路，北距西安市区 20 千米，交通便利。

2020 年，滦镇街道共 17693 户 63488 人。贫困线最初 3015 元/年。2017 年贫困户有 314 户，含 118 户 2016 年前脱贫户。2019 年贫困户有130 户，已脱贫 326 户。2020 年低保贫困户 57 户 114 人、五保贫困户 68户 74 人、一般贫困户 3 户 7 人、帮扶对象 1073 人（其中：因病致贫 93户 233 人，因学致贫 25 户 90 人，因残致贫 219 户 534 人，缺劳动力致贫 54 户 72 人，缺技术致贫 34 户 91 人，自身发展动力不足致贫 26 户 53人）。2015 年至 2020 年共有 83 户 222 人返贫（2013 年识别、2014 年脱贫、2016 年再次统计、2017 年再返贫）。街道无辍学儿童（有 1 人因身体残疾送教上门）。

2017 年开始，滦镇共组织村集体经济组织合作社 26 个，另有 3 至 4 个自然村组织的村集体经济组织合作社。其账目运行、经营管理与村分离，有独立的董事会、监事会，具有独立法人属性。滦镇林地区域有两个村落（沣峪村、喂子坪村）。该镇粮食作物包括小麦、玉米，经济作物包括葡萄、蓝莓、樱桃、桃。蔬菜一般为自种自吃，2020 年发起建设"爱心农场"，由党员种菜并免费送与孤寡老人。无苗圃花卉。土地流转因村而异，与经济发展水平无直接关联。历史悠久村包括陈村、酒务头村等；村史馆建设村包括施张村、郭家寨等。林地于 2009 年确权 1 次，2012 年再确权 1 次（林业局每年给山区居民发"公益林补贴"）。土地确权已于 2015 年前完成。村内水利工程，比如深井，由税务局打井，之后交村管理、使用。各家各户缴纳水电费。一般 1 人管理 1 口井，工资约 1000 元/年。村内建有文化站、图书室（"农家书屋"）、村史馆。外来帮扶干部 2017 年最初 237 名（扣除滦镇干部 72 名）。截至 2020 年共 286 名外来扶贫干部。长效机制包括：防贫返贫监测预警机制、扶贫资产管理机制、扶贫基础设施管护机制、稳定增收带贫益贫机制。

滦镇峪口共 12 个。国家级自然保护区 1 个（牛背梁国家级自然保护区）。自然观光旅游点 11 个，包括祥峪森林公园、高冠瀑布、九龙潭、广新园民族村、连珠潭等 A 级景区。无红色旅游点。历史人文旅游点 1 个，包括黄峪寺村的翠微宫遗址。本地游客每年约 600 万人，旅游营业收入 30 亿元—35 亿元。景区经营权属于私人，管理归政府，旅游收入归私人（缴纳税收）。非物质文化遗产是沣峪口自光绪年间即有的"老油坊"，现挂"非遗传承地"和"非遗传承人"两块牌子。所有峪口全部封闭、禁止开发。①

2. 宝鸡市眉县

2020 年，眉县脱贫攻坚年度目标任务是确保剩余 1352 户 1939 人稳定脱贫。严格执行户脱贫"57"标准，逐项对标落实，切实做到脱真贫、真脱贫。对照退出标准，我们初步进行了研判，截至 2020 年，所有预脱

---

① 遵守 2003 年《陕西省秦岭北麓管理条例》，2020 年《陕西省秦岭保护办法》《西安市秦岭保护办法》；水源保护区两个大村（13 个自然村），2000—3000 人需要搬迁；25 度坡度线以上限制开发；环山线向北延伸 1 千米以内不能建新的建筑物。

贫户家庭收入、安全住房、安全饮水、义务教育、医疗保障等脱贫指标达标率均为100%。同时不断巩固脱贫成果,对所有建档立卡已脱贫户继续落实帮扶责任人,脱贫户继续全面享受各项扶贫政策,做到帮扶力度不减,帮扶措施项目不减,确保贫困户稳定脱贫不返贫。

产业扶贫方面,依托猕猴桃主导产业优势,推行"6+"产业脱贫模式,把有劳动能力的贫困群众嵌入到产业链中,带动6897户贫困户依靠产业实现增收,确保贫困群众长线产业全覆盖。全力开展产业提质增效富民行动,调整产业脱贫扶持政策,落实贫困户产业直补733.3万元,惠及贫困户5255户。投入产业扶贫资金2809.5万元,实施壮大村级集体经济项目26个。深化新型经营主体结对帮扶活动,规范村级股份经济合作社运营,87个新型经营主体通过开展"技术培训、订单生产、农资配送、建立基地"等十大帮扶活动累计培训22场1056人次,为贫困户配送农资230吨,托管贫困户果园560亩。规范提升8个市级"嵌入式"产业脱贫示范基地,认定扶贫产品3个。选聘贫困户产业发展指导员128名,通过电视讲座、线上直播等形式累计培训61场7122人次。

就业扶贫方面,截至2020年,贫困劳动力新增转移就业550人,贫困劳动力创业5人,贫困劳动力技能培训98人,农村公益性岗位安置贫困劳动力650人,临时性防疫公岗安置贫困劳动力267人,公益专岗安置贫困劳动力118人。新认定就业扶贫基地1个,累计达到13个;新认定社区工厂1个,累计达到7个。

易地搬迁方面,全县"十三五"时期易地扶贫搬迁126户459人已全部实际入住,全县旧宅基地腾退收回110户,拆除97户,复垦复绿97户,拆除后的复垦复绿率达到100%。建立健全后续帮扶长效机制,172名易地搬迁贫困劳动力实现转移就业。优化社区配套服务,自来水普及率、电力入户率、水泥路通达率均达到100%。优先为搬迁群众提供就业信息咨询、户口迁移、子女入学等公共服务,提升搬迁群众的获得感和归属感。

危房改造方面,2016—2018年共完成农村危房改造868户,兑付补助资金3284.2万元。所有危改户达标入住,竣工达标率、资金兑付率均为100%。为所有建档立卡贫困户出具安全住房鉴定书,全面开展危房改造"三排查三清零"活动,对38户房屋局部漏水、裂缝等进行修缮加固处理，确保及时消除安全隐患。完成全省农村危房改造脱贫攻坚3年行动农户档案信息录入，健全住房安全监测预警和动态帮扶机制。

教育扶贫方面，严格落实控辍保学"七长"责任制，逐级签订控辍保学责任书，全县义务教育阶段学生"零辍学"。全面落实义务教育"两免一补"和困难家庭学生资助政策，涉及建档立卡贫困家庭学生5529人次，资金261.5万元。依托陕西机电职业技术学院高教帮扶优势，开展"双返生"培训2期80人。

健康扶贫方面，精准核实参保数据，全县建档立卡贫困人口34726人实现100%参保。扎实开展门诊慢特病及"两病"摸底确诊，纳入门诊慢特病及两病保障贫困人口4849人。严格落实贫困人口"一站式"结算，截至2020年，全县贫困人口住院"一站式"累计报销2226人次，报销金额790.6万元。全面落实贫困人口门诊慢病报销政策，全县贫困人口门诊慢特病及两病累计报销1715人次，报销金额45.49万元。扎实推进大病专项救治，全县接受大病救治1731人，其中死亡148人，治愈212人，转慢病386人，严重精神障碍签约服务904人，正在治疗81人。做实做细慢病签约服务，2020年慢病签约服务管理6183户8203人。不断提升基层医疗服务水平，实施县镇科室共建，加强镇村医疗队伍建设，完善公共卫生服务体系。

生态扶贫方面，积极落实退耕还林政策，兑付资金19.2万元，涉及贫困户24户72人。推行"支部+合作社+贫困户"扶贫模式，实施林业产业扶贫项目8个，拨付专项扶贫资金163万元，带动贫困户1131户2393人。强力推进苗木花卉产业发展，在横渠、齐镇等镇栽种各类苗木花卉1601.3亩。在实施林业重点工程项目中聘用贫困户47人，累计发放工资21.5万元。

兜底保障方面，扎实开展兜底保障织网暖心提升行动。全面排查未脱贫人口等重点人群，纳入低保1137人、特困供养741人。为建档立卡贫困人口发放低保金1480万元、特困供养金205.7万元。发放临时救助金177.9万元，下拨第一季度残疾人两项补贴207.5万元。深入推进"百家社会组织进百村扶千户"活动，66家社会组织开展各类帮扶活动60次，投入资金56.3万元，受益群众4850人。

基础设施方面，投资2184.75万元，实施道路巩固提升项目58个，全部完成建设任务。投资 706 万元，先后在横渠镇、汤峪镇等镇实施安全饮水巩固提升项目，新打机井、更换管网、安装消毒设备等，改善 2.6 万人饮水条件。投资 549.5 万元，实施农网改造供电提升项目，涉及新河村等 4 个贫困村。

金融扶贫方面，严格落实金融扶贫"532111"政策，对符合条件的贫困户应贷尽贷，对贷款到期后仍有贷款需求或受疫情影响的，为其办理续贷或展期。2020 年新增贷款 7 笔 16 万元，办理续贷 14 笔 27.3 万元，累计发放扶贫小额信贷 2412 笔 6348.2 万元，落实风险补偿金 1142 万元，完成小额扶贫贷款贴息 120.1 万元。小额扶贫获贷率 31.6%，高于全国平均获贷率 4.6 个百分点，有效地支持了贫困户产业发展。

3. 宝鸡市太白县

脱贫攻坚战打响以来，太白县精准识别建档立卡贫困村 37 个、贫困户 2915 户 9363 人，贫困发生率 23.28%。2016 年脱贫退出 749 户 2777 人，贫困发生率降至 16.37%；2017 年脱贫 790 户 3010 人，退出贫困村 9 个，贫困发生率降至 8.8%；2018 年脱贫 1166 户 3120 人，退出贫困村 28 个，贫困发生率降至 0.91%，整县脱贫退出指标全部达标，顺利通过省级专项评估检查，2019 年 5 月 7 日由省政府公告批准退出；2019 年脱贫 39 户 111 人，剩余贫困人口 171 户 345 人，贫困发生率降至 0.57%。2020 年上半年动态调整后，全县剩余贫困人口 131 户 220 人。近年来，太白县先后荣获全省脱贫攻坚工作成效考核优秀县、全省脱贫攻坚工作先进县；"4331"扶贫项目资金公告公示机制、产业扶贫"八带模式"先后受到国务院扶贫办和省政府领导的批示肯定；教育扶贫控辍保学"防护网"案例被教育部肯定并向全国推介；扶贫互助资金委托贷款、健康扶贫校政合作"村医定向免费培养就业"等做法分别在省、市复制推广。

坚持"政府配餐、群众选餐、干部送餐"的工作思路，将贫困户深度镶嵌到现代农业发展的全链条中，探索"资金扶持带、企业合作社带、农业园区带、乡村旅游带、农村电商带、光伏产业带、科技服务带、干部帮扶带"的产业扶贫"八带模式"，以特色产业带动贫困户致富。扶持全县贫困户发展产业类型 32 类，实现了长线产业和短线产业全覆盖。2016 年以来，累计投入资金 3.02 亿元，实施产业扶贫项目 253 个，覆盖 7 镇 44 个行政村，兑付产业补助资金 1828.7 万元，发放产业扶贴息贷款 1.2 亿元，投放互助资金借款 5000 万元，有效解决了贫困户发展产业资金短缺问题；坚持以实现全县贫困劳动力"就业有技能、创业有平台、增收有途径"为目标，积极开发就业岗位，建设就业基地，实施技能培训惠民工程。2016 年以来，累计开展贫困劳动力农家乐技能提升、特色种养殖、电子商务等各类技能培训 2058 人次，转移就业 5340人次；开发公益岗位 567 个，扶持 115 户贫困家庭创业，建立村镇工厂、就业扶贫基地 7 个，多举措、多途径帮助贫困劳动力实现就近就地就业。

实施 630 户 2354 人（其中：符合国家政策 288 户 1081 人）易地扶贫搬迁，规划建设的 10 个集中安置点及配套设施全部建成，后续产业就业扶持措施落实到位，旧宅基地腾退任务全部完成，累计兑现建房、基础设施、宅基地腾退补助资金 15430.39 万元。2016 年以来，核实确定的 298户危改户全部完成建设任务并实际入住。加大健康扶贫力度，在省市率先出台"5+1"健康扶贫保障体系，创造性推行了惠及所有农村人口的门诊费救助制度，有效缓解山区因病致贫返贫问题。全县健康扶贫共计救助贫困人口 6.4 万人次，救助资金 4211 万元，累计为贫困人口减轻医疗负担1614 万元。严格落实教育资助和控辍保学政策，实现了贫困户家庭子女义务教育阶段"零辍学"。建立"免、奖、助、贷、补"五位一体的学生资助政策体系，实现从学前教育到高等教育资助全覆盖。累计落实教育扶贫资金 1464.1 万元，受助学生 25526 人次，其中建档立卡贫困户家庭学生 5742 人次，受助资金 396.982 万元。认真落实农村低保、特困人员救助供养、渐退帮扶、残疾人两项补贴等兜底保障政策，累计兑现落实低保、五保、社会救助等兜底保障政策资金 1473.96 万元，救助困难群众11599 人。

紧盯县、村、户脱贫退出验收标准，全力做好贫困村水、电、路等基础设施项目建设。2016 年以来，多方争取资金 6.8 亿元，实施贫困村基础设施和公共服务建设项目 868 个，新建道路 602.68 千米，桥梁 67 座；实施农村供水改造提升工程 175 个，农田水利项目 3 个，治理河堤 45.75千米。启动农村绿化、美化、亮化工程，实施农村环境卫生综合整治工作，修建村级文化活动广场 75 处，硬化场地 3.99 万平方米，绿化村庄道路 48.19 千米，安装太阳能路灯 3110 套，新修维修公厕 93 座，修建文化墙 2580 平方米，改造文化活动室 22 个，新建改造卫生室 48 个，改建幸福院 19 个，修建排污、排水渠 48.62 千米。实施贫困村通信网络设施建设工程，贫困村有线数字广播电视全覆盖。

4. 渭南市临渭区闫村镇

闫村镇位于临渭区南塬中心区域，距离市区 5 千米，面积 46 平方千米，耕地面积 3.7 万亩，辖 16 个行政村，121 个村民小组，7546 户，30538 人。全镇共有贫困村 14 个（已全部脱贫摘帽），非贫困村 2 个。共有建档立卡贫困户 863 户 2821 人，2016 年到 2019 年共计脱贫 687 户 2494 人，剩余未脱贫贫困户 176 户 327 人。监测户 5 户 25 人，边缘户 3 户 8 人。全镇主导产业为花椒种植，支柱产业为机砖生产。

2020 年剩余贫困人口脱贫任务完成情况：对经过 2016—2019 年四年精准帮扶后还未达到脱贫条件的 176 户 327 人逐户夯实包联责任，增强帮扶力量，实行"人盯人""一对一"精准帮扶，通过技能培训、就业培训、公益专岗等扶持政策，逐户落实产业和就业，将完全或部分丧失劳动能力且无法依靠产业就业帮扶脱贫的贫困人口全部纳入兜底保障范围，做到应保尽保、应兜尽兜。经过详细摸排，闫村镇 2020 年可以通过产业就业脱贫 10 户 27 人，其余的 166 户 300 人全部通过兜底保障脱贫。

着力解决"两不愁三保障"突出问题。①住房安全达标方面摸排出 5 户群众存在住房安全未达标情况；②基本医疗保障方面还有个别兜底户存在无力承担新型农村合作医疗自筹资金问题；③个别贫困户义务教育适龄学生存在疫情防控期间上网课设备和信号流量问题；④部分村还存在饮水安全不达标的问题。针对摸排出的问题，街道办干部按照随发现、随安排、随整改、限时完成的原则，同步开展了问题整改。5 户危房改造户已全面竣工并全部入住；帮助解决了 9 户特困户无力缴纳基本医疗和大病保险问题；为 3 名在新型冠状病毒防疫期间网络上课设备和流量存在问题的贫困学生解决困难；把北韩、卢王两个村的水源由机井供水调整为区水利投资公司集中供水，并更换了供水管道，安装了计量设备，为张家村更换了新的储水罐，彻底解决了 3 个村群众的饮水安全问题。

全面落实"三个一"政策。通过制定计划帮扶产业，多方联系帮助就业，依托政策安置公岗（安置 144 人，其中光伏产业带动 26 人，因疫情影响专设公益性岗位 48 人，就业托底公益性岗位 70 人）等多种途径，落实全镇有劳动能力的贫困户每户至少一人就业的目标。

确保硬性任务清零。①加快扶贫项目建设进度，由该镇牵头建设的扶贫产品超市和双创社区服饰加工厂项目进展顺利；②按时完成了133户异地搬迁户宅基地的腾退拆除复绿工作；③集中开展人居环境整治，实现16个村人居环境干净整洁。

5. 渭南市潼关县

2020年，潼关县深刻领会习近平总书记在决战决胜脱贫攻坚座谈会的重要讲话及赴陕考察重要讲话重要指示精神，坚持尽锐出战促攻坚，"四查四比"抓落实，以决战决胜姿态掀起"五排查五确保"百日冲刺攻坚热潮。

按照"一户一案、一人一策"原则，对全县剩余贫困户减贫任务进行逐户逐人研判，建立帮扶台账，对有一定劳动能力的贫困户，进一步加大产业就业帮扶力度；对丧失劳动能力且无法依靠产业就业脱贫的贫困户，统筹运用各类社会保障政策兜底扶持。

采取贫困户自主发展补助、"龙头企业+合作社+贫困户"等方式，实现了以往累计1861户贫困户中长期产业扶持全覆盖；通过技能培训提升、创业扶持带动、公益安置托底等形式，帮助8892名贫困劳动力就业，实现了每户至少1人稳定就业；全县15958名贫困人口已全部参合参保；全县农村低保覆盖率从2.76%提高至5.52%，实现了应纳尽纳、应保尽保。贫困户危房改造户全部入住，255户危改户卫生厕所改造全面完成，387户易地扶贫搬迁户全部入住，可腾退321户已全部腾退拆除复垦；兜底保障、教育支持、医疗救助、生态补偿、金融扶持等方面政策全部落实到位，做到一户不漏、一人不落、一项不少。

紧紧围绕"两不愁三保障"涉及的群众收入、安全饮水、医疗保障、安全住房、基础设施建设等重点领域，结合"一查一补两落实""回头看"工作，对全县所有农户"三保障"问题，逐村逐户逐人逐项开展核查，建立台账，采取现场督办、专题会议研究与专项巡查相结合等方式推进相关问题有效解决。涉及的老化渗漏管网更换，蓄水池、水塔修建等饮水安全提升工程全面完工；完成了贫困户住房安全排查鉴定，全面解决了住房安全问题，不断强化、消灭漏点；严格对标中央省市《关于打赢脱贫攻坚战三年行动的指导意见》，实现了三年行动实施方案确定的26项目标任务。

严格对照中央巡视"回头看"、中央省级成效考核反馈的各类问题，结合潼关县"五排查五确保"，按照自下而上排查、自下而上推进的方式，逐村逐户逐人逐项开展排查。针对排查出的问题，坚持"拉单挂账、办结销号"工作机制，实行县级领导挂帅，分级分部门建立了任务清单、问题清单、责任清单、措施清单，明确了责任单位、配合单位、完成时限。

修订了《潼关县村（社区）第一书记、驻村工作队员选派管理考核办法（试行）》，全面落实《渭南市精准管理"四支队伍"十六条措施》。通过督查力量，采取不定时间、不定路线、不打招呼的形式持续对"四支队伍"驻村纪律作风及各阶段工作推进情况明察暗访，对驻村工作队员逐人研判，推进扶贫干部作风持续转变。

全县上下紧盯问题短板，紧扣时间节点，持续推进"八项行动"。①异地搬迁旧宅基地腾退复垦复绿提升行动。完成异地扶贫搬迁腾退旧宅基地复垦290户，面积不足200平方米或在秦岭北麓红线内的31户宅基地全部复绿。②解决异地搬迁群众季节性生产用房行动。全县建立了21个安置点或农机具集中存放点，有效满足搬迁群众实际需要。③危房改造旧房拆除及危险辅助设施清理行动。拆除D级危改户509户、封存84户、修缮8户，拆除清理废弃农房32处、残垣断壁27处。④村容村貌改善提升行动。新增转运车辆2台、垃圾斗36个，新建建筑垃圾填埋场1座、村庄游乐园6个。⑤改善贫困家庭生活环境行动。全县103个帮扶单位向有需求的建档立卡贫困户捐赠衣物、家电等生活必需品5000余件，有效改善了贫困家庭生活质量和生活环境。⑥消费扶贫保增收行动。举办消费扶贫活动2场次，销售肉兔、时令水果等扶贫产品100余万元，向中国社会扶贫网推荐10家扶贫产品供应商、22个扶贫产品。⑦脱贫攻坚信息数据质量提升行动。及时排查修正疑似建档立卡基础错误信息，确保贫困户实际情况、国办系统、纸质表册"三一致"。⑧扶贫领域干部作风建设行动。开展了多轮次督导检查，发现、检查、整改问题。

（二）整体调研情况

1. 人（户）数分布

根据秦岭北麓陕西段的资源禀赋状况，将秦岭北麓西安段划分为山区带、山缘带、城郊带三个地带。

（1）人数分布

被调查者共计 1100 人，实际收回有效问卷 1061 份。其中城郊带有 380 人，占 35.8%；山区带有 345 人，占 32.5%；山缘带有 336 人，占 31.7%。

（2）户数分布

共发放问卷 430 份，回收 422 份。其中山区带有 147 户，占总户数的 34.83%；山缘带有 136 户，占总户数的 32.23%；城郊带有 139 户，占总户数的 32.94%。三带人数基本接近，样本有效性较好。

2. 年龄分布

（1）整体状况

秦岭北麓陕西段被调查者中男性比例为 57.78%，女性比例为 42.22%。据统计，0—18 岁有 66 人，占 6.2%；18—25 岁有 126 人，占 11.9%；25—45 岁有 311 人，占 29.3%；45—60 岁有 388 人，占 36.6%；60 岁及以上有 170 人，占 16.0%（见图 4-1）。由此可见，被调研者中占比最大的是 45—60 岁年龄段的人，说明老人占绝大多数，中老年人口居多，青年人口较少。

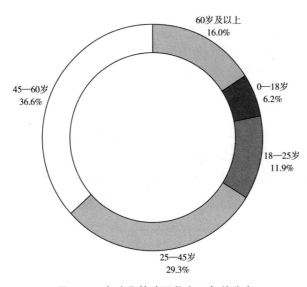

图 4-1　秦岭北麓陕西段人口年龄分布

（2）年龄分布

三带趋势基本一致。人数占比最多的是45—60岁，山区带有123人，山缘带有132人，城郊带有133人（见图4-2）。

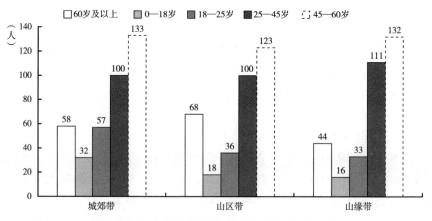

图4-2　秦岭北麓陕西段（三带）人口年龄分布

3. 村民情况

（1）整体状况

在问卷设计与调查中，将秦岭北麓西安段村民的文化程度归并为8种类型。依据教育状况对其进行排序，由低到高分别为：小学、初中、技校、中专、普通高中、大专、普通本科以及研究生及以上学历的村民。其中：小学学历人数有264人，占比24.88%；初中学历人数有515人，占比48.54%；普通高中学历人数有137人，占比12.91%；大专学历人数有65人，占比6.13%；普通本科学历人数有45人，占比4.24%。技校和中专学历分别有6人、29人，分别占0.57%、2.73%。由此可见，小学和初中学历占比最高，普通高中学历和大学学历占比较少，村民文化程度不高。

（2）学历分布

首先，纵向比较。①城郊带：占比最高的是初中学历，占比47.63%；其次是小学，占比18.95%；接下来是普通高中和大专学历，加总占比23.68%。城郊带整体文化水平偏低。②山区带：占比最高的是初中学历，占比47.24%；其次是小学，占比40.0%；接下来是中专、大专；普通本科和普通高中占比很小。山区带整体文化水平较低。③山缘带：占比最高的是初中学历，占比50.89%；其次是普通高中层次的人群，占比

21.72%；接下来是小学，占比 16.07%。山缘带整体学历层次两极分化严重，文化程度偏低的群体占比较大。总之，三带人口文化程度普遍偏低，占比较高的均为初中文化水平。

其次，横向比较。①占比最高的初中文化水平方面，三带该项占比相近。②小学文化水平方面，山区带明显高于城郊带和山缘带。③普通高中和普通本科文化水平方面，城郊带和山缘带高于山区带。总之，城郊带和山缘带的文化水平明显高于山区带的文化水平（见图 4-3）。

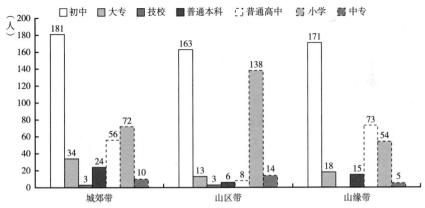

图 4-3　秦岭北麓陕西段（三带）人口学历分布

4. 村民健康状况

（1）整体分析

村民的健康状况是脱贫攻坚的一个难关，村民有良好的健康状况，就会有谋生能力，从而获得收入，摆脱贫困。如果没有良好的健康状况，就没有经济来源，从而造成返贫的现象，因此要加大农村的健康扶贫力度，防治返贫。秦岭北麓陕西段约 85.96% 的人属于健康状态，只有不到 14.04% 的人健康状况不好（见表 4-1）。

表 4-1　秦岭北麓陕西段人口健康状况调查

单位：人，%

健康状况	健康	患有疾病
人数	912	149
占比	85.96	14.04

（2）健康状况

三带人口健康状况均为"健康"占比最大，少量村民患有大病、残疾、慢性病等（见图4-4）。无论是陕西段整体分析，还是三带之间比较分析，良好的健康状况是占比最高的，但是还是存在患病的村民，具体哪些年龄段的村民患病比例高，我们可通过年龄—健康交叉统计来分析（见图4-5）。三带患病比例相对高的就是45—60岁和60岁及以上的人群。因为年纪偏高，大多数会患有慢性病、大病等，一般的家庭会因巨额的医药费陷入贫困，成为建档立卡贫困户。因此在脱贫攻坚工作中要提高医保社保的覆盖率，为收入一般的家庭提供医疗保障，防止其返贫。

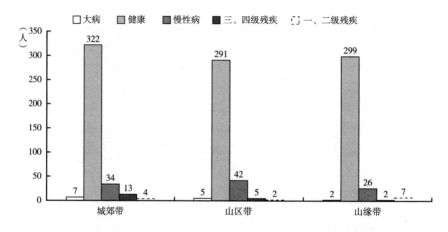

图4-4 秦岭北麓陕西段（三带）人口健康状况对比

5. 村民的劳动意愿

（1）劳动意愿状况

劳动能力是一个人获得经济收入，摆脱贫困的基本保障。我们将劳动能力分为四种：一是无劳动能力；二是有劳动能力，能从事繁重的工作；三是有劳动能力，能从事繁重的工作，仅愿意从事轻微的工作；四是有劳动能力，能从事轻微的工作，且愿意从事轻微的工作。三带大致趋势一致，有劳动能力且从事繁重工作的人占比均为最大；有劳动能力，能从事繁重工作，仅愿意从事轻微工作的人占比较小。

（2）劳动意愿—年龄交叉统计

三带无劳动能力的人占比最大。说明60岁及以上的老人，大多无劳

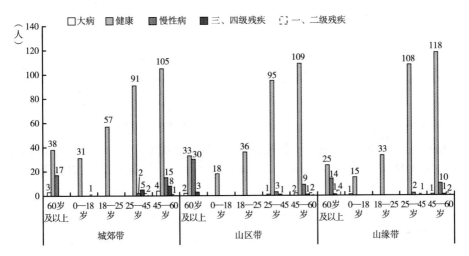

图 4-5　秦岭北麓陕西段三带人口年龄—健康交叉统计

动能力，村庄大多数留守者为 60 岁及以上老人。

6. 村民贫困属性分布

笔者将贫困属性定为"低保户""返贫户""脱贫户""非贫困户""建档立卡"，其中低保户就是家庭享受国家最低保障的村民，返贫户是指在脱贫之后可能由于某种原因返贫的村民，脱贫户是指通过精准扶贫措施之后收入达到国家的最低标准的村民。在调研中非贫困户有 162 人，占比 15.3%；脱贫户有 584 人，占比 55.0%；返贫户 9 人，占比 0.8%；低保户 50 人，占比 4.71%；建档立卡户 256 人，占比 24.1%。

第二节　调研具体情况

一、陕西县域经济近年发展综合特征

一是区域性县域区位优势差异明显，所蕴含的自然资源资产禀赋要素的差异性突出。二是县域经济发展的历史积淀和进程差距明显，产业布局和格局（或园区建设）性质的同质化、模仿性、复制性等，区域性重复性建设有待调整。三是县域经济投入重点以园区建设为牵引,以工业、房地产、旅游与景观建设为主体,区位性、竞争性、排挤性、泛化性内容突出。四是建设用地与可耕地等土地资源稀缺性与争夺性加剧,单位土地资源产值与生命周期的价值差异较大。五是高新技术产业及高附加值优势产业较少(相对江苏、浙江等)。产能和产值相对偏低且产能波动性较大。六是财经链条相对较短,流动性不足。金融供需与产业链、供应链、价值链衔接不畅问题依然存在,各种资金链问题叠加演化。七是县域经济在省市及上级开发区(园区)、产业规划与布局的夹缝中推进。八是农业主体形态没有改变,工业趋于重工业和加工型,第三产业发展相对不足。九是社会状态、营商环境、基础设施、社会保障服务等相对滞后,人文环境区位差异较大。十是投资结构性问题突出,投资基础设施建设、工业导向和意愿较强,内资投资比重过大。

二、秦岭北麓陕西段县域经济具体特征

(一)乡村基础设施建设情况

1. 村内道路建设满意度

(1)整体满意度

道路建设是农村基础设施建设的重中之重,也是乡村经济发展的基石。我们一共调查了 422 户村民,其中有 395 户对本村的道路满意,占比是 93.6%,27 户对本村的道路建设不满意,占比是 6.4%(见表 4-2)。因此我们可以看出,农村基础设施建设比较完善,村民对此比较满意。

表 4-2　村民对道路建设满意度

单位:户,%

	满意	不满意
户数	395	27
占比	93.6	6.4

(2)三带村内道路建设满意度

城郊带村民对于村内道路建设的满意度极高,满意户数有 137 户,占被调查城郊带户数的 98.6%,总体满意度极高。被调查的典型村庄,在前

文提到的城郊带的东肖村、东红村及牛东村均已完成道路硬化工程并且各村也都设有同村公路的维护人员。例如，牛东村 2016 年前由村民集资加政府拨款修建，2016 年后全部由政府拨款修建。7 千米的村内道路已经全部硬化，并设置有维护员 3 名，定时定点对公路进行维护。该村牛三自然村 0.6 千米道路硬化，北牛自然村 0.11 千米道路硬化，牛四自然村 0.2 千米道路硬化，均已成为本村的特色和亮点工作，牛东村各自然村生产机耕道路硬化共计 16.7 千米。

山区带村民对村内道路建设的满意度极高，满意户数有 132 户，占被调查山区带户数的 89.8%，不满意户数有 15 户，占被调查山区带户数的 10.2%。例如，房岩村不仅完成通村公路的建设，并为通村公路设置了 4 名维护人员，人均每月 400 元；高家镇枣园村通村公路维护人员有 8 人，每人每月薪酬有 500 元；坪头镇大湾河村通村公路维护人员有 1 人，每月薪酬有 602 元，人选以贫困户为主；喂子坪村道路硬化工程已经完成，但是并没有专门的维护人员对道路进行维修。因此喂子坪村村民对村内道路建设的满意度不高。

山缘带村民对村内道路建设的满意度也极高，其中满意户数有 132 户，占被调研山缘带户数的 97.1%。例如，上王村抓住休闲旅游业发展机遇，鼓励和引导村民开办农家乐，对村内全部道路进行了硬化，总面积达 28000 平方米。翁家寨村村内道路在国家政策和资金的支持下，道路已全部硬化为水泥路。天留村有通村公路维护人员 3 人，每人每月薪酬有 500 元，人选以贫困户优先。道路满意度从高至低分别是城郊带、山缘带、山区带（见图 4-6）。

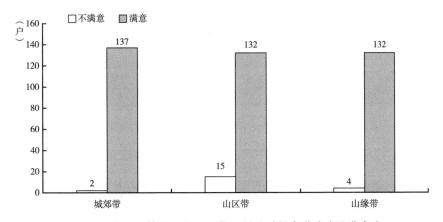

图 4-6　秦岭北麓陕西段（三带）村民对村内道路建设满意度

2. 村内照明系统满意度

（1）整体满意度

乡村道路两旁的路灯是照明基本需要，电力基础设施是乡村人民生活的每天必需品，道路两旁的照明也是必不可少的。照明基础设施的不断完善说明农村基础设施也不断完善，村民的基本生活有了保障，生活更加富裕。从秦岭北麓陕西段调查问卷分析中，我们可以看到，村民对本村的照明系统满意的家庭有 335 户，占总户数的 79.38%，对本村的照明系统不满意的家庭有 87 户，占总户数的 20.62%，对比发现秦岭北麓陕西段村民对本村的照明系统满意的户数占比较大。说明秦岭北麓陕西段在村公共基础设施的提供方面总体是比较好的。

（2）三带照明系统满意度

秦岭北麓陕西段三带对村内照明的满意度占比由高到低依次为城郊带（89.93%）、山缘带（84.56%）、山区带（82.31%）（见图 4-7）。山区带满意度最低，比如喂子坪村属于长安区滦镇下属的行政村，海拔 2500 米左右，村内仅有两个变压器，分别为 500 千瓦、800 千瓦，分别要供 4 个自然村、6 个自然村使用，用电时常常因电流不够而短暂断电，因此村民对村内照明系统不太满意。相较而言，城郊带与山缘带的村内街道多已安装了高标准强光路灯、监控摄像头等，积极运用现代科技手段设置监控网络，可以保障村民生命财产安全与社会和谐稳定。

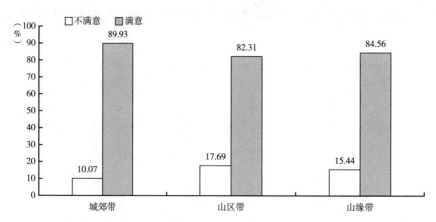

图 4-7　秦岭北麓陕西段（三带）村民对村内照明系统满意度

3. 村内娱乐设施建设满意度

城郊带：牛东村村内文化娱乐设施齐备。近年来，该村组织开展尊老爱老（九九重阳节）欢聚活动，弘扬中华民族传统美德；村级组织活动场所为单独建设，建筑面积 1056 平方米，广场面积 1650 平方米，室内室外卫生环境好，配备有图书室。万家塬村村内公共文化设施有图书阅览室、棋牌室、文化体育广场、多功能厅；没有电子阅览室、非遗展览室、村史馆。每年组织文化活动 3 次，每次时长 1.5 小时。河南屯村没有电子阅览室、非遗展览室、村史馆，有图书阅览室、棋牌室、文化体育广场、多功能厅。每年组织文化活动 1 次，时长 2 小时。我们可以发现城郊带公共文化娱乐建设在不断完善，村民满意度极高，不满意的主要原因是无电子阅览室和非遗文化展馆，因此城郊带要不断完善以上设施。

山区带：西安段喂子坪村只有图书阅览室，没有电子阅览室、棋牌室、文化体育广场、非遗展览室、村史馆、多功能厅。宝鸡段大湾河村，没有电子阅览室、棋牌室、文化体育广场、非遗展览室，有图书阅览室、村史馆、多功能厅。渭南段党家河村没有电子阅览室、非遗展览室、村史馆、多功能厅，有图书阅览室、文化体育广场。每年组织文化活动 1 次，1 次 8 小时。一直坚持一事一议制度。调研发现，山区带文化娱乐设施建设有待完善，大多数村庄的文化娱乐设施不健全。山区带村民选择不满意的占比较高（见图 4-8）。

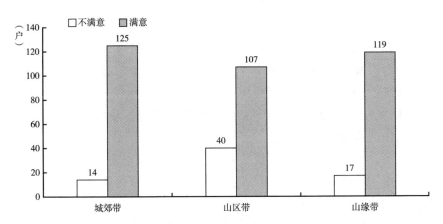

图 4-8　秦岭北麓陕西段村民对村内文化娱乐设施满意度

山缘带：西安段翁家寨有一间图书阅览室，有一间老年活动中心，组织文化活动惠农演出（电影）一季度一次。渭南段的天留村没有电子阅览室、非遗展览室、村史馆、多功能厅，有图书阅览室、棋牌室、文化体育广场，每年组织文化活动2次，1次3小时。

4. 家用厕所改造情况

（1）家用厕所改造整体情况

目前，乡村家用厕所全面改造是乡村文明的重要体现，旱厕成功变身水厕，不断提升农村人居环境，乡村改厕的调查可以体现乡村振兴的一个成效。84.12%的家庭已经进行了家用厕所的改造，仅15.88%家庭的旱厕还未改成水厕。我们可以看到大多数的家庭已达到厕所改造的要求，通过家用厕所的改造响应上级政策，不断改善本村的人居环境（见表4-3）。

表4-3　秦岭北麓陕西段村民家用厕所的改造情况

单位：户，%

	旱厕	水厕
户数	67	355
占比	15.88	84.12

（2）家用厕所改造具体情况

山缘带：家用厕所改造情况非常好，基本全部完成厕所改造。这里调研了两个典型的村庄，分别是上王村、翁家寨村。上王村是发展较早的农家乐专业村，2017年8月，按照区委、区政府安排部署，上王村确定为全市农村集体产权制度改革试点村，本次产改工作上王村严格按照指导意见，集体"三资"清理工作严格按照清理、登记、核实、公示、确认、录入、上报的程序进行。由于上王村农家乐发展前景好，上王村在上级政府的帮助下，已建有标准化星级公厕4座；全体农户集中改旱厕为水侧，全村水厕率达100%。在调研访谈过程中，翁家寨村村委成员提到"村里村民90%用水厕"，说明翁家寨村也已基本实现厕所改造。

山区带：典型地方是仁宗镇房岩村、滦镇喂子坪村、坪头镇大湾河村、高家镇胡家山村，我们可以发现，仁宗镇房岩村厕所改造情况是

100%完成了厕所改造，而喂子坪村、大湾河村存在旱厕，其中认为厕所还没完成改造但未来会进行水厕改造的村民占比是81.5%，认为已完成改造的村民占比是18.5%。我们可以看到，喂子坪村的厕所改造还没有完成。说明在山区带是存在厕所改造没有达标的村庄的。总之，山区带的厕所改造还需努力。

5. 村内公厕满意度

（1）整体分析

公厕是村人居环境不断向好的标志。一个村人居环境是否好，有没有公厕是衡量的标准之一。对村内公厕满意的家庭有202户，占比是47.9%，对村内公厕不满意的有220户，占比是52.1%（见表4-4）。

表4-4 秦岭北麓陕西段村内公厕建设满意度调查

单位：户，%

	满意	不满意
户数	202	220
占比	47.9	52.1

（2）三带分析

城郊带：周至县东肖村、东红村内公共厕所设置1处并且配置保洁人员1人，公共厕所为水厕。牛东村也仅有公共厕所1处。枣林村不满意度极高，村内公共厕所维护人员有1人，薪酬450元/月，人选以贫困户为主。

山区带：房岩村不满意度极高，房岩村村内公共厕所有1个维护人员，薪酬400元/月。胡家山村村内公共厕所维护人员1人，薪酬200元/月；大湾河村村内公共厕所维护人员1人，薪酬350元/月，人选以贫困户为主。

山缘带：天留村公共卫生厕所设置3处，分别位于村口停车场位置、村中央广场位置、采摘园位置。该村公共厕所维护者有1人，薪酬500元/月，人选以贫困户为主。上王村建有标准化星级公厕4座。总之，村民对村内公厕不满意的原因，一是因为公共厕所建设的个数太少，二是因为对公共厕所的维护不到位。

（二）乡村公共服务情况

调研公共服务主要包括村内卫生室、村内养老院、村内生活污水处理、村内垃圾处理、家庭医保办理、小孩上学、医疗卫生等。

1. 村内卫生室满意度调研

（1）整体满意度

村内卫生室的建立是对村民基本生活健康的保障。卫生室是基本的医疗卫生资源，应该不断加强农村的基本医疗公共服务。加强村卫生基本公共服务方面的供给，保障人民最基本的看病问题，为人们带来极大的方便。调查问卷分析显示，对村卫生室满意的户数有303户，占比是71.8%；对村卫生室不满意的户数有119户，占比是28.2%（见表4-5）。通过对比发现满意度还是非常高的。

表4-5 秦岭北麓陕西段村民对村卫生室满意度

单位：户，%

	满意	不满意
户数	303	119
占比	71.8	28.2

（2）三带分析

城郊带：周至县翠峰镇东肖村与东红村中的村卫生室共有卫生员2人。村卫生室由国家统一管理且每年向全村每位村民收取15元，用作村卫生室的补贴工资。村卫生室设于村民家中，便于24小时候诊。村"电子健康卡"尚未完全普及，有条件的村民已单独办理。遇有疾患，一般由卫生室结合医疗站治疗，无法治疗的及时送医转院。

山区带：西安段喂子坪村村卫生室设立了1个，专供本村使用，村卫生室员工有1位且是乡村医生。村卫生室的医生随时都能做到上门服务，电子健康卡也已普及。房岩村卫生室建设有1个，专供本村使用，村卫生室员工有1人，是乡村医生，年龄在50—65岁，在特殊情况下能做到上门服务。宝鸡段以胡家山村、大湾河村为例。胡家山村卫生室总共1个，专供本村人使用，村内卫生室共有1人，为乡村医生，年龄在40—50岁。能随时上门就诊，电子健康卡的普及率为100%。大湾河村村内卫生室有且只有1个，专供本村使用，村内卫生室员工有1人，是乡村医生，年龄在 40—50 岁。山区带卫生室都是只有 1 人，而且都为乡村医生。

山缘带：西安段翁家寨村有卫生室，主要为本村服务，是持有行医资格证的本村人在里面经营，是卫生院下辖的，不归属本村管理。卫生院里面有 2 人，年龄在 48 岁左右。能做到小病随叫随到，简单的包扎可以，但是大病需要到医院就医。渭南段永定村卫生室总共 2 个，村卫生员 2 人，都是乡村医生，2 人都在 50—65 岁。

总之，城郊带和山缘带卫生室公共服务明显好于山区带，城郊带和山缘带村卫生室人数均是 2 人；山区带村庄的卫生室有且只有 1 个，而且卫生员均是只有 1 人。秦岭北麓陕西段（三带）村民对村卫生室满意度如图 4-9 所示。

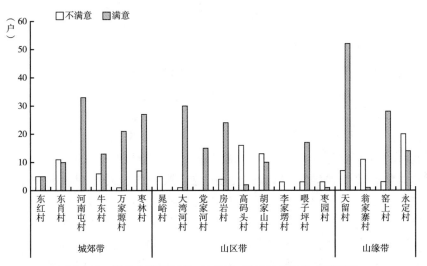

图 4-9　秦岭北麓陕西段（三带）村民对村卫生室满意度

2. 村内养老院满意度

（1）整体分析

公共服务不仅包括文化娱乐设施的建设，还包括养老院的提供，保障老年人的文娱生活。秦岭北麓陕西段村民对村内养老院满意的占 25%，不满意的占 75%（见图 4-10）。由此可见，村民对于村内养老院的建设和使用不满意度极高。

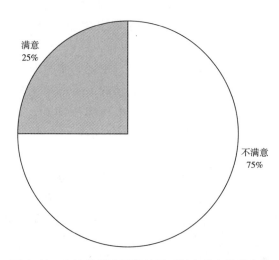

图4-10　秦岭北麓陕西段村民对村内养老院满意度

（2）三带分析

由以上整体分析可以看出，秦岭北麓陕西段村民对村内养老院的服务不满意度较高，现在我们以带为单位进行具体分析。首先是城郊带，我们可以看到城郊带的满意度相比其他两个带的满意度要高（见图4-11）。如宝鸡段万家塬村有一个养老院，名叫万家塬幸福院，服务11个自然村，养老院与本村的距离是0.5千米，安置老年人10人。枣林村也有养老院，养老院的名称是互助幸福院，服务5个自然村，距离本村的距离是1千米，安置的老人数是544人。我们发现城郊带的养老院距离本村近，且都发挥了作用，安置了老人。其次是山区带，如喂子坪村养老院服务7个自然村，养老院距离本村40千米，安置老人数量为1人。胡家山村村内有一个养老院，养老院名称是幸福园，专门服务本村的老人，养老院距离本村有2千米的路程，安置1位老人在里面。我们发现山区带养老院有两个特点，一是距离村子远，二是安置老人人数少。最后是山缘带，以翁家寨村为例，有一间老年活动中心。渭南段秦王寨社区养老院名称为日间照料中心，服务2个自然村，距离本村1千米，安置老年人25人。

3. 村内污水处理系统满意度

（1）整体分析

村民对污水处理系统的满意度。满意即对污水处理系统比较满意，无

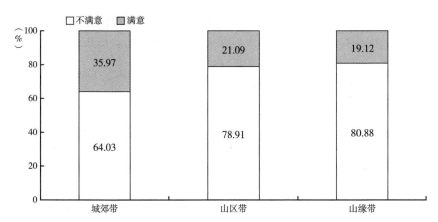

图 4-11　秦岭北麓陕西段（三带）养老院服务满意度

就是本村没有污水处理系统。秦岭北麓陕西段对污水处理系统满意的有 174 户，占比是 41.2%，村内无污水处理系统的有 248 户，占比是 58.8%（见表 4-6）。

表 4-6　村民对污水处理系统的满意度

单位：户，%

	满意	无
户数	174	248
占比	41.2	58.8

（2）三带分析

山缘带：不满意度较低。该区的上王村始终重视完善硬件设施，不断加大物力财力投入。村内修通了污水上下管网，上下管道 3000 多米，下水管道 3800 多米；修建了 1 座污水处理厂，占地面积约 6600 平方米，在上级政府的支持下，将村内下水管道并入环山路市政下水管道，使上王村村民的生活和生产污水能得到彻底有效处理。

山区带：不满意度极高。在调研中具体来说是位于山区带的喂子坪村存在污水处理不到位的现象。喂子坪村位于秦岭北麓西安段山区带，本村的主导产业本来是农家乐，除此之外还依靠养殖中华蜂，种植柴胡、蓝莓等。但是农家乐的收入占村民收入的大部分，由于离水源地比较近且没有污水处理系统,大多数农家乐已暂停营业,这样就导致滦镇喂子坪村许多村民的经济收入减半,因此村民对于村内污水处理系统的不满意度是最高的。

城郊带:不满意度居于山缘带与山区带之间。

4. 村内垃圾处理满意度

(1) 整体分析

在人居环境调查中,我们还设置了对垃圾处理现状的调查,垃圾处理的好坏代表了一个村庄的人居环境改善的情况。对村内垃圾处理满意的占比 87.7%,不满意的占比 12.3%(见表4-7)。说明秦岭北麓陕西段村民对村内垃圾处理持满意态度。

表 4-7　村内垃圾处理满意度

单位:户,%

	满意	不满意
户数	370	52
占比	87.7	12.3

(2) 三带分析

城郊带:典型村庄是东肖村、东红村、牛东村、万家堰村和枣林村。东肖村、东红村在村外设有垃圾集中处理站,对垃圾进行集中处理。牛东村农户生活垃圾、生活污水由本户自行收集投放到指定位置,村保洁员统一收集运送至垃圾场。万家堰村村内垃圾处理维护人有 14 人,人均薪酬 500 元/月,人选以贫困户为主。河南屯村内垃圾处理维护人有 1 人,薪酬 300 元/月,人选以贫困户为主。

山区带:房岩村和喂子坪村垃圾都是村保洁员集中统一处理。据村委数据统计,胡家山村有垃圾处理员 1 人,薪酬 200 元/月。高码头村村内垃圾处理员 5 人,人均薪酬 500 元/月,人选以贫困户为主;大湾河村村内垃圾处理员 1 人,薪酬 500 元/月,人选以贫困户为主。

山缘带:最典型的就是上王村。在我们调研的过程中有一个典型的案例就是长安区滦镇上王村位于峪口山缘带。上王村的主导产业是农家乐,所以每户都会有独立的垃圾处理装置,除此之外村外还有集中的垃圾处理站。只需要每家每户每月缴纳 100 元的卫生费,村委会有专门的保洁人员对垃圾集中进行处理。上王村内还配备了压缩式垃圾车 1 辆,为全村 232

户农户配备了垃圾箱 2 个，按照不可腐烂和可腐烂进行分类，设立公共垃圾箱 60 余个，做到生活垃圾分类处理，日产日清。渭南段的天留村村庄范围内主干道路、支干道路两侧均设置有垃圾箱。村内设置两处垃圾集中堆放设施，将村民生活及经营垃圾进行集中堆放、外运，运送至就近垃圾处理站进行集中处理。旅游淡季每日安排运输一次，旅游旺季根据当日需求，适时调整生活垃圾运输车辆工作计划，保障村庄内部垃圾能够得到有效处理。旅游淡季，全村日产生活垃圾 1.5 吨，旅游旺季全村日产生活垃圾 3.5 吨，全村垃圾无害化处理率达到 100%。

5. 家庭医保办理现状

（1）整体分析

在问卷调查户数中，93.35%的村民愿意办理医保，仅有 6.65%不愿意办理，而且有 86.97%的人口愿意办理更高档的医保（见表 4-8）。说明人们还是对医疗保险非常信任的，大多数人愿意办理，从而享受医保的优惠政策。

表 4-8 家庭医保办理现状

单位：%

	是否愿意办理医保		是否愿意办理更高档的医保	
	愿意	不愿意	愿意	不愿意
占比	93.35	6.65	86.97	13.03

（2）三带分析

秦岭北麓陕西段无论是城郊带、山区带还是山缘带，都对医保的办理持积极乐观的态度。主要原因是国家越来越重视医保的保障作用，在 2020 年 11 月国家医疗保障局出台《关于积极推进"互联网+"医疗服务医保支付工作的指导意见》。明确线上、线下医疗服务实行公平的医保支付政策，鼓励线上、线下医疗机构公平竞争。这样更加保障了农村参保的公平性和方便性。因此越来越多村民愿意参加医保。通过对秦岭北麓陕西段各带是否愿意办理医保以及更高档的医保的问卷调查可以发现，大多数人愿意办理医保。山区带被调查村民当中所有人都愿意办理医保，山缘带只有不到 20%的人不愿意办理，城郊带更是只有不到 1%的人不愿意办理（见表 4-9）。秦岭北麓陕西段村民对医保及社保满意的占比82%，不满意的占比18%（见图4-12）。由此可见村民对医保整体持满意的态度。

表4-9　三带村民医保办理意愿

单位：%

	山区带		山缘带		城郊带	
	愿意	不愿意	愿意	不愿意	愿意	不愿意
占比	100	0	80.15	19.85	99.28	0.72

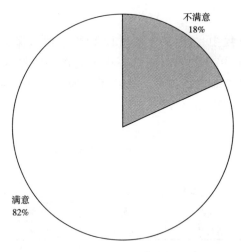

图4-12　医保满意度

城郊带东肖村对本村的医保满意度极高。但是东红村则相反，村民对医保的不满意度很高。三带中山区带的村民对医保满意度较高（见图4-13）。

对医保不满意的原因有两个，首先是医保报销比例小，其次是医保报销手续复杂。在山缘带，村民对医保不满意的原因是医保报销手续复杂，而在山区带和城郊带则主要是医保报销比例小，住院费会造成经济压力，从而反映了人们经济收入相对来说比较低（见图4-14）。

6. 小孩上学方便程度

（1）整体分析

从小孩上学的方便程度可以看出本村的教育资源是否到位、本村的基

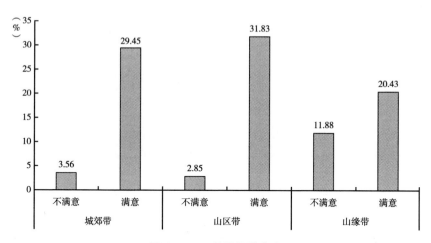

图 4-13　三带医保满意度

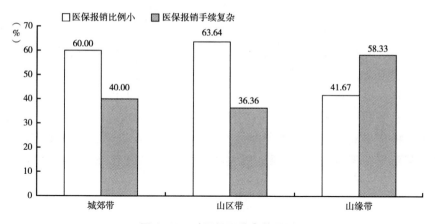

图 4-14　对医保不满意的原因

础设施建设是否到位、经济发展是否好。问卷调查显示，有 28% 的小孩上学不方便，72% 的小孩上学方便（见图 4-15）。

（2）三带分析

选择不方便的人中山区带有 15.79%，其次是山缘带（6.46%），最后是城郊带（5.50%）（见图 4-16），说明山区带小孩上学还存在很多不方便的情况，许多方面都需要改进，为小孩上学提供更多的政策支持。山区带小孩上学不方便的主要原因在于山区带的区位条件，山区带地形普遍山

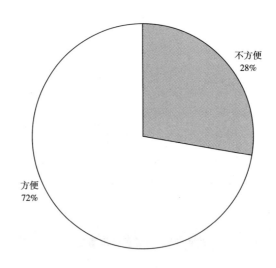

图 4-15　小孩上学方便程度

势起伏、层峦叠嶂、沟壑交横，山脉以秦岭为主。地势南高北低、西高东低。地貌复杂，川塬并茂。以喂子坪村、大湾河村、高码头村等山区带的村庄为例，以上村庄处在山区带，海拔在 1 千米以上；普遍离城区比较远，交通便利程度较低，不利于产品贸易、经济往来以及外出打工。例如喂子坪村位于秦岭北麓沣峪沟内，距 210 国道 44 千米，距沣峪口 13 千米，距西安钟楼 44 千米。坪头镇大湾河村位于宝鸡市西部山区，坪头镇

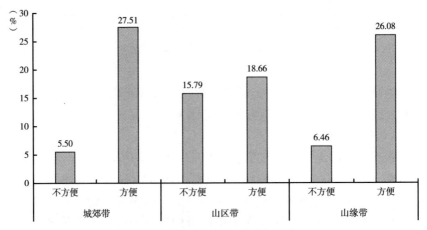

图 4-16　三带小孩上学方便程度

政府所在地以北 22 千米，属陇山余脉，距离宝天高速坪头出口 19 千米。高码头村位于鹦鸽镇政府西南 17 千米处，海拔 1100 米，村子离太白县城大约有 70 千米的路程。我们发现这几个山区带村庄都离县城等较远。

7. 医疗卫生需求

城郊带更倾向于减轻看病负担和改善公共卫生医疗条件，山缘带和山区带则更希望减轻看病负担和定期体检（见图 4-17）。

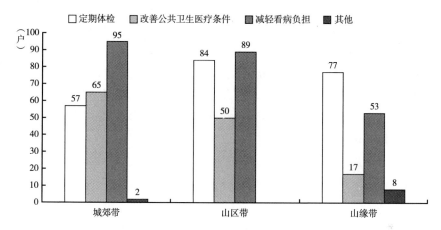

图 4-17 三带村民医疗卫生需求

（三）乡村家户资产情况

1. 土地资产

（1）土地用途

根据问卷调查了解到，秦岭北麓陕西段家户的土地用途主要是承包、外包或混合。其中：承包土地的有 289 户，占比 84%；外包土地的有 50 户，占比 14%；既承包土地又外包土地（混合）的有 7 户，占比 2%。可见，绝大多数村民是承包土地，只有少数村民会把土地外包出去，说明秦岭北麓陕西段村庄的土地流转程度较低。

城郊带承包土地的家户为 121 户，占比 88.32%；外包土地的有 14 户，占比 10.22%；混合的有 2 户，占比 1.46%；山缘带承包土地的有 80 户，占比 71.43%；外包土地的有 27 户，占比 24.11%；混合的有 5 户，占比 4.46%；山区带承包土地的有 88 户，占比 90.72%；外包土地的有 9

户，占比9.28%。可见，秦岭北麓的村民土地流转规模较小，土地利用效率低下。

（2）土地属性

被调研的家户中，有308户家里是耕地，占比89%；有2户家里是林地，占比1%；有34户既有耕地又有林地，占比10%。可见，土地大多数是耕地，供村民种植各种作物，相对而言林地比较少。

城郊带有133户，全部是耕地家户；山缘带有112户，其中耕地家户有110户，占比98.21%，林地家户有2户，占比1.79%；山区带有99户，其中耕地家户有65户，占比65.66%，既有耕地又有林地（混合）的家户有34户，占比34.34%（见图4-18）。城郊带的村民均为耕地家户，无林地家户；山缘带则仍以耕地为主，只有极少数家户有林地，种植林下经济；山区带除了耕地比较多之外，林地占比亦很大。比如大湾河村除了在耕地种植小麦、玉米等粮食作物之外，还在林地种植花椒、天麻等中药材。

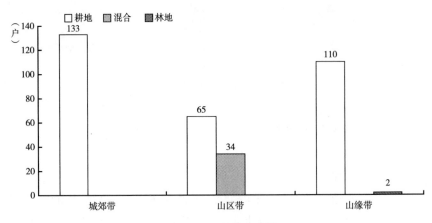

图4-18　三带土地属性

（3）耕地面积

大多数家户承包的耕地面积小于6亩（见图4-19），耕地普遍不多。大多数村民承包的耕地可以满足自身生活需要，并没有将土地出租或者转包给别人。

根据调查问卷，对城郊带、山缘带、山区带村民承包耕地面积做了

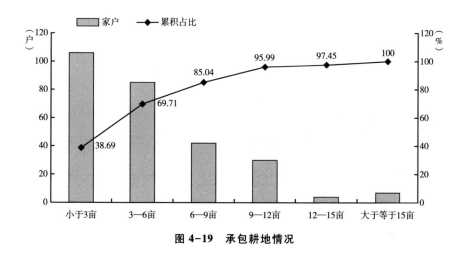

图 4-19 承包耕地情况

进一步分析。可以发现城郊带、山缘带耕地面积普遍比较少，耕地面积小于 6 亩的家户居多，而山区带家户耕地面积明显比城郊带、山缘带多，耕地面积在 9 亩到 12 亩之间的家户占 23.45%，而且耕地面积大于等于 15 亩的家户占 8.64%（见图 4-20、4-21、4-22）。说明山区带村民整体耕地面积比较多，主要与山区带的耕地资源丰富有关。例如，山区带大湾河村耕地面积为 1873.5 亩，高码头村耕地面积为 1186 亩，而山缘带的上王村耕地面积只有 333 亩，天留村有 980 亩，城郊带的枣林村耕地面积也只有 760 亩。同时也反映了山区带劳作的很大一方面是土地耕种劳作，村民收入大多数靠作物收成，收入来源单一。

2. 各种收入

（1）务工收入

秦岭北麓陕西段村民务工收入小于 10000 元的有 18 户，占比 8.07%；务工收入为 10000—20000 元的有 50 户，占比 22.42%；务工收入为 20000—30000 元的有 42 户，占比 18.83%；务工收入为 30000—40000 元的有 46 户，占比 20.63%；务工收入为 40000—50000 元的有 26 户，占比 11.66%；务工收入为 50000—60000 元的有 12 户，占比 5.38%；务工收入为 60000—70000 元的有 11 户，占比 4.93%；务工收入大于等于 70000 元

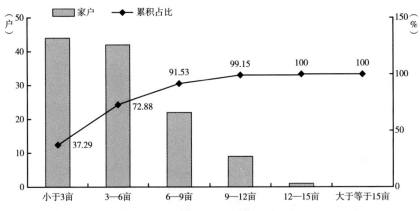

图 4-20 城郊带村民耕地情况

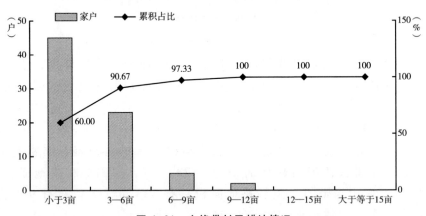

图 4-21 山缘带村民耕地情况

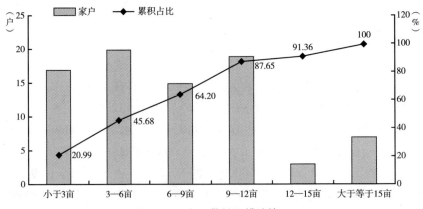

图 4-22 山区带村民耕地情况

的有 18 户，占比 8.07%（见图 4-23）。可见，秦岭北麓陕西段村民务工收入集中在 10000 元至 40000 元之间，总体收入比较可观。

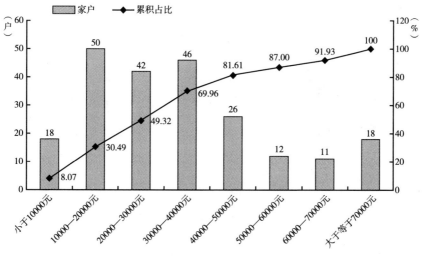

图 4-23 务工收入

城郊带村民务工收入小于 10000 元的有 6 户，占比 5.50%；务工收入为 10000—20000 元的有 30 户，占比 27.52%；务工收入为 20000—30000 元的有 17 户，占比 15.60%；务工收入为 30000—40000 元的有 17 户，占比 15.60%；务工收入为 40000—50000 元的有 12 户，占比 11.01%；务工收入为 50000—60000 元的有 6 户，占比 5.50%；务工收入为 60000—70000 元的有 7 户，占比 6.42%；务工收入大于等于 70000 元的有 14 户，占比 12.84%（见图 4-24）。可见，城郊带务工收入总体比较分散，但超过 40000 元的占比较高。

山缘带村民务工收入小于 10000 元的有 5 户，占比 8.20%；务工收入为 10000—20000 元的有 9 户，占比 14.75%；务工收入为 20000—30000 元的有 14 户，占比 22.95%；务工收入为 30000—40000 元的有 16 户，占比 26.23%；务工收入为 40000—50000 元的有 10 户，占比 16.39%；务工收入为 50000—60000 元的有 3 户，占比 4.92%；务工收入为 60000—70000 元的有 2 户，占比 3.28%；务工收入大于等于 70000 元的有 2 户，占比 3.28%。山缘带村民务工收入大多数在 30000—40000 元，占比 26.23%（见图 4-25）。

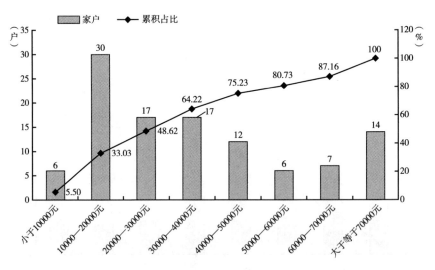

图 4-24　城郊带村民务工收入

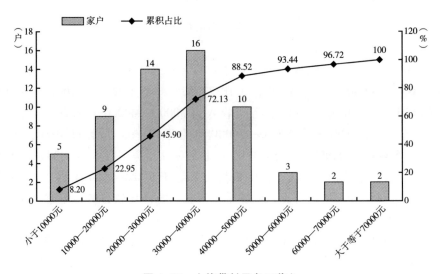

图 4-25　山缘带村民务工收入

山区带村民务工收入小于 10000 元的有 7 户，占比 13.21%；务工收入为 10000—20000 元的有 11 户，占比 20.75%；务工收入为 20000—30000 元的有 11 户，占比 20.75%；务工收入为 30000—40000 元的有 13 户，占比 24.53%；务工收入为 40000—50000 元的有 4 户，占比 7.55%；

务工收入为 50000—60000 元的有 3 户，占比 5.66%；务工收入为 60000—70000 元的有 2 户，占比 3.77%；务工收入大于等于 70000 元的有 2 户，占比 3.77%。可见，山区带村民务工收入大多数在 30000—40000 元，占比 24.53%（见图 4-26）。

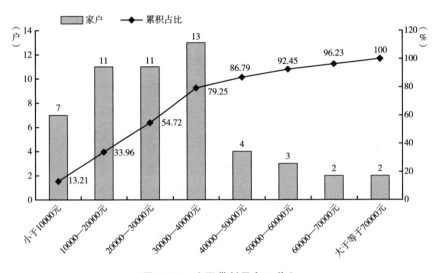

图 4-26　山区带村民务工收入

（2）种养殖收入

秦岭北麓陕西段种养殖收入分布比较广泛。收入小于 1000 元的有 10 户，占比 3.88%；收入为 1000—2500 元的有 37 户，占比 14.34%；收入为 2500—5000 元的有 43 户，占比 16.67%；收入为 5000—7500 元的有 37 户，占比 14.34%；收入为 7500—10000 元的有 35 户，占比 13.57%；收入为 10000—12500 元的有 25 户，占比 9.69%；收入为 12500—15000 元的有 7 户，占比 2.71%；收入为 15000—17500 元的有 7 户，占比 2.71%；收入为 17500—20000 元的有 9 户，占比 3.49%；收入为 20000—22500 元的有 7 户，占比 2.71%；收入大于等于 22500 元的有 41 户，占比 15.89%。总体来说，种养殖收入普遍较低，处于 1000 元至 7500 元之间，占比 45.35%；12500 元以下的种养殖户占比 72.48%；12500 元以上的户数仅占 27.52%（见图 4-27）。

城郊带种养殖收入小于 1000 元的有 8 户，占比 6.72%；收入为

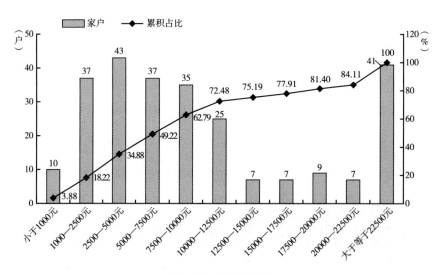

图 4-27 种养殖收入

1000—2500 元的有 18 户，占比 15.13%；收入为 2500—5000 元的有 10 户，占比 8.40%；收入为 5000—7500 元的有 10 户，占比 8.40%；收入为 7500—10000 元的有 22 户，占比 18.49%；收入为 10000—12500 元的有 15 户，占比 12.61%；收入为 12500—15000 元的有 1 户，占比 0.84%；收入为 15000—17500 元的有 5 户，占比 4.20%；收入为 17500—20000 元的有 0 户；收入为 20000—22500 元的有 4 户，占比 3.36%；收入大于等于 22500 元的有 26 户，占比 21.85%（见图 4-28）。可见，城郊带种养殖收入大多数集中于 7500—10000 元。

山缘带种养殖收入小于 1000 元的有 1 户，占比 1.18%；收入为 1000—2500 元的有 11 户，占比 12.94%；收入为 2500—5000 元的有 18 户，占比 21.18%；收入为 5000—7500 元的有 16 户，占比 18.82%；收入为 7500—10000 元的有 9 户，占比 10.59%；收入为 10000—12500 元的有 5 户，占比 5.88%；收入为 12500—15000 元的有 3 户，占比 3.53%；收入为 15000—17500 元的有 1 户，占比 1.18%；收入为 17500—20000 元的有 8 户，占比 9.41%；收入为 20000—22500 元的有 2 户，占比 2.35%；收入大于等于 22500 元的有 11 户，占比 12.94%（见图 4-29）。可见，山缘带种养殖收入大多集中于 2500—5000 元。

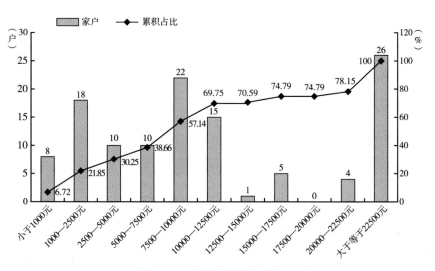

图 4-28　城郊带种养殖收入

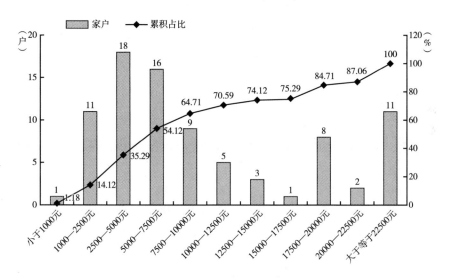

图 4-29　山缘带种养殖收入

山区带种养殖收入小于 1000 元的有 1 户，占比 1.85%；收入为 1000—2500 元的有 8 户，占比 14.81%；收入为 2500—5000 元的有 15 户，占比 27.78%；收入为 5000—7500 元的有 11 户，占比 20.37%；收入为 7500—10000 元的有 4 户，占比 7.41%；收入为 10000—12500 元的有 5

户，占比 9.26%；收入为 12500—15000 元的有 3 户，占比 5.56%；收入为 15000—17500 元的有 1 户，占比 1.85%；收入为 17500—20000 元的有 1 户，占比 1.85%；收入为 20000—22500 元的有 1 户，占比 1.85%；收入大于等于 22500 元的有 4 户，占比 7.41%。可见，山区带种养殖收入大多集中于 2500—5000 元（见图 4-30）。

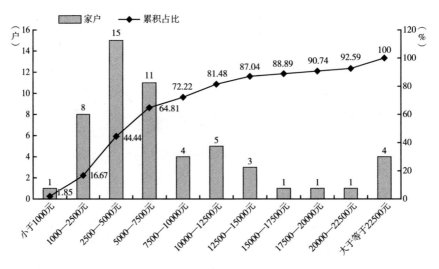

图 4-30　山区带种养殖收入

总之，种养殖收入方面，城郊带大多在 5000—12500 元，占 39.50%，山缘带、山区带大多在 2500—7500 元，分别占 40%、48.15%。收入大于等于 22500 元的人数，城郊带占 21.85%，山缘带占 12.94%，山区带占 7.41%。可见，城郊带种养殖收入明显高于山缘带、山区带，山缘带收入居中，山区带最低。

（3）家庭总收入

秦岭北麓陕西段村民家庭收入小于 10000 元的有 26 户，占比 9.39%；收入为 10000—30000 元的有 84 户，占比 30.32%；收入为 30000—60000 元的有 105 户，占比 37.91%；收入为 60000—90000 元的有 29 户，占比 10.47%；收入为 90000—120000 元的有 16 户，占比 5.78%；收入大于 120000 元的有 17 户，占比 6.14%（见图 4-31）。可见，村民家庭总收入大多处于 10000 元至 60000 元之间。

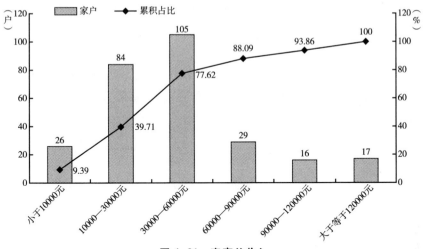

图 4-31　家庭总收入

　　城郊带家庭总收入小于 10000 元的有 10 户，占比 7.69%；收入为 10000—30000 元的有 42 户，占比 32.31%；收入为 30000—60000 元的有 37 户，占比 28.46%；收入为 60000—90000 元的有 12 户，占比 9.23%；收入为 90000—120000 元的有 13 户，占比 10%；收入大于等于 120000 元的有 16 户，占比 12.31%（见图 4-32）。可见，城郊带家庭总收入在 10000 元至 60000 元之间的家户居多，而且高收入家户占较大比例。

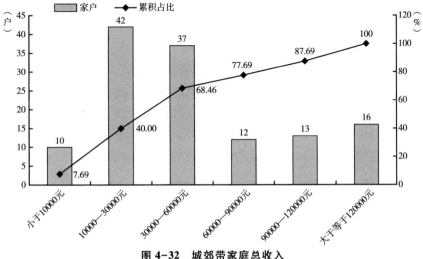

图 4-32　城郊带家庭总收入

山缘带家庭总收入小于 10000 元的有 4 户，占比 7.27%；收入为 10000—30000 元的有 15 户，占比 27.27%；收入为 30000—60000 元的有 27 户，占比 49.09%；收入为 60000—90000 元的有 7 户，占比 12.73%；收入为 90000—120000 元的有 1 户，占比 1.82%；收入大于 120000 元的有 1 户，占比 1.82%（见图 4-33）。可见，山缘带家庭总收入 30000—60000 元家户居多。

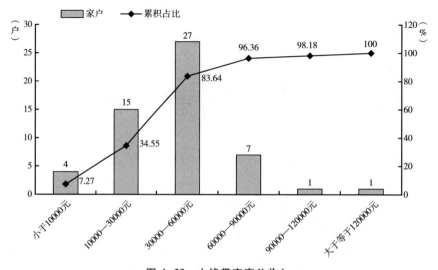

图 4-33 山缘带家庭总收入

山区带家庭总收入小于 10000 元的有 12 户，占比 13.04%；收入为 10000—30000 元的有 27 户，占比 29.35%；收入为 30000—60000 元的有 41 户，占比 44.57%；收入为 60000—90000 元的有 10 户，占比 10.87%；收入为 90000—120000 元的有 2 户，占比 2.17%；山区带没有家庭总收入大于等于 120000 元的（见图 4-34）。可见，山区带家庭总收入亦是 30000—60000 元家户居多。

综上所述，城郊带家庭总收入普遍比较高，家庭收入小于 60000 元的占有 68.46%；山缘带、山区带家庭总收入普遍小于 60000 元，家户分别占 83.64%、86.96%。此外，城郊带收入大于等于 120000 元的占 12.31%，山缘带的仅占 1.82%，山区带则没有大于等于 120000 元收入的家庭。山缘带家庭收入大于 60000 元的占比较山区带高，山区带家庭总收

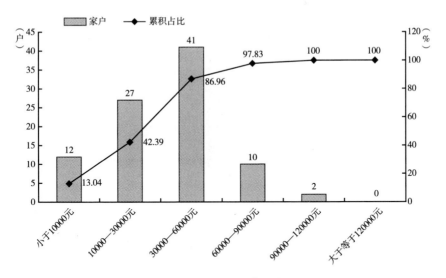

图 4-34　山区带家庭总收入

入小于 30000 元的占 42.39%，山缘带占 34.55%。因此，山缘带情况较山区带略好，山区带收入最低。

（4）家庭存款

秦岭北麓陕西段家庭存款小于 10000 元的有 58 户，占比 21.97%；家庭存款为 10000—100000 元的有 178 户，占比 67.42%；家庭存款大于等于 100000 元的有 28 户，占比 10.61%。可见，大多数家庭存款为 10000—100000 元，只有少数家庭存款大于等于 100000 元，还有部分家庭存款小于 10000 元（见图 4-35）。

城郊带极少数的家户存款小于 10000 元，大多数的家户存款为 10000—100000 元，有大约 20% 的家户存款大于等于 100000 元；山缘带约 30% 的家户存款小于 10000 元，大多数存款为 10000—100000 元，也有少数家户存款大于等于 100000 元；山区带存款小于 10000 元的家户超过 40%，存款在 10000—100000 元的家户不超过 60%，山区带家庭存款没有大于等于 100000 元的。可见，城郊带家庭存款 90% 以上都超过了 10000 元，大于等于 100000 元存款的家庭约占 20%；山缘带小于 10000 元占不到 30%，多数为 10000—100000 元，亦有大于等于 100000 元的家户；山区带小于 10000 元和 10000—100000 元的家户约各占一半。山缘带相比山区带家庭存款情况稍好（见图 4-36）。

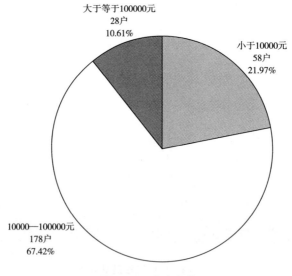

图 4-35 家庭存款

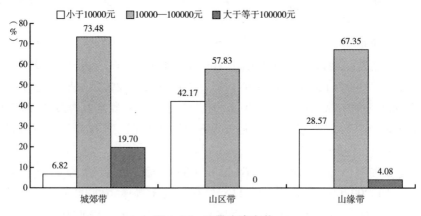

图 4-36 三带家庭存款

（四）人力资本情况

1. 谋生手段

谋生手段反映了村庄的就业质量。城郊带主要是外出务工、种植蔬菜水果和粮食作物。城郊带由于地理位置优越、科技供给充足，外出务工的人也比较多。山区带村民种植粮食作物、林下经济作物的较多。因为山区带地理条件适宜发展林下经济。山缘带村民中种植粮食作物和外出务工的较多（见图4-37）。

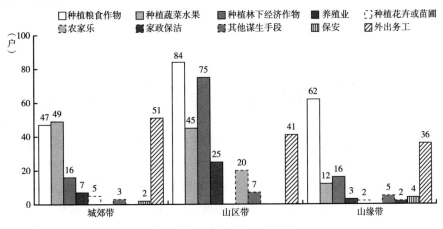

图 4-37　三带村民谋生手段

2. 扶贫项目

党和国家对脱贫攻坚高度重视，扶贫项目众多，包括产业扶贫、旅游扶贫、健康扶贫、就业扶贫、易地搬迁扶贫、教育扶贫、生态保护扶贫、科技扶贫、金融扶贫、兜底保障等（见图4-38）。产业扶贫政策带来的效益最好，大多非常认可。

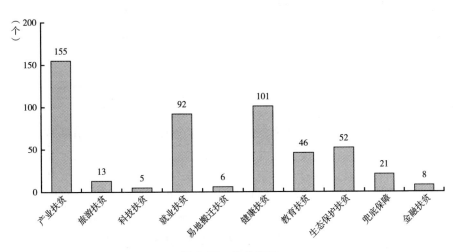

图 4-38　扶贫项目

城郊带相对而言享受的扶贫项目比较少,而且享受扶贫项目的家户也比较少;山区带和山缘带享受的扶贫项目则比较多,而且享受扶贫项目的家户也比较多。相对而言,山区带扶贫力度更大。比如:城郊带牛东村全力推进产业扶贫工作。截至 2020 年,该村建档立卡户产业直补到户 13 户,产业补贴 11 万余元已全部打卡发放到位;产业入股分红 28 户,期限 3 年,已全部发放到位,产业指导员两名,对种养殖户进行产业指导。牛东村公益性岗位 8 人,其中保洁 6 人,护林员 2 人,提供就业信息百余条。再如:山区带房岩村的扶贫工程有职业教育培训、小额信贷、电商扶贫、光伏扶贫、易地搬迁扶贫、致富带头人创业培训、龙头企业(产业)带动、介绍外出打工、"一对一"帮扶等。项目带动效果好的工程有旅游扶贫、产业带动、民宿、农家乐、种养殖业。又如:秦王寨社区本着"尊重历史,有利发展"的原则,利用秦王李世民东征文化和秦王寨马趵泉开发具有特色的乡村休闲旅游业,通过"三变改革"优化了集体资产管理制度,达到了物尽其用、公平分配的效果。

3. 是否得到就业培训技术支持

秦岭北麓陕西段被调查村民中,得到过技术支持的有 198 户,占被调查户数的 60.74%;没有得到过技术支持的有 128 户,占被调查户数的 39.26%(见表 4-10)。

表 4-10 村民是否得到过技术支持

单位:户,%

	是	否
人数	198	128
占比	60.74	39.26

城郊带万家源村和枣林村,山缘带秦王寨和翁家寨村,山区带房岩村和喂子坪村的问卷调研显示,大部分人接受过技术指导。城郊带周至县的村庄对贫困户采取"一对一"帮扶,村里 18 人定点轮换,派出村产业指导员或由县农业局派出"农技指导员""农机指导员"等深入贫困户进行技术指导。通过组织烹饪培训、电子商务、刺绣、果业种植等就业技能培训,实现脱贫。山区带房岩村的科技扶贫资源有技术服务站、产业指导员,农技站帮扶次数多达 164 次。山缘带翁家寨村商会组织葡萄专家一年

培训两次，农业办提供技术指导，农基站提供葡萄枝条粉碎机，村民家里有小型旋耕机。三带技术支持情况如图4-39所示。

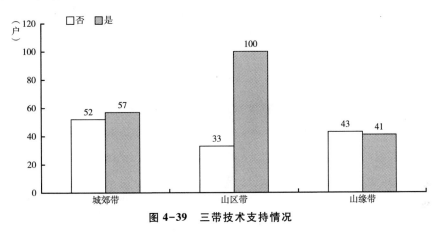

图4-39 三带技术支持情况

4. 技术指导来源

村民接受过的技术指导主要是农技站人员的帮助以及务工企业的帮助。一方面，秦岭北麓陕西段的村民在农业种植过程中，接受农技站人员帮扶或者培训的占比较多（见图4-40）。农技站人员的帮扶，发挥了科技、人才的支撑作用。通过加大科技扶贫力度，解决贫困地区特色产业发展和生态建设中的关键技术问题。另一方面，务工企业帮扶就是将企业纳入扶贫体系当中，发挥企业的社会责任，在扶贫过程中，将社会各方力量纳入扶贫体系，形成多元合作的扶贫模式，带动脱贫。

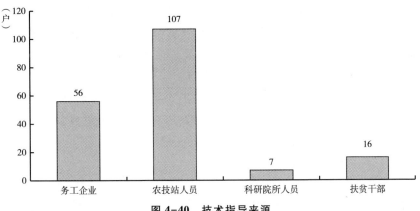

图4-40 技术指导来源

5. 技术指导形式

秦岭北麓陕西段技术指导形式主要包括现场指导、在线直播、网上文章发布及网上视频解说四类。现场指导占比最高（见图 4-41），说明农技站人员在线下的现场指导，更便于与贫困户交流，提高培训的质量。

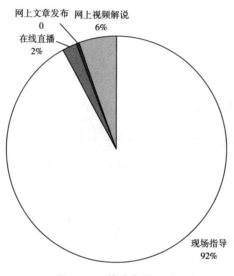

网上文章发布 网上视频解说
0 6%
在线直播
2%

现场指导
92%

图 4-41　技术指导形式

6. 是否为返乡就业人员

参与问卷调研的人中仅 21.99% 属于返乡就业人员（见图 4-42）。其中山缘带有 10.56%，城郊带有 5.28%，山区带有 6.15%。分析认为，山缘带距离城市近，村民一般就近打工，务工和务农两不误；城郊带一般与城市交融，外出打工人数比较多；山区带离城市比较远，交通不便，且山区带机会较少，外出打工人数较少，因此返乡人员较少。

7. 返乡就业的原因

能够吸引劳动力返乡就业，为乡村注入新鲜活力的原因主要有三点：一是家乡发展好了能赚更多的钱，可以吸引年轻劳动力返乡就业；二是有政策支持；三是期待与家人团聚（见图 4-43）。

（五）科技应用情况

1. 农产品销售渠道

农产品销售渠道主要包括线上和线下。农产品线上、线下销售分别占

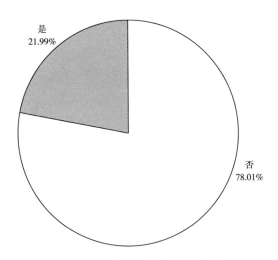

图 4-42　是否为返乡就业的人员

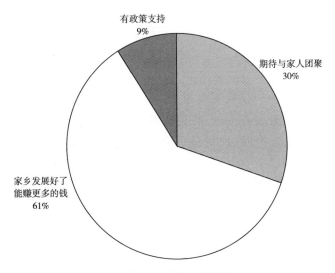

图 4-43　返乡就业的原因

10%、90%（见图 4-44）。说明村民的线上销售渠道不多，在精准扶贫的过程中，可以帮助农民拓展线上的销售渠道。目前，农产品的销售渠道传统且单一，没有结合时下流行的电商对农产品进行销售。因此政府应该加大电商支持力度，加强对农产品销售渠道的拓展，使得农产品销售渠道不再单一。

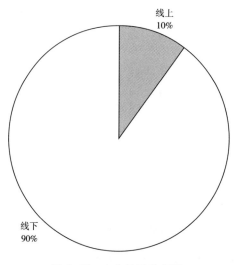

图 4-44　农产品销售渠道

2. 从电视中获取的信息

（1）整体分析

根据问卷调查可知，有 178 户村民在电视中获取了农产品价格信息，有 165 户村民在电视中获取了农业生产技术信息，有 138 户村民在电视中获取了农业政策信息，有 74 户村民获取了社会保障信息，有 56 户村民获取了就业政策信息，有 49 户村民获取了专业技能信息（见图 4-45）。农业产品价格信息、农业生产技术信息和农业政策信息的关注户数占据前三，说明村民们对这些信息都较为关注。

（2）三带分析

根据调研报告，城郊带有 59 户村民获取了农产品价格信息，57 户村民获取了农业生产技术信息，55 户村民获取了农业政策信息，28 户村民获取了社会保障信息，21 户村民获取了就业政策信息，17 户村民获取了专业技能信息；山区带有 80 户村民获取了农产品价格信息，76 户村民获取了农业生产技术信息，51 户村民获取了农业政策信息，30 户村民获取了社会保障信息，23 户村民获取了就业政策信息，9 户村民获取了专业技能信息；山缘带有 39 户村民获取了农产品价格信息，32 户村民获取了农业生产技术信息，32 户村民获取了农业政策信息，16 户村民获取了社会保障信息，12 户村民获取了就业政策信息，23 户村民获取了专业技能信

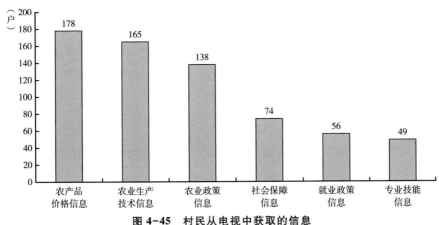

图 4-45　村民从电视中获取的信息

息（见图 4-46）。对比可知，城郊带、山区带和山缘带的村民在电视中获取最多的信息都是农产品价格信息、农业生产技术信息和农业政策信息，说明这三种信息对村民而言更为重要。与此同时，山区带村民在农产品价格信息和农业生产技术信息方面关注度更高。

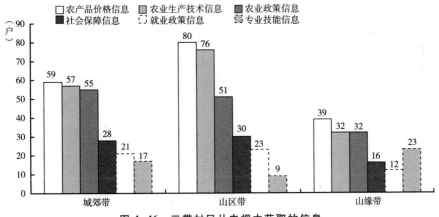

图 4-46　三带村民从电视中获取的信息

3. 从网络中获取的信息

（1）整体分析

根据问卷调研可知，有 146 户村民在网络中获取了农产品价格信息，有 114 户村民获取了农业生产技术信息，有 114 户村民获取了农业政策信息,有71户村民获取了社会保障信息,有82户村民获取了就业政策信息,有64户村民获取了专业技能信息(见图4-47)。通过上述数据可知,大部分村民在网络中更加关注农产品价格信息、农业生产技术信息和就业政策信息,与在电视中获取的信息基本一致。

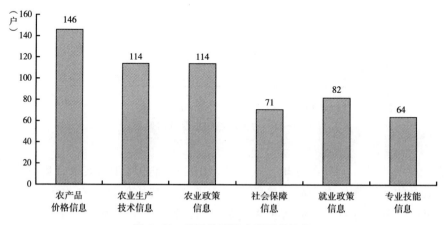

图4-47 村民从网络中获取的信息

(2)三带分析

根据调研报告,城郊带有44户村民获取了农产品价格信息,34户村民获取了农业生产技术信息,37户村民获取了农业政策信息,25户村民获取了社会保障信息,20户村民获取了就业政策信息,18户村民获取了专业技能信息;山区带有71户村民获取了农产品价格信息,57户村民获取了农业生产技术信息,47户村民获取了农业政策信息,20户村民获取了社会保障信息,39户村民获取了就业政策信息,22户村民获取了专业技能信息;山缘带有31户村民获取了农产品价格信息,23户村民获取了农业生产技术信息,30户村民获取了农业政策信息,26户村民获取了社会保障信息,23户村民获取了就业政策信息,24户村民获取了专业技能信息(见图4-48)。通过对比可知,城郊带、山区带和山缘带的村民在网络中获取的信息最多的都是农业产品价格信息、农业生产技术信息和农业政策信息,说明这三种信息对村民而言更为重要。通过横向对比发现,山区带在农产品价格信息和农业生产技术信息方面的关注度更高。

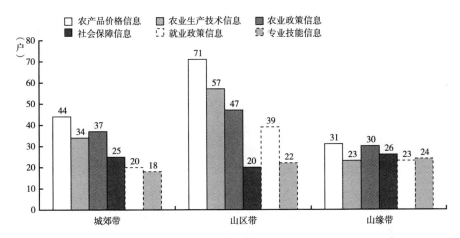

图4-48　三带村民从网络中获取的信息

4. 在种养殖过程中科技知识的运用

（1）整体分析

根据问卷调查，被调查村民共 422 户。其中有 221 户村民在种养殖的过程中用到了科技知识，占据总户数的 52%，有 201 户村民在种养殖的过程中没有用到科技知识，占据总户数的 48%（见图4-49）。在一定程度上说明了当前村民有一半多的人在种养殖的过程中用到科技知识，相较于以往科技水平有所提高，村民们通过科技化手段提高自己的收入，但也说明村民们种养殖过程中的科技化程度还有很大的提升空间。

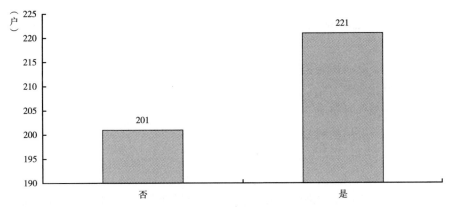

图4-49　村民在种植、养殖过程中是否用到科技知识

（2）三带分析

根据问卷调查，被调查村民共 422 户。其中城郊带有 90 户村民在种养殖的过程中没有用到科技知识，占比 65%，有 49 户村民用到了科技知识，占比 35%；山区带有 40 户村民在种养殖的过程中没有用到科技知识，占比 27%，有 107 户村民用到了科技知识，占比 73%；山缘带有 71 户村民在种养殖的过程中没有用到科技知识，占比 52%，有 65 户村民在种养殖的过程中用到了科技知识，占比 48%（见图 4-50）。通过三带的对比，我们可知山区带在种养殖的过程中用到科技知识的村民占比最高，其次是山缘带，最后是城郊带。可能这与各带独特的地理位置相关。因为山区带地理环境复杂，难以形成规模经济，所以需要借助科技的力量提高产量，而城郊带规模经济较多，所以较少运用科技的力量。

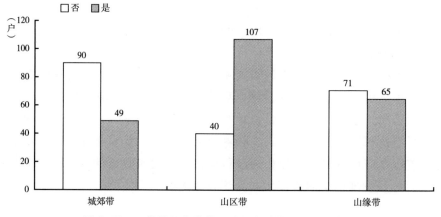

图 4-50　三带村民在种养殖过程中科技知识运用情况

5. 村民当前的科技需求

（1）整体分析

根据问卷调查可知，有 206 户村民当前的科技需求是优质种植品种，有 109 户村民当前的科技需求是绿色农药，有 66 户村民当前的需求是改良饲料，有 39 户村民当前的科技需求是优质养殖品种，有 37 户村民当前的科技需求是规模化养殖技术，有 30 户村民当前的科技需求是电商销售平台（见图 4-51）。说明对村民而言，当前需求量较高的科技需求为优质种植品种、绿色农药以及改良饲料。

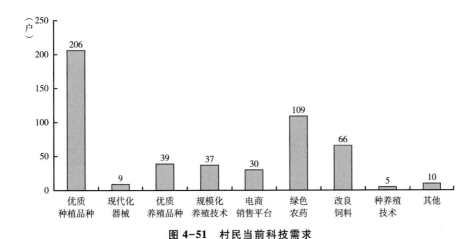

图 4-51　村民当前科技需求

（2）三带分析

根据问卷调查可知，城郊带有 45 户村民当前的科技需求是优质种植品种，23 户村民当前的科技需求是种养殖技术，17 户村民当前的科技需求是绿色农药，由此可知城郊带村民当前主要的科技需求是优质种植品种和种养殖技术；山区带有 82 户村民当前的科技需求是优质种植品种，28 户村民当前的科技需求是种养殖技术，27 户村民当前的科技需求是规模化养殖技术，由此可知山区带村民当前主要的科技需求是优质种植品种、种养殖技术以及规模化养殖技术；山缘带有 79 户村民当前的科技需求是优质种植品种，67 户村民当前的科技需求是绿色农药，由此可知山缘带村民当前主要的科技需求是优质种植品种和绿色农药（见图 4-52）。相较于图 4-51 的总体需求而言，不同带的村民在科技需求上呈现出了一定的差异性。

6. 社交媒体使用状况

（1）整体分析

根据问卷调查，有 400 户村民使用的社交媒体是 QQ，占比 50%，有 192 户村民使用的社交媒体是微博，占比 24%，有 124 户村民使用的社交媒体是微信，占比 15.5%，有 84 户村民使用的社交媒体是抖音，占比 10.5%（见图 4-53）。综上所述，村民们社交媒体使用较为广泛的是 QQ 和微博，微信和抖音使用户数较少。

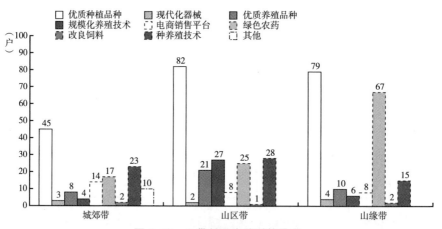

图 4-52　三带村民当前科技需求

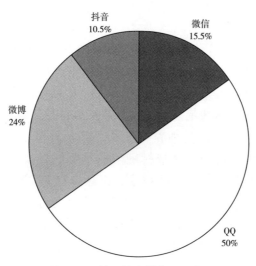

图 4-53　村民社交媒体使用状况

（2）三带分析

根据问卷调查，城郊带有 47 户村民使用的社交媒体是微信，有 80 户村民使用的社交媒体是 QQ，有 75 户村民使用的社交媒体是微博，有 76 户村民使用的社交媒体是抖音，各类社交媒体的使用户数都较为平均；山区带使用户数最多的社交媒体是 QQ，有 146 户村民使用，微信使用户数 55 户，微博使用户数 39 户，抖音使用户数 8 户，微信、微博和抖音使用户数较少；山缘带使用最多的社交媒体也是QQ，有174户村民使用，微信使用户数22户，微博使用户数78户，抖音使用户数0户，微信和抖音使用户数较少（见图4-54）。通过三个带的横向对比，我们可以发现城郊带相较于山区带和山缘带来说，村民四种社交媒体的使用较为平均，这也在一定程度上说明了城郊带的网络信息相较于其他两个带而言更加发达、适用范围更广。

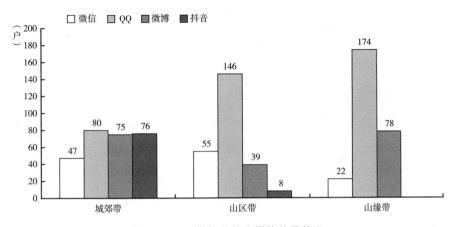

图4-54　三带村民社交媒体使用状况

7. 涉农软件体验

（1）整体分析

根据问卷调查，422户村民中有260户村民对涉农软件的体验良好，占比62%；有146户村民对涉农软件的体验一般，占比35%；有16户村民对涉农软件的体验很差，占比4%（见图4-55）。这在一定程度上说明了大部分的村民对涉农软件都有一个较为良好的体验，涉农软件都在一定程度上为他们带来了帮助。但还有4%的村民对涉农软件体验很差，这也在一定程度上说明了部分涉农软件可能存在问题，还有一定的提升空间。

（2）三带分析

问卷调查显示，城郊带94户村民对涉农软件体验良好，占比68%；45户村民对涉农软件体验一般，占比32%，无家户体验很差。山区带88户村民对涉农软件体验良好，占比60%；58户村民对涉农软件体验一般，占比40%；1户体验很差。山缘带78户村民对涉农软件体验良好，占比

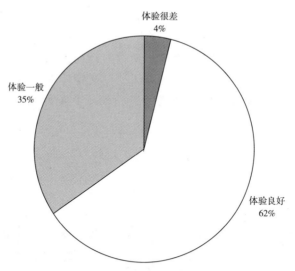

图 4-55 村民对涉农软件体验

57%；43 户村民对涉农软件体验一般，占比 32%；15 户体验很差，占比 11%（见图 4-56）。对比可知，城郊带、山区带使用涉农软件的村民感受更好，山缘带的涉农软件普及和应用程度有待提升。

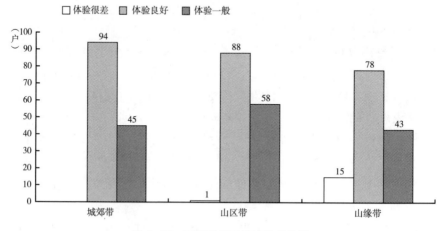

图 4-56 三带村民对涉农软件体验

第五章　秦岭北麓陕西段巩固脱贫攻坚成果经典案例

第一节　秦岭北麓陕西段山区带经典案例

宝鸡市陈仓区坪头镇大湾河村（见图5-1）位于镇政府所在地以北22千米，全村有8个村民小组，179户，685人，耕地1873.5亩。村党支部现有党员28名。村"两委"班子现有书记兼主任1人，副书记1人，副书记兼监委会主任1人，会计1人。村民收入来源以种植柴胡、花椒，养殖生猪、牛、山羊、中华蜂以及外出务工为主。

图5-1　大湾河村局部

一、区位资源禀赋

坪头镇大湾河村位于陇山余脉，距离宝天高速坪头出口 19 千米，千北公路穿村而过。我们发现虽然有公路从村中穿过，但是由于处于山区带，该村距离主干道、城市还是非常远的。如果没有比较好的交通工具，村民的日常生活还是非常不便利的。

二、自然资源禀赋

坪头镇大湾河村整体占地面积有 14533.3 亩。其中耕地有 1873.5 亩，涉及劳动力 152 户，608 人；宅基地有 59.8 亩；林地有 12600 亩，涉及劳动力 170 户。因大湾河村位于山区带，森林资源在整个大湾河村占比比较大（见图 5-2）。该村无矿产资源。

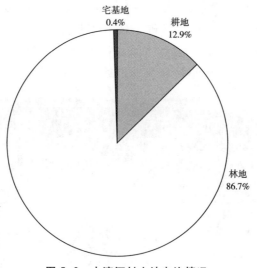

图 5-2　大湾河村土地占比情况

三、农业资源禀赋

陈仓区坪头镇大湾河村位于山区带，农作物包括粮食作物和经济作物。据村委调查问卷数据统计，粮食作物种植总共占地 500 亩，占耕地面积的 26.7%；其中小麦种植占地 200 亩，亩产 0.6 吨，收购价 2000 元/吨，市场售价 2200 元/吨；玉米占地 300 亩，亩产 1.2 吨，收购价是 2000 元/吨，市场售价是 2200 元/吨。经济作物包括油菜、花椒、柴胡、猪苓、核桃、天麻等。其中柴胡种植面积多达千亩，并成立了"千亩柴胡基地"，种植花椒 500 亩、新型核桃 300 多亩、猪苓 580 窝等，经济作物的种植收入占到农民收入的 40%。从上述数据我们可以发现，大湾河村主要是种植经济作物，因为地理环境原因，没有形成规模化的种植，没有产生主导的特色经济作物，因此没有做大做强。

四、产业资源禀赋

受地理位置和自然资源的影响，大湾河村的产业包括花椒、柴胡、猪苓、核桃、天麻等中药材产业。该村现有村级集体经济组织 1 个。2019年与宝鸡市七星商务咨询有限公司合作，投资 80 万元建设坪头农林产品交易中心，预期年收益 6.4 万元；2020 年与宝鸡市九龙山旅游开发有限公司合作，投资 92 万元对大湾河村一组李家窝原址进行旅游开发，预期年收益 7.36 万元。扶贫互助资金协会 1 个，总投资 50 万元，截至 2020年已发放借款 52 万元。2020 年产业直补到户项目共涉及 87 户，争取国家产业扶贫政策补助资金 125950 元（其中巩固提升资金 3350 元，生产发展资金 122600 元），共完成新种植柴胡 131.5 亩、花椒 75.5 亩、猪苓 2 亩，养猪 22 头、羊 31 只、牛 7 头、蜂 96 箱，已验收拨付产业补助资金。2020 年，投资 75 万元实施了大湾河村七组 1.18 千米产业路硬化项目，已完工验收。

五、人力资源禀赋

（一）外出务工情况

据村委问卷调查数据统计，坪头镇大湾河村居民户数有 179 户，总人口有 685 人，常住人口有 496 人，约占总人口的 72%，外出务工人口有189 人，约占总人口的 28%（见图 5-3）。

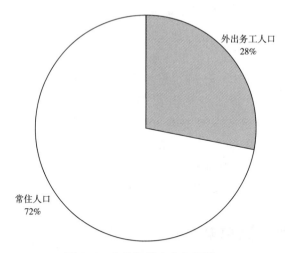

图 5-3 大湾河村人力资源情况

（二）年龄结构

根据调研资料，大湾河村 25—60 岁的村民，在全村占据较大比例，成为大湾河村主要的劳动力来源（见图 5-4）。

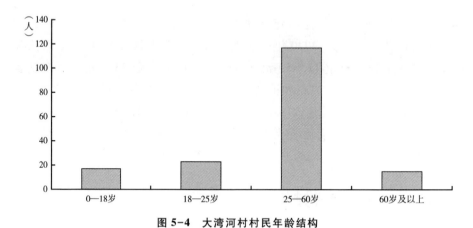

图 5-4 大湾河村村民年龄结构

（三）村民收入情况

2015 年全村人均纯收入是 10720 元，2016 年全村人均纯收入是 13400 元，2017 年全村人均纯收入是 14422 元，2018 年全村人均纯收入是 18027

元，2019 年全村人均纯收入是 20010 元（见图 5-5）。该村的人均纯收入不断增加。依据之前的农业资源和产业资源，我们可以发现，该村外出务工人员只有 28%，而其余 72% 是常住人口，主要依靠加入合作社、种植各种经济作物及养殖业获得收入。

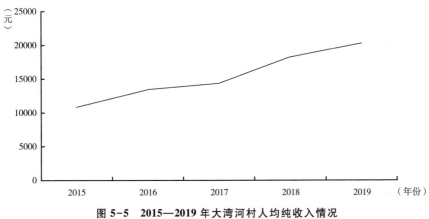

图 5-5　2015—2019 年大湾河村人均纯收入情况

（四）脱贫攻坚情况

该村之前是贫困村。2014 年以来共有建档立卡户 95 户 355 人。2019年底整村脱贫退出。其中：2014—2015 年脱贫 32 户 141 人；2016 年脱贫16 户 52 人；2017 年脱贫 14 户 62 人；2018 年脱贫 19 户 68 人；2019 年脱贫 7 户 23 人。2020 年初剩余贫困户 7 户 9 人（其中死亡 1 户 1 人）。贫困发生率为 1.31%。

按照贫困户属性区分，2020 年初未脱贫的 6 户 8 人中，有低保 1户 3 人，为 B 类低保，特困供养 5 户 5 人为分散供养。其中 1 户 3 人有产业收入。

按照致贫原因区分，2020 年初未脱贫的 6 户 8 人中，因残致贫的为 4 户 6 人；缺劳力致贫的有 5 户 5 人。这 6 户 8 人全部为兜底保障对象。

该村的精准脱贫情况如下：2015 年贫困户数是 95 户 355 人，脱贫户数是 32 户 141 人；2016 年贫困户数是 63 户 214 人，脱贫户数是 16 户 52人；2017 年贫困户数是 47 户 162 人，脱贫户数是 14 户 62 人；2018 年贫困户数是 33 户 100 人，脱贫户数是 19 户 68 人；2019 年贫困户数是 14 户

32 人，脱贫户数是 7 户 23 人；2020 年贫困户数是 7 户 9 人，脱贫人数没有统计。

六、旅游资源禀赋

2020 年该村与宝鸡市九龙山旅游开发有限公司合作，投资 92 万元对大湾河村一组李家窝原址进行旅游开发，预期年收益 7.36 万元。坪头镇大湾河村在精准扶贫方面也是以旅游资源和生态资源为基础，按照"旅游+生态+扶贫"的发展模式对村民进行移民搬迁。由九龙山旅游开发有限公司立足九龙山景区，对搬迁村民进行安置。不仅如此，九龙山旅游开发有限公司还投资 600 余万元，新建了柏油路。

七、科技资源禀赋

（一）科技知识运用

根据调查问卷分析可知，有 58% 的村民在生产过程中运用到了科技知识；42% 的村民在生产过程中没有运用到科技知识。说明科学技术在生产过程中的使用率较高。

（二）技术来源

调研资料显示，大湾河村科技助力农业发展的过程中有 55% 的技术来源于政府部门，有 41% 的技术来源于村民自己，4% 来源于朋友（见图 5-6）。说明政府部门在科技助力农业发展的过程中起到了较大的作用，但同时还有一定的可提升空间。

（三）销售渠道

调研资料显示，大湾河村农产品的销售有 74% 来源于线下，26% 来源于线上（见图 5-7）。说明该村农产品的线上销售渠道不够通畅，在未来科技助力农业的过程中，我们可以采用多样化的手段，努力拓展农产品的线上销售渠道。

据调研了解，该村由陕西开放大学宝鸡分校帮扶，驻村第一书记兼工作队长冯文才，工作队员董向生、范宏斌，镇包片领导杨宏伟，镇包村干部郑林军及村"两委"班子组成了脱贫攻坚队伍。建档立卡贫困户全部落实了结对帮扶责任人。课题组请村干部洪四宝书记、帮扶干部冯

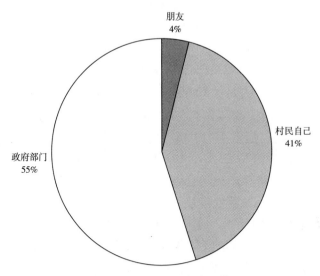

图 5-6　大湾河村技术来源情况

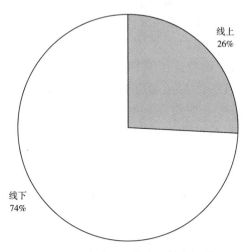

图 5-7　大湾河村农产品销售渠道

文才书记等引路，在李克强总理下车步行地点李家窝原址考察。近年来，该村实施的惠民举措如下。第一，就业创业稳定增收提升行动。全村 2014 年以来建档立卡户中有劳动能力的有 160 人，2020 年其中 22 人在外务工，有长期稳定收入；135 人实现灵活就业；公益岗位安置 3 人。

据陈仓区春节后农民工返程疏导和有序复工情况统计，大湾河村返乡总人数为85人，拟外出贫困劳动力人数为22人，已外出贫困劳动力人数为21人。① 第二，易地搬迁安居乐业提升行动。2016年以来，共实施易地扶贫移民搬迁18户，除1户在本村搬迁安置外，其余17户在虢镇城区集中安置点安置，已入住17户，入住率100%。旧宅基地腾退18户，腾退率100%。易地扶贫移民搬迁户主要收入来源为务工与务农，"两业"（产业、就业）覆盖17户18人。2016年以来全村共实施危房改造12户，12户拆除重建。已入住12户，入住率100%。旧房拆除10户，拆除率90%（2户共有产权房已封存）。第三，教育扶贫阳光助学提升行动。①全村有6—15周岁学生72人，其中建档立卡学生42人，享受教育资助金额9.6010万元。②该村因学致贫家庭学生共5人，享受教育资助共计1.8265元。③该村无义务教育阶段失学辍学儿童。第四，健康扶贫贴心惠民提升行动。贫困户全部参加新农合和大病保险；医疗签约服务实现全覆盖；8户住院群众均享受一站式报销；村级卫生室四室分离已达标。第五，兜底保障织网暖心提升行动。全村共有低保户17户51人，特困供养户5户5人，2014年以来建档立卡户中有低保户15户49人，特困供养户5户5人；全村残疾人33人，领取残疾人补贴的有24人，其中建档立卡贫困户中残疾人有22人，全部领取残疾人补贴。第六，扶贫资产规范管理提升行动。2016年以来共实施基础设施类扶贫项目12个，使用各级财政专项扶贫资金、行业扶贫资金共计5654450元，已形成经营性扶贫项目2个、公益性扶贫项目11个，目前扶贫项目资产确权登记13个。第七，金融扶贫持续跟进提升行动。2016年以来发放小额信贷资金35户39笔179万元，已还款35户，群众贷款的主要用途是发展种植、养殖产业。第八，基础设施共管共享提升行动。该村现有农村公共基础设施"1+7"管护人员3人，均为贫困户。第九，组织领导长效推进提升行动。建立监测预警防贫返贫机制、扶贫资产管理机制、扶贫基础设施管护机制、稳定增收带贫益贫机制。

---

① 统计时间：2020年4月1日。

第二节　秦岭北麓陕西段山缘带经典案例

渭南市临渭区桥南镇天留村地处秦岭北麓，原名"田刘村"，历代村民久居于此。该村因地势险峻躲避了黄巾起义、李自成起义等历朝的多次战乱，所以坊间有"天神佑护，留福与民"的说法，遂改"田刘村"为"天留村"。

一、区位资源禀赋

天留村位于秦岭北麓，毗邻渭玉高速桥南出口，交通便利，总面积7.2平方千米。2017年，天留村被评为省级"乡村旅游示范村"、省级"三变改革示范村"、省级"美丽乡村示范村"；2018年10月，天留村荣获国家级"美丽休闲乡村"荣誉。

二、自然资源禀赋

土地资源：天留村的土地资源包括林地和耕地等。其中耕地面积980亩，林地面积20000亩。建有土地流转中心，共980亩，2020年流转580亩，给村民每年每户900元，每五年涨50元。林地主要包括天留山森林公园、天留山山体等。其中天留山森林公园总投资1.5亿元，包括纯天然景观和人为打造景观。林地包括600亩樱桃种植。

水资源：天留村还有泉水资源，投资500万元建设了天留村车辖辘山泉。

三、农业资源禀赋

天留村的农业资源主要包括一些经济作物和粮食作物。粮食作物包括小麦和玉米。经济作物包括花椒、樱桃、核桃等。其中包括400多亩樱桃，300亩核桃，200亩桃等。

四、产业资源禀赋

天留村的产业以第一产业为辅，以第三产业为主。天留村采取以乡村旅游为主导的"三二一"融合发展模式，利用其聚集人气和促进消费的优势，通过旅游资源开发、基础设施建设、配套服务产业延伸、旅游购物消费以及旅游服务体验，形成以消费聚集为引导的三产融合模式。

五、人力资源禀赋

全村共有 5 个村民小组，288 户，1169 人。

（一）贫困属性

在随机调研的人群中，建档立卡户共有 64 人，占了调研总人数的57%；非贫困户共有 27 人，占了总人数的 24%；贫困户共有 12 人，占了总人数的 11%；低保户共有 9 人，占了总人数的 8%；并未发现返贫户。通过以上数据可以看出，天留村大多数人是建档立卡户或贫困户，说明对天留村来说，让大多数人摆脱贫困刻不容缓。

（二）年龄分布

通过村民问卷调查发现，18 岁以下人口占调研总人数的 5%，18—60岁的人占调研总人数的 75%，60 岁及以上人口占天留村调研总人数的20%（见图 5-8）。

（三）学历分布

通过天留村调查问卷分析发现，天留村文盲有 2 人，占比 2%；小学学历有 21 人，占比 19%；初中学历 52 人，占比 46%；中专学历 1 人，占比 1%；普通高中学历 16 人，占比 14%；大专学历 10 人，占比 9%；普通本科学历 10 人，占比 9%（见图 5-9）。可见，被调研者普遍学历不高，以初中学历为主，大约占据调研总人数的一半。

（四）务工分布

通过天留村村民问卷调研分析发现，天留村参与调研的 18 岁以下村民都处于学习阶段；18—25 岁，处于不稳定期间，村民有学习的，有务工的，也有务农的，总体上学习的占比比较大；25—45 岁，村民处于上升拼搏期，以务工和务农为主，大约各占一半；45—60 岁是稳定期，村民

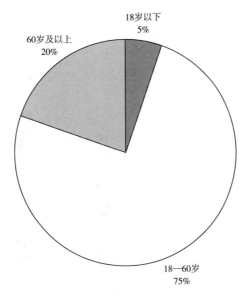

图 5-8　天留村人口年龄分布

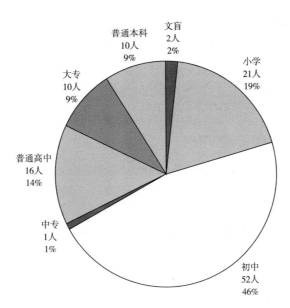

图 5-9　天留村人口学历分布

还是以务工和务农为主，各自占大约一半；60岁及以上人群中，还有村民未赋闲在家，可以看出大部分60岁及以上的村民有劳动能力或劳动意愿（见图5-10）。

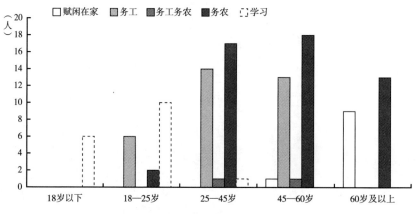

图5-10 天留村务工人口分布

（五）贫困人口

通过天留村村委问卷调查发现，天留村的贫困人口2015年为143户523人，2016年为100户375人，2017年为79户289人，2018年为74户267人，2019年为41户128人，2020年为11户19人（见图5-11）。可见，脱贫效果显著。

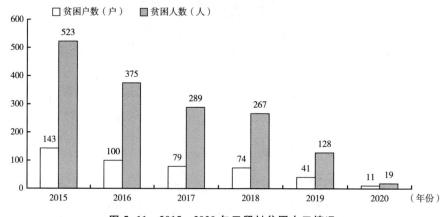

图5-11 2015—2020年天留村贫困人口情况

（六）脱贫人口

天留村 2015 年脱贫人口为 43 户 148 人，2016 年脱贫人口为 21 户 86 人，2017 年脱贫人口为 5 户 22 人，2018 年脱贫人口为 33 户 139 人，2019 年脱贫人口为 30 户 109 人（见图 5-12）。

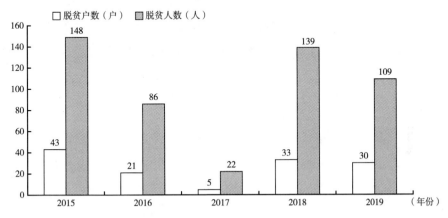

图 5-12　2015—2019 年天留村脱贫情况

（七）人均纯收入

2015 年天留村人均纯收入为 6800 元，2016 年人均纯收入为 8900 元，2017 年人均纯收入为 10300 元，2018 年人均纯收入为 12600 元，2019 年人均纯收入为 14500 元（见图 5-13）。天留村人均纯收入逐年上升，经济发展较快。

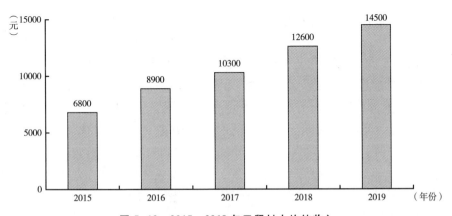

图 5-13　2015—2019 年天留村人均纯收入

（八）谋生手段

天留村村民的谋生手段主要有 8 种，其中有 8 人的谋生手段主要是种植粮食作物，占比 26%；1 人的谋生手段是种植蔬菜水果，占比 3%；3 人的谋生手段是种植林下经济作物，占比 10%；2 人的谋生手段是养殖业，占比 6%；2 人的谋生手段是家政保洁，占比 6%；1 人的谋生手段是维护管理，占比 3%；2 人的谋生手段是保安，占比 6%；12 人的谋生手段是其他，占比 39%（见图 5-14）。可见，天留村村民的谋生手段还是以种植各种作物和其他为主，其他手段主要是外出务工。

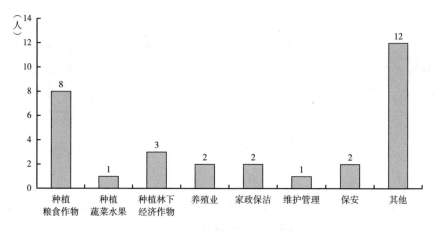

图 5-14　天留村村民谋生手段

六、旅游资源禀赋

天留村"三委"班子积极带领全村群众依托绿水青山的资源优势，以美丽乡村建设为契机，大力实施"三变"改革，推动了乡村旅游发展。2017 年，天留村被评为省级"乡村旅游示范村"、省级"三变改革示范村"、省级"美丽乡村示范村"。同时，渭南航天生态园成功跻身国家"3A"级景区，2017 年 10 月，渭南航天生态园对外正式运营开放，"十一黄金周"累计接待游客 17 万人次，旅游收入 400 余万元。2018 年 10 月，天留村荣获国家级"美丽休闲乡村"荣誉。2019 年"五一黄金周"，累计接待游客 15 万人次，收入 200 余万元。

七、科技资源禀赋

通过调研问卷可以发现，天留村科技资源比较单一。

（一）技术指导

调研人口中有 22 人获得了技术指导，占总人口的 79%；有 6 人未获得技术指导，占总人口的 21%（见图 5-15）。说明天留村大部分人接受过技术指导，只有少部分人未接受技术指导。

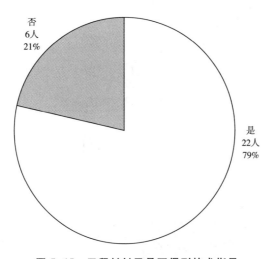

图 5-15　天留村村民是否得到技术指导

（二）技术指导来源

天留村获得的技术指导包括农技站人员和其他务工企业的指导，还有少部分扶贫干部的指导。在获得技术指导的人群中有 3 人受扶贫干部指导，占 14%；8 人受农技站人员的指导，占 36%；11 人受务工企业的指导，占 50%（见图 5-16）。天留村的技术指导主要来自务工企业。

（三）技术指导形式

天留村的技术指导形式分为现场指导和网上视频解说。有 7 人获得的是网上视频解说，占 33%；14 人获得的是现场指导，占 67%（见图 5-17）。说明天留村技术指导更多的是通过现场指导的形式，现场指导可以

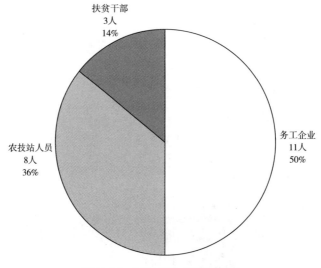

图 5-16 天留村技术指导来源

加深村民对技术的理解和运用，由于天留村村民整体学历水平不是非常高，这样学习起来更加通俗易懂，使得资源的利用率更高。

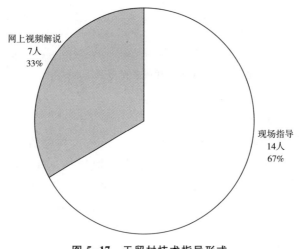

图 5-17 天留村技术指导形式

（四）科技需求

除了目前所获得的科技帮扶之外，天留村的村民还希望获得其他的帮扶，其中 2 人希望种植/养殖技术得到提升，占总人数的 5%；2 人希望改良饲料，占总人数的 5%；12 人希望得到优质种植品种，占总人数的 29%；6 人希望得到优质养殖品种，占总人数的 14%；2 人希望获得电商销售平台的支持，占总人数的 5%；18 人希望获得绿色农药，占总人数的 43%（见图 5-18）。通过以上数据可以看出，天留村的科技需求主要还是围绕提高当前比较落后的农业种植水平。

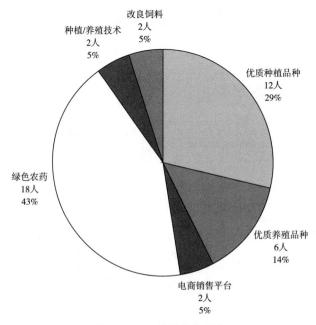

图 5-18　天留村科技需求

第三节　秦岭北麓陕西段城郊带经典案例

西安市鄠邑区秦渡镇牛东村共有 7 个自然村（牛一村、牛二村、牛三村、牛四村、中牛村、北牛村、西留村），共有 23 个村民小组。截至 2020 年，牛东村的脱贫攻坚情况是建档立卡户 71 户 251 人，在册贫困户 4 户 8 人。人口较多的姓氏有：王姓、孙姓、贾姓、李姓、崔姓、陈姓。

一、区位资源禀赋

牛东村东邻正太路（南北 9 号公路），南邻秦户公路（东西 5 号路），西邻秦渡街道千王村，北邻秦渡街道丰盛堡。南高北低，地势平坦，平均海拔 400 米左右，村西有沧浪河和三合河两条河流经过。紧邻西户 5 号公路，距西汉高速口 2 千米，距离西成客专鄠邑站 4 千米。由此可见牛东村是平原村，且邻近交通要道，交通资源丰富，有很好的发展前景。

二、自然资源禀赋

在国家统计年鉴中，规定自然资源包括土地状况、水资源、森林资源、矿产资源和气象资源等。在鄠邑区秦渡镇牛东村，通过调研我们发现当地自然资源情况如下。

土地资源：土地总面积 5.6 平方千米，其中耕地有 6057 亩，人均耕地 1.4 亩，实际耕种 6000 亩，其他用地 57 亩，已流转耕地 4290 亩。

植物资源：包括松树、葡萄、红叶李、苗木、核桃等。

水资源：包括 2 条河流，过境 2 千米，为汛期河流。

气候资源：属暖温带半湿润大陆性季风气候区，四季冷暖干湿分明，无霜期年平均 216 天，光、热、水资源丰富，光照全年总时数为 1983.4 小时，年平均气温是 13.5℃，年总降水量为 627.6 毫米。[①]

三、农业资源禀赋

我们通过调研和访谈发现牛东村的农业资源包括粮食作物和经济作物。

粮食作物包括玉米和小麦。种植玉米、小麦共计 100 亩，每亩收入 1000 元，占农民收入的 10%。

经济作物是葡萄，共计 1727.9 亩，每亩效益 1 万元，占农民收入的

---

① 陕西省地方志办公室编《户县志》，1987。

60%；还有新兴的产业（核桃、苗木），共计 200 多亩，每年需用工 40 余人。此外，葡萄是牛东村村民的主导特色产业。2019 年农民人均收入增长 5%—7%，主要来源是葡萄、农作物等及农闲务工。其中葡萄收入占 60%。除此之外，该村有关于葡萄种植的两家专业合作社，一是碧春园种植专业合作社，带动 10 余户种植葡萄 300 余亩，品种有夏黑、新华王、户太八号等；二是西安建鑫种植专业合作社，带动 10 余户种植葡萄 80 余亩，品种有新华王、户太八号。牛东村的农业结构包括粮食作物和经济作物，其中有 13 户种植了葡萄，且葡萄种植户占最大的比例，再次是小麦和玉米等粮食作物的种植（见图 5-19）。由此可见，农业产业在不断升级，由传统农业向现代农业转变。在我们调研的过程中发现大多数贫困户都加入了葡萄产业，以此来获得产业分红。

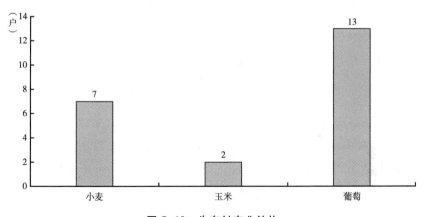

图 5-19　牛东村农业结构

四、人力资源禀赋

（一）人口现状

西安市鄠邑区秦渡镇牛东村有常住人口 3200 人，其中有建档立卡贫困户 71 户 251 人（国定），已脱贫 67 户 243 人（国定），未脱贫 4 户 8 人（国定）。

（二）年龄结构

牛东村总人口当中，60 岁及以上的有 800 人，占 25%；16—60 岁青壮年劳动力有 2080 人，占 65%；16 岁以下的有 320 人，占 10%。外出流动人口 1105 人，主要流向西安，主要从事经商（开小超市等）和务工。我们在牛东村一共调研了 26 人，其中男性有 21 人，占比是 80.8%；女性有 5 人，占比是 19.2%。年龄 60 岁及以上的有 6 人，占调研人数的 23.1%；18—25 岁的有 1 人，占被调研人数的 3.8%；25—45 岁的有 3 人，占被调研人数的 11.5%；45—60 岁的有 16 人，占被调研人数的 61.5%（见表 5-1）。

表 5-1　牛东村人员年龄结构

单位：人，%

人员类型	人数	占比
60 岁及以上	6	23.1
45—60 岁	16	61.5
25—45 岁	3	11.5
18—25 岁	1	3.8
0—18 岁	0	0

（三）学历结构

学历是初中的村民有 12 人，占总人数的 46.2%；上过技校的村民有 1 人，占总人数的 3.8%；学历是高中的村民有 9 人，占总人数的 34.6%；学历是小学的村民有 3 人，占总人数的 11.5%；学历是中专的村民有 1 人，占总人数的 3.8%（见图 5-20）。

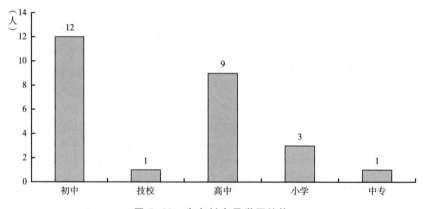

图 5-20　牛东村人员学历结构

（四）工作生活现状

60岁及以上的人最多的是赋闲在家，其次就是务农，可以干轻一点的农活；18—25岁的人在校学习；25—45岁的青壮年主要是外出务工，其次就是务农，有的人可能在家就近务工，然后还会兼顾一些务农的工作；45—60岁的人相对于60岁及以上的人有较强劳动能力，但是相对于青壮年他们不宜于外出打工，因此他们一般就近打工兼在家务农（见图5-21）。

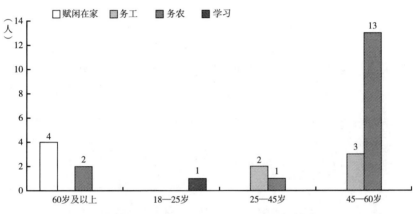

图5-21　牛东村人员年龄—务工交叉统计

（五）谋生手段

对于谋生手段的调研我们主要以家庭为单位，通过调研我们发现，牛东村家庭的谋生手段最主要的是种植蔬菜水果。总共被调研的村民有19户，在这19户当中，17户家庭的主要谋生手段是种植蔬菜水果，占比是89.5%；种植林下经济、种植花卉苗圃及从事家政保洁的户数都只有1户。

（六）享受的扶贫政策

牛东村主要的扶贫政策如下。①产业扶贫。截至2020年建档立卡户产业直补到户13户，产业补贴11万余元已全部打卡发放到位；产业入股分红28户，期限3年，已全部发放到位，产业指导员两名，对种养殖户进行产业指导。②健康扶贫。71户建档立卡户家庭医生签约全覆盖，纳入慢性病管理者35人。③金融帮扶。小额信贷9户共计贷款34.7万元，全部用于种养殖、光伏发电、餐饮产业发展。成立村级风险防控小组，为按时还款提供有力保障；金融帮扶贷 59 户，共分红 27.36 万元，已全部打入贫困户银行账号；助农保 71 户全覆盖。④教育帮扶。建档立卡户在校生 21 人，全部享受教育帮扶政策，无义务教育阶段辍学学生。⑤就业帮扶。牛东村公益性岗位 8 人，其中保洁 6 人，护林员 2 人，提供就业信息百余条。⑥危房改造。2017 年以来，危房改造 8 户，其中 D 级重建 5 户，C 级修缮 3 户，已全部验收入住。改造后，经过专业部门安全鉴定，71 户建档立卡户均拥有安全住房。

被调研典型户一：罗西成（低保户，调研合影见图 5-22）。家庭基本状况是家中共有两人，老人罗西成及其女儿，老人年龄已有 74 岁，患有高血压；有一女儿，患有精神方面的问题。2017 年对其住房进行危房改造，建筑面积是 49 平方米，造价 20000 元。主要是因病致贫，无劳动力。其收入主要是低保、老人补助、土地流转收入等（见表 5-2）。

图 5-22　课题组调研罗西成家合影

表 5-2　罗西成家精准帮扶措施

帮扶类型	具体帮扶措施
产业帮扶	为罗西成老人办理了 1 万元产业扶持资金入股，每年分红 1000 元
金融帮扶	为罗西成老人办理了金融帮扶贷，每年分红 800 元
健康帮扶	罗西成老人免费参加了新农合及大病医疗保险。享受了医疗费用四重保障报销政策

续表

帮扶类型	具体帮扶措施
兜底保障	（民政部门）为老人办理了低保，每月享受低保补助340元，从2018年7月起每月低保补助增加到390元
危房改造	为老人争取到了贫困户C级危房改造项目，争取资金补助2万元，对老人的住房进行全方位改造，大大改善了老人的居住环境
其他帮扶	帮扶干部赵义虎花费6000余元给老人修建了后院围墙、卫生厕所，用砖铺了前后院道路，整理美化了前后院环境，老人的居住环境焕然一新（见图5-23、图5-24）

图5-23　改造后的厕所

被调研典型户二：李丙成（五保户）。家庭基本情况是家中只有老人一人，老人76岁，无病，住在弟弟家。帮扶政策：①五保户补贴，1325元/月；②高龄补贴，218元/月；③土地流转产业分红，800元/年；④帮扶干部为老人修了卫生间，为房子吊了顶、安了衣柜等。

图 5-24　调研组参观修缮后的房屋

被调研典型户三：孙峰军（低保户）。家庭基本情况是一家 6 口人。两位老人，户主爸爸 70 多岁，年迈体弱，户主妈妈 70 多岁，身患残疾；户主身患肾炎，无劳动能力，妻子也患有肾炎；有两个孩子，一儿一女，老大在上初中，老二在上小学。2018 年被识别为贫困户。致贫原因主要有两个，一是因病，家中 3 人患病，4 人无劳动能力。二是因学，家中两个上学儿童。家庭收入主要有：①家中 6 人享受低保政策，2100 元/月；②丈夫享有公益专岗，500 元/月；③妻子在学校打工帮灶，2000 元/月。家庭支出：①肾炎检查支出，400 元/次，两个月检查一次；②吃药，700—800 元/月。扶贫政策：家庭成员崔永英（户主妈妈）享受困难残疾人补贴每月 60 元，护理重度残疾人补贴每月 80 元；享受政策产业帮扶资金 10000 元；等等。图 5-25 是课题组调研孙峰军家时的情况。

被调研典型户四：刘军民（一般贫困户）。该户在 2016 年被识别为贫困户，实际脱贫年度是 2018 年。家庭基本情况是共有 4 口人，户主刘军民，53 岁，初中毕业，患有慢性病（胃炎），外出务工；妻子孙淑英，

图 5-25　课题组调研孙峰军家

48 岁，初中毕业，身体健康，务农；儿子刘敏钢，20 岁，正在上学，身体健康；户主母亲，91 岁，患有慢性病（滑膜炎）。该户主要是因病致贫。刘军民家精准帮扶措施见表 5-3。

表 5-3　刘军民家精准帮扶措施

帮扶类型	具体帮扶措施
产业帮扶	在 2017 年 9 月、2018 年 9 月、2019 年 9 月都有 1 万元产业扶持资金入股西安葡田现代农业发展有限公司（每年保底分红 1000 元）
金融帮扶	2017 年 9 月和 2018 年 9 月享受帮扶贷政策，每年分红 3200 元
就业帮扶	2019 年 7 月和 2020 年 2 月孙淑英就职镇公益性岗位，工资 500 元/月
教育帮扶	2018 年 3 月陕西省大专学生教育资助 6000 元
健康帮扶	2016 年 8 月医疗救助 1597.20 元；2017 年 6 月对该户进行了三次随访；2017 年 9 月牛东村卫生院送小药箱，并对其进行健康体检；2018 年 10 月参加新农合和农村养老保险；2019 年 10 月参加大病保险及签约医生随访
其他措施	2017 年 6 月帮助申请临时救助金 500 元；2017 年 7 月帮助打扫家庭卫生；2017 年 8 月帮助劈柴；2019 年 5 月入户了解贫困户生活情况；2020 年帮助打扫环境卫生

（七）关于加入合作社的调研

在调研中，许多人填写的是没有加入合作社。主要原因是合作社成立的时间相对来说较短。虽然许多人没有加入合作社，但是在调研的户数当中，好多人对于加入合作社的意愿是愿意。共调研了 19 户家庭，17 户家庭愿意加入合作社，占比 89.5%。

五、科技资源禀赋

（一）产品销售渠道

从农产品的销售渠道可以看出一个村是否加入科技因素，采用"互联网+"的电商销售模式来进行农产品的销售。牛东村被调研者当中有 1 户人家采取线上销售，占比是 5.3%，主要形式是在自己注册的网络平台直销；18 户家庭采取的是传统的线下销售，占比是 94.7%（见图 5-26）。由此可见牛东村销售方式比较滞后，科技应用不足。

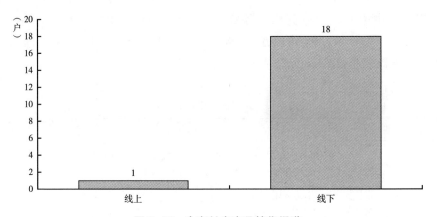

图 5-26　牛东村农产品销售渠道

（二）获取信息的路径

我们在调研中发现村民获取信息的路径有两个：一是从电视中获取，二是从网络中获取。首先是从电视中获取信息，其中农业产品价格信息和农业政策信息是占比最大的（见图 5-27）。相对来说村民从电视中获取的信息比较多，这是因为电视是现代家庭必备的，电视的成本是可以承担的，且技术操作比较简单。

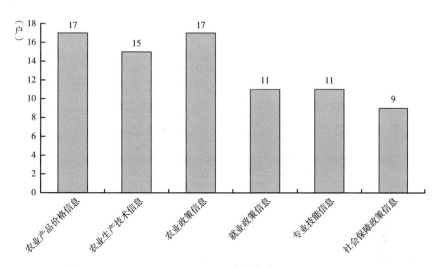

图 5-27　从电视中获取的信息

其次是从网络中获取。我们可以看到从网络中获取的信息也是六种，其中农业产品价格信息和农业生产技术信息是村民获取最多的信息（见图 5-28）。但是与从电视中获取的信息做对比就可以发现，从网络中获取信息的户数整体明显少于从电视中获取信息的户数。

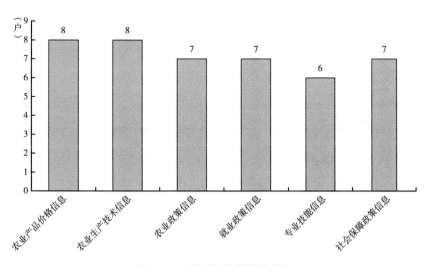

图 5-28　从网络中获取的信息

(三) 产业发展与技术

在调研中，我们可以发现在产业发展过程中用到科学技术的有 3 户，占比是 15.8%；而在产业发展过程中没有用到科学技术的户数有 16 户，占总户数的 84.2%（见表 5-4）。因此我们可以看出，科学技术在农业发展过程中的转化率比较低，村民不懂得运用科学技术提高产量和质量。

表 5-4　产业发展是否用到科学技术

单位：户，%

	户数	占比
是	3	15.8
否	16	84.2

(四) 获得科技帮助的途径

在牛东村的调研中我们发现，村民获取科技帮助的途径是：通过政府、集体提供的有 15 户，占比是 78.9%；通过朋友示范、推荐的有 4 户，占比是 21.1%（见表 5-5）。可见政府在提供科技资源方面有很大的作用。

表 5-5　获得科技帮助的途径

单位：户，%

获得科技帮助的途径	户数	占比
花钱自己找	0	0
政府、集体提供	15	78.9
朋友示范、推荐	4	21.1

(五) 涉农软件拥有情况

现在科技越来越进步，社交 App 也越来越多，例如抖音、微博、微信等。牛东村在使用涉农软件方面的情况是，微信和抖音的用户是较多的，QQ 和微博的用户是比较少的。现在通过抖音短视频 App，可以将视频发到网上共享，然后通过短视频效应宣传农产品。

第六章 秦岭北麓陕西段巩固脱贫攻坚成果的问题及其原因

第一节 存在的问题

秦岭资源禀赋突出。秦岭地域辽阔①，历史悠久②，资源丰富③，文化多样④。但是，秦岭资源破坏严重。近年来，秦岭北麓存在矿产开发企业乱采滥挖，旅游和房地产开发项目乱修乱建，废水、废气、废渣乱排乱放的"三乱"问题；由于历史上对森林的采伐和陡坡的开荒，秦岭山地水土流失面积不断增加，目前，秦岭浅山区域每年的土壤侵蚀模数已超过1000吨/千米²，属中度水土流失区。此外，秦岭的浅山、丘陵地带目前已难以寻觅到大型动物踪迹，一些林下植物无法正常生存，天麻、杜仲等野生药用植物数量减少。珍稀物种濒危度加剧，秦岭地区华南虎几乎绝迹，林麝、云豹、大鲵种群数量明显减少。另外，秦岭资源浪费量较大。秦岭在陕西跨越 6 个地市，目前各地已建立 7 个国家级自然保护区，21个省级自然保护区，森林公园 30 个（国家森林公园 8 个），风景名胜区19 个（国家级风景名胜区 3 个，省级风景名胜区 16 个），各个景点在管理上互不隶属，各地开发旅游的思路和规划不尽相同，如凤县和留坝都开发了紫柏山森林公园。关中地区秦岭境内旅游点林立，但是各单位互不相属，而且出现了恶性竞争的局面。

---

① 秦岭山脉跨越甘肃、陕西、河南、湖北四省，全长 1600 公里，南北宽数十公里至二三百公里。
② 12.8 万—78 万年以前，秦岭山脉已经形成，比我国北方最早出现的人类"蓝田猿人"还早。
③ 秦岭被誉为世界上最大的生物基因库，是中国大陆动物分布的重要分界线。
④ 秦岭是道教、佛教及儒家文化重要发展区域。中原文化、关陇文化、蜀楚文化久负盛名。

纵观秦岭北麓陕西段经济发展进程，不难体会到陕西县域经济发展相对城市和都市圈（群）经济存在诸多短板。主要表现如下。一是从产业构成角度观察，产业结构和三次产业融合发展有待提升，高端技术产业及规模以上企业数相对少，特别是优势产业和潜力产业较少。产业区位战略定位以及结构化、市场主体培育、市场供需方向、对外贸易及市场开拓明显不足。二是区位生产效率低，标准质量要求不高；产业承载力和产能不足；区位优势产业产值有待提高，补链、延链、拓链短板突出。三是招商引资竞争优势不足，土地资源、财税政策、管理经营水平、政府干预深度、宏观管理政策变化以及部门行业多头管理的矛盾冲突等方面的问题有待解决。四是劳动力供给质量不高，体力劳动突出，智力和高技术性生产人才较为短缺。同时，普通劳动力短缺，外出务工人员比重较大。五是科教短板突出，教育相关资源萎缩，质量保障压力加大。六是行业发展及产品、品牌意识较弱，国内外进出口贸易额与路径成为短板。生产流程、标准、质量、产权、溯源等意识淡薄。七是研发能力和投入严重不足。基础研究与科技投入缺位，改革创新源泉、动力、韧性与持久性不足。八是物流体系没有形成和健全，流通效率和效益较低。具体表现为以下方面。

（一）秦岭自然资源规范化管理体制有待健全

秦岭各类自然资源属性不同，不同部门统计口径、分类标准不一致，经济发展、资源利用、生态保护综合评价发展质量的指标体系还不够健全，无法客观反映和有效评估自然资源资产的经济效益、生态效益和社会效益。自然资源管理涉及自然资源、农业、林业、水利、环保等多个部门，管理职能分散、交叉重叠，体制未理顺。例如，土地资源主管部门是当地自然资源局，负责土地用途审核、报批；除此之外，不同属性土地的管理机构是不同的，农村承包地、宅基地等工作由农村农业局负责，林地及林木使用权由当地的林业局负责，自然资源局与林业局、农业农村局职能上存在交叉，需要在管理过程中实现有效沟通，避免出现管理漏洞。水资源由区县水务局、生态环境局两个职能部门分管，在职能运行上存在一定的交叉。现行管理体制对于同一自然资源，按照不同管理用途或者管理环节，由不同的部门进行管理，造成职能重叠与交叉。例如，自然资源与规划、农业、水利、林业等部门分别对自然资源开展监测与评估工作，导致重复建设、资源浪费、数出多门。秦岭资源稀缺与存量闲置问题并存，森林、矿产资源利用率低，产品附加值不高，产业链条较短，自然资源利用率较低，优质资源价值亟待实现资本转化。

（二）秦岭林业行政执法机构建设需要加强

新的《森林法》自 2020 年 7 月 1 日起执行，国家、省、市各级将对木材检查站等执法机构进行撤并整合，加之 2020 年 12 月森林公安派出所转隶后，林业行政执法出现了断崖。森林资源分布不均，结构不合理，林地经营水平不高，林业工程质量低劣，商品林全面禁伐，集体林地受资金、技术、限伐政策以及立地条件限制，集约经营和利用效率有限，总体防护效益低的现象仍未从根本上得到扭转。林业基础设施薄弱，林业项目资金投资标准低、覆盖面小，林区管护站点基础设施老化严重，长远发展的基础保障乏力，与当前全国林业发展的形势不相适应。秦岭保护任务艰巨，秦岭区域森林资源和生态区位比重大，管护执法、技术力量"双薄弱"，全面监管保护任务繁重，森林资源保护与发展矛盾突出。生态建设难度增加，造林绿化投入大、新栽树木多，困难立地造林难度大，天然林保护、防护林建设、退耕还林等林业工程实施难度增大。

（三）秦岭旅游业规模化经营水平不高

秦岭北麓山区带、山缘带一些村庄以生态旅游景区为依托，举办农家乐，农家乐成为部分村庄的支柱产业，但是在国家提倡保护秦岭野生自然环境的过程中，一些农家乐被迫关停，部分村落的支柱性产业受到影响。秦岭现有景区大多起步于 20 世纪 90 年代，当时资金有限，设计起点较低，且有体制机制等问题束缚，普遍存在资源利用率低、开发层次不高、规模不大、特色不明显、无旅游产品等问题。由于景区开发规模小，品牌知名度不高，缺乏特色文旅产品，加之旅游路线不成熟，配套不全，包装推介力度不大，主题不鲜明，无专线旅游交通，景区纵深不够，普遍存在定位模糊，建设随意性大，开发缺乏连续性、一贯性和独创性，游客参与性、体验类项目较少，无法给游客满意的旅游体验感，在旅游产品同质化严重的今天，吸引力下降，乡村游、"农家乐"普遍表现出发展滞后、设施老旧、内容单一、规模不大、服务质量不高等问题，始终不温不火，在区域周边没有形成明显的产业带动效应。

（四）秦岭保护分区划定和勘界立标工作尚待理清

由于国土空间规划、大熊猫国家公园和秦岭国家公园等自然保护地优化整合成果尚未公布，特别是城镇开发边界暂未最终确定，个别重点区域还需局部调整，影响了秦岭保护分区划定和勘界立标工作推进。只要涉及某一领域资源受到多个部门管理的情况，就不可避免出现主体未承担好相应责任、责任落实不到位、推诿扯皮现象。例如，宝鸡段的石头河水库，位于陕西省眉县、岐山、太白三县交界处，近几年存在着水质污染严重的情况，但由于涉及多个县区的多个部门，水资源污染问题一直未得到妥善处理，且往往只能采取事后补救的方法，采取的措施也可能因主体协调激励缺乏、资源调配不当，而出现推进速度较慢、程度不深且事前审查不足问题。

（五）财政专项保护资金不足

秦岭北麓山区带乡镇村处于秦岭生态保护区域，保护任务繁重，经济发展受限，野生动物肇事补偿缺少赔付标准，导致陆生野生动物伤人和损害群众财产的补偿赔付较慢。据调研，宝鸡段陈仓区坪头镇大湾河村村民饱受野猪之祸害，被吃掉的农作物按照保险合同无法得到赔偿。

（六）秦岭北麓能源使用与生活方式转变的矛盾

农民久居山林，有祖辈固守的生活习惯。特别是农户家中70岁以上老人，烧炕、煮饭时仍然选择传统方式。课题组曾拍摄宝鸡段渭滨区高家镇胡家山村已脱贫家户中的土灶，电磁炉与电热毯等用电设施因电费或习俗等均被闲置不用。

（七）秦岭北麓集体搬迁与原址保护开发的矛盾

据新华社报道，2017年7月10日，国务院总理李克强深入宝鸡坪头镇大湾河村考察脱贫攻坚，与即将搬迁的贫困户座谈，详细了解当地易地搬迁方案和补贴政策。陕西省委书记娄勤俭、省长胡和平陪同。总理走访了两户人家，坐在院子里与村民交流，询问收入、医保等情况。该村已被列入易地扶贫搬迁计划，村民们都盼着尽快搬迁。该村牢记总理嘱托，投资92万元对大湾河村一组李家窝原址进行旅游开发，目前已与宝鸡市九龙山旅游开发有限公司签订旅游开发合作协议，项目实施后预计为村集体年增加收益7万余元。课题组请村干部洪四宝书记、帮扶干部冯文才书记等引路，在李克强总理下车步行地点李家窝原址考察，合影留念。依托大水川、九龙山景区，宝鸡市陈仓区大湾河村一组原址开发可带动大湾河村的经济社会发展再上新台阶，但目前仍旧缺乏具体可行方案。

（八）秦岭北麓退耕还林与补偿政策接续的矛盾

美丽乡村建设需要将农村自然生态纳入经济发展考虑范围内，现代化农业的发展也对自然生态提出要求。农业现代化不仅要求实行社会分工，增加科技投入，建立专业化、标准化、产业化经营体系，向市场化方向发展，还要求生态化发展。然而，随着工商资本流入农村，其在为农村发展带来机遇的同时，也引发了诸多问题，其中农村自然生产力的破坏就是问题之一。随着土地要素不断向资本大户集中，土地资源被企业家用于服务资本增值的需求，在利益驱动下，土地自然生产力逃不过资本竭泽而渔式的开发。工商资本在利益面前，难以选择通过改善农业生产条件提高产量的路径，而是通过大量的化学肥料、农药的投入在短期内迅速提高农产品产量，甚至发展高污染产业，对农村生态造成严重破坏。此外，一些工商企业家不满足于低收益的农业生产项目，甚至改变土地用途，搞利润较高的非农建设，导致耕地面积下降并且对耕地造成不可逆的破坏。

（九）秦岭北麓农地分散与农业集约耕种的矛盾

农业现代化的发展要求农业生产建立专业的分工体系、引入现代化的农业技术、实现生产的标准化和产业化等，而这需要土地的适度集中、集约经营。然而，当前我国多数地区的土地都存在使用权碎片化、地理位置分散化的问题。以秦岭北麓为例，每个农民所拥有土地为 1 亩左右，一个五口之家所拥有的耕地面积约 5 亩，然而这些土地却分散在村庄的东、西、北三个不同的方向，面积最小的一块土地甚至不足 1 亩。分散且细碎化的土地不仅无法集约化经营，无法发挥土地要素的规模效应，也约束了现代化农业技术的应用，建立在这一土地状态基础上的分散生产也导致农业生产无法标准化、产业化。

（十）秦岭北麓农户发展与市场经济要求的矛盾

在计划经济体制中，国家的经济活动受行政指令影响，农村和城市只需按照上级指令进行生产即可，然后由国家对生产出来的产品进行收购、销售，农民和城市企业无须进入市场就可以完成产品交换，农民自然也不需要应对市场竞争。与之不同，市场经济体制不是依靠行政指令而是依靠价格信号进行经济活动的生产调节，以竞争为主旋律，只有具备竞争力的主体才能持续生存。然而，改革开放后，我国农民在生产、组织管理、技术应用等方面能力提升较小，较弱的发展能力外加分散无组织化导致我国农民难以与市场中组织有序的企业经营主体竞争。

第二节　原因分析

一、整体原因分析

观察和分析县域经济发展相对滞后的主要因素，可以梳理和归纳出以下几点。一是从天然的区位化自然资源资产观察，区域性土地、湿地、山、水、林、地热、生物、气候、矿产、化石（非）能源等存在天然的差异，发展的基础和行业的选择有其局限性。区位资源禀赋具有较大差别。二是土地非农化问题普遍和突出；建设用地与可耕地、土地置换和增补竞争激烈，矛盾突出；发展与红线平衡性矛盾日趋增长。土地资源资产和生产的商业化经营价值理念，与粮食供给和安全理念的融合度、理解度有待提高。三是农业经济主体地位和支撑作用下降，产值较低，经济发展的带动和引领作用不明显，在经济竞争与发展环境下失去优势，第二、三产业替代和认识作用提高，发展的认识偏颇性较强，产业缺乏比较优势。产业形态和生产的多元化、多样性不足。四是发展思维与理念的短期化现象严重，缺乏长期坚持的恒心与传承。农业生产投入和坚守不足。经济作物、畜牧业等受市场影响波动较大，缺乏长期稳定性。五是县域社会对经济支撑不足，人均土地、人才、技术、劳动力等资源占有率下降。生育率开始走低，抚养成本增加，生活压力和社会承受力加大，常住人口减少，流动人口增加，导致人口基数减少，劳动力供给短缺。六是县域经济科技短板、创新与改革短板明显；从业者知识、学识、见识相对偏低；劳动力年龄偏大，与现代农业发展和工业技术变革等的诉求差距较大。七是营商环境（自然环境、人文环境、环境卫生、社会保障服务等）相对落后，社会治安存在一定问题。八是贸易意识不足。国内贸易、国际贸易的融入和竞争意识淡薄，视野宽度和深度均不足。九是金融支撑体系不健全，金融活动和效益并不显著，支持产业发展具有一定的局限性。十是居民收入较低，来源较为单一，特别是农村居民收入普遍偏低。消费动力和三次产业发展后劲不足，社会消费市场培育和壮大步履艰难。十一是主体功能区的战略定位，以及政策制度方向与局限在实际落实中走偏或放大。"三农"政策推进较为有效，而涉及县域经济发展的政策制度具有泛化和宏观性，针对县域三次产业融合与县域经济如何发展的政策相对较少。

二、具体原因分析

（一）致贫原因

根据问卷调查，可以看出致贫原因主要有 10 种，自身发展动力不足致贫的有 6 户，资源匮乏致贫的有 6 户，交通条件落后致贫的有 9 户，缺劳动力致贫的有 24 户，因病致贫的有 49 户，缺技术致贫的有 47 户，缺资金致贫的有 42 户，因残致贫的有 31 户，因学致贫的有 29 户，缺土地致贫的有 4 户（见图 6-1）。可以看出秦岭北麓陕西段乡村致贫的主要原因还是因病，以及缺技术和缺资金，也有一部分人是因学、因残或缺劳动力致贫。

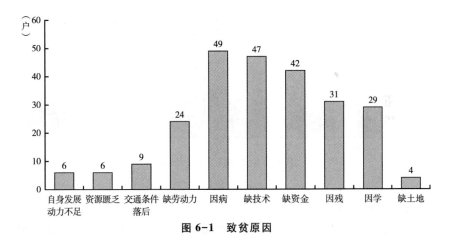

图 6-1　致贫原因

对陕西段不同带致贫原因分别进行分析。在参与调研的村民中，城郊带因残致贫的有 13 户，缺资金致贫的有 11 户，缺技术致贫的有 10 户，因学致贫的有 8 户，缺劳动力致贫的有 7 户，因病致贫的有 6 户，资源匮乏致贫的有 6 户，自身发展动力不足致贫的有 2 户；山缘带因病致贫的有 9 户，因学致贫的有 9 户，缺劳动力致贫的有 7 户，缺技术致贫的有 7 户，因残致贫的有 5 户，缺资金致贫的有 5 户，缺土地致贫的有 4 户；山区带因病致贫的有 34 户，缺技术致贫的有 30 户，缺资金致贫的有 26 户，因残致贫的有 13 户，因学致贫的有 12 户，缺劳动力致贫的有 10 户，交通条件落后致贫的有 9 户，自身发展动力不足致贫的有 4 户（见图 6-2）。可以看出城郊带致贫原因主要是因残、缺资金以及缺技术，说明在城郊带除了自身残疾人员之外，获得更多收益、提高技术水平非常重要；山缘带致贫原因主要是因病、因学以及缺技术和劳动力，说明山缘带在健康扶贫，以及学生上学这方面还是有许多的不方便，需要尽快解决，另外还需要对山缘带资源的配置提供有效帮助；山区带致贫原因主要是因病、缺技术和缺资金，山区带因病致贫原因非常明显，除了自身生活条件导致疾病缠身进而致贫外，还与大病医保办理有关，除此之外山区带还存在交通条件落后而致贫的家户，说明山区带在基础设施方面的建设还需加快改善。

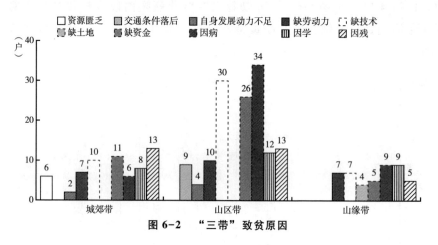

图 6-2　"三带"致贫原因

（二）扶贫满意度

根据调研问卷分析，对扶贫情况评价为不满意的有 7 户，占被调研总户数的 5%；认为一般的有 14 户，占被调研总户数的 9%；非常满意的有 68 户，占被调研总户数的 45%；满意的有 61 户，占被调研总户数的 41%。可以看出 86% 的人对扶贫工作的执行是满意或非常满意的，说明秦岭北麓陕西段整体扶贫工作表现是非常良好的，被绝大多数人认可，仅有 5% 的人对扶贫情况不满意，可以整合不满意意见，加以优化，使扶贫效果达到最佳。

对扶贫满意度进行不同带的分析，可以看出在城郊带非常满意的有

19 户，占比 54.29%；满意的有 16 户，占比 45.71%。山缘带非常满意的
有 4 户，占比 10.53%；满意的有 16 户，占比 42.11%；一般的有 11 户，
占比 28.95%；不满意的有 7 户，占比 18.42%。山区带非常满意的有 38
户，占比 49.35%；满意的有 36 户，占比 46.75%；一般的有 3 户，占比
3.90%（见图 6-3）。可见，城郊带的扶贫工作得到了绝大多数人的认可，
没有不满意的家户，说明城郊带在扶贫方面的工作完成得非常扎实，每项
工作执行得都非常仔细。山缘带有 7 户对扶贫工作不满意，说明山缘带当
前的扶贫工作还有很大的进步空间。对村民不满意的地方继续改进，加强
调整，各项工作落实到位，山缘带的脱贫情况将会发生质的变化。山区带
的扶贫工作也表现得非常好，村民们没有不满意的情况。

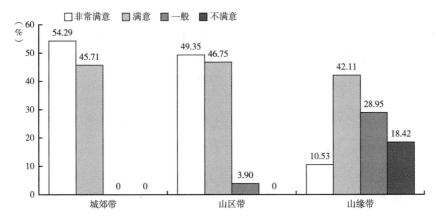

图 6-3　"三带"扶贫满意度

（三）长效机制构建需求

通过问卷调查，对不同带建立精准扶贫长效机制的因素有了进一步的
了解。城郊带有 21 户认为要靠贫困户自身的努力，13 户认为要靠政府扶
持，3 户认为既要靠贫困户自身的努力，还得要靠子女帮助以及政府扶持
（即多种方式）；山缘带有 22 户认为要靠贫困户自身的努力，8 户认为要
靠政府扶持，4 户认为要靠子女帮助，2 户认为既要靠贫困户自身的努力，
还得要靠子女帮助以及政府扶持；山区带有 68 户认为要靠贫困户自身的
努力，20 户认为要靠政府扶持，1 户认为要靠子女帮助，5 户认为既要靠
贫困户自身的努力，还得要靠子女帮助以及政府扶持（见图 6-4）。可以看

出，无论是在城郊带、山缘带还是在山区带，绝大多数村民认为建立精准扶贫长效机制，关键的因素是贫困户自身的努力和政府扶持，最重要的还是贫困户自身的努力。

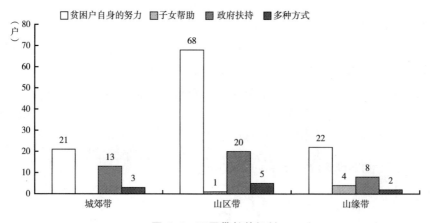

图 6-4　不同带长效机制

第七章 秦岭北麓陕西段巩固脱贫攻坚成果的路径和对策

第一节 整体思路及整改举措

2011 年，中共中央、国务院印发了我国农村扶贫开发工作的纲领性文件《中国农村扶贫开发纲要（2011—2020 年）》。2013 年，习近平总书记在湖南省视察扶贫开发工作时初次提出精准扶贫；同年出台《关于创新机制扎实推进农村扶贫开发工作的意见》。2015 年，中共中央、国务院发布《关于打赢脱贫攻坚战的决定》。2018 年，中共中央、国务院印发《关于打赢脱贫攻坚战三年行动的指导意见》。2020 年，《中共中央、国务院关于实现巩固拓展脱贫攻坚成果同乡村振兴有效衔接的意见》（中发〔2020〕30 号）发布。2021 年 1 月 4 日，《中共中央、国务院关于全面推进乡村振兴、加快农业农村现代化的意见》发布。根据中共中央、国务院《关于打赢脱贫攻坚战三年行动的指导意见》和《国务院办公厅关于开展国家脱贫攻坚普查的通知》（国办发〔2020〕7 号）的要求，我国于2020 年至 2021 年年初分两批在中西部 22 个省（区、市）开展了国家脱贫攻坚普查，国家统计局、国家脱贫攻坚普查领导小组办公室于 2021 年2 月 25 日发布《国家脱贫攻坚普查公报》。2021 年 4 月 6 日，国务院新闻办公室发布《人类减贫的中国实践》白皮书。2021 年 12 月 25 日至 26日，中央农村工作会议召开，会议讨论了《中共中央、国务院关于做好2022 年全面推进乡村振兴重点工作的意见（讨论稿）》。2022 年 2 月 22日，《中共中央、国务院关于做好 2022 年全面推进乡村振兴重点工作的意见》发布，这是 21 世纪以来第 19 个指导"三农"工作的中央一号文件。

做好 2022 年"三农"工作，要以习近平新时代中国特色社会主义思想为指导，全面贯彻党的十九大和十九届历次全会精神，深入贯彻中央经济工作会议精神，坚持稳中求进工作总基调，立足新发展阶段、贯彻新发展理念、构建新发展格局、推动高质量发展，促进共同富裕，坚持和加强党对"三农"工作的全面领导，牢牢守住保障国家粮食安全和不发生规模性返贫两条底线，突出年度性任务、针对性举措、实效性导向，充分发挥农村基层党组织领导作用，扎实有序做好乡村发展、乡村建设、乡村治理重点工作，推动乡村振兴取得新进展、农业农村现代化迈出新步伐。

2009 年，陕西省政府组织召开了《秦岭旅游发展规划》论证会，使得秦岭开发与保护进入法治化和有序化状态。2007 年、2017 年、2019 年，陕西省人大常委会分别审议通过并修订《陕西省秦岭生态环境保护条例》，并于 2019 年 12 月 1 日起施行。为认真贯彻落实中共中央、国务院《关于打赢脱贫攻坚战的决定》精神，陕西省委、省政府颁布《关于贯彻落实〈中共中央、国务院关于打赢脱贫攻坚战的决定〉的实施意见》。随后，《陕西省"十三五"农村脱贫攻坚规划（2016—2020 年）》《陕西省农村扶贫开发条例》《关于学习贯彻习近平总书记重要讲话精神扎实做好扶贫开发工作的意见》相继颁布。2017 年陕西省出台《陕西省贫困退出工作实施细则》。2018 年 3 月，中共陕西省委、省政府发布《关于实施乡村振兴战略的实施意见》（陕发〔2018〕1 号）。2018 年 9 月，陕西省委、省政府发布《关于打赢脱贫攻坚战三年行动的实施意见》，脱贫攻坚总的目标任务和阶段性计划均已明确。2021 年，陕西省委、省政府为进一步巩固拓展脱贫攻坚成果，接续推动脱贫地区发展和乡村全面振兴，结合省内实际，提出《关于实现巩固拓展脱贫攻坚成果同乡村振兴有效衔接的实施意见》。为此，全省各级党委、政府以习近平新时代中国特色社会主义思想为指导，全面贯彻党的十九大精神，扎实推进特色现代农业建设，按照"产业兴旺、生态宜居、乡风文明、治理有效、生活富裕"总要求，以实现高质量发展为主线，以增加农民收入为核心，以壮大村级集体经济为突破口，以推进农村环境综合整治为着力点，以深化农村综合改革为根本动力，统筹推进农村经济建设、政治建设、文化建设、社会建设、生态文明建设和党的建设，推动农业提质增效、农村文明进步、农民增收致富，为谱写新时代陕西追赶超越新篇章奠定坚实基础。

笔者认为，马克思的内涵式发展思想既是经典，也需传承。植根于我国实施乡村振兴战略与推进农业现代化进程的现实土壤，深化内涵式发展研究，解决农村农业农民的问题，理论指导实践，把实践经验上升为系统化的中国农业高质量发展的成果，优先发展农业农村，建立新型工农城乡关系，增强内生发展能力，关键是要提高农村劳动力、资本、土地三种生产要素的回报率。

（一）大规模建设农村集中居住片区，推动农民集中居住，实现劳动力集聚

移民安置主动对接区域优势产业，为搬迁居民提供就业机会，也为区域优势产业培育提供充足劳动力资源和市场。改造提高、分化瓦解传统小农户，培育现代化的新农户。现代农业发展主要依靠新技术和新知识，需要逐步构建一个高效运转的农业知识与创新体系，开展多层次的农民教育培训工作。

（二）大规模撤并村庄和合并村民委员会，减少村级组织，实现资本统筹整合

统筹移民搬迁资金、农民拆旧补助资金、新农村建设项目资金等，解决农民建房和社区基础设施建设资金问题。高度重视农村产权制度改革，建立农户收益动力机制，加快"三变"步伐。首先，探索互助资金与合作社有效融合机制。借助"三变"改革的契机，将农户闲置资金入股合作社，转化为"股份"，由村集体统一运作以便实现效益最大化。其次，建立"新型农业经营主体+合作社+企业"模式。因地制宜，发展特色农产品高精深加工业，形成"一村一品"，将村集体产业上游、中游、下游全产业链体系"嵌入"生态观光、民俗风情、康养度假、体验采摘等新型文化旅游项目环节，探索"农产品生产+农产品加工+农产品采摘+农产品销售"的产业一体化发展模式，通过"生产—分配—流通—消费"可循环立体式产业创新链建设，带动农业增收、农民致富、农村兴旺。最后，践行资产整合型、资本滚动型、股份合作型、产业牵引型等集体经济发展模式，引领脱贫农户发展规模生产，不断增强集体经济发展动力。

（三）大规模整建制行政性推进土地流转，实现规模经营

坚持以"三权分置"理论为指导，实现城乡建设用地"增减挂钩"，通过土地流转、旧宅腾退等进一步保障农村"三变"改革用地需求。首先，要加快对土地要素的确权颁证，将集体土地权利明晰化，合理开发"四荒地"（包括荒山、荒林、荒地、荒滩等），建设特色农产品培育销售基地，美化生态环境。其次，有序组织动员农民将土地流转到村集体进行统一规划布局，改变既有土地块数多但面积小的状态。调研发现，陕西省每个农民所拥有土地为 1 亩左右，一个五口之家所拥有的耕地面积约 5 亩，然而这些土地却分散在村庄的东、西、北三个不同的方向，面积最小的一块甚至不足 0.5 亩。分散且细碎化的土地不仅无法集约化经营，无法发挥土地要素的规模效应，也约束了现代化农业技术的应用，建立在这一土地状态基础上的分散生产也导致农业生产无法标准化、产业化。最后，对适度集中的土地进行集约化经营，并加强对土地要素的长期投资，改善土地结构，使得有限耕种面积的土地被最大化利用。考虑采用"轮作息耕"的方式增加土地肥力，防止过度垦殖，合理规划使用土地，走内涵式、集约化现代农业发展道路。

第二节　具体长效机制构建

一、乡村振兴人才队伍建设机制

（一）持续开展巩固脱贫成果后评估工作

精准识别确定监测对象，将有返贫致贫风险和突发严重困难的农户纳入监测范围，组织专人排查，分类建档立卡。将不同类别、不同程度、不同原因造成的贫困人口科学分类，录入管理系统。对脱贫不稳定户、边缘易致贫户，以及因病因灾因意外事故等刚性支出较大或收入大幅缩减导致基本生活出现严重困难的农户开展监测预警，合理确定监测标准，严格贫困人口识别、退出的标准和程序，强化动态管理，强化落实公示制度。[①]

---

① 中国第一次制定扶贫标准是 1986 年，为 206 元，对应的贫困人口数量为 1.25 亿人，主要解决温饱问题。2001 年制定第一个十年农村扶贫开发纲要时，将扶贫标准提高到 865 元，对应的贫困人口数量为 9422.8 万人。2011 年制定第二个十年农村扶贫开发纲要时，将扶贫标准提高到 2300 元（2010 年不变价），对应的贫困人口数量为 1.22 亿人。脱贫攻坚以来，中国的贫困人口识别和退出以户为单位，主要衡量标准是"一收入""两不愁三保障"。"一收入"就是该户年人均纯收入稳定超过现行国家扶贫标准，"两不愁三保障"就是稳定实现不愁吃、不愁穿和义务教育、基本医疗、住房安全有保障。中国的贫困人口退出标准是综合性多维标准，不仅衡量收入水平，还考量贫困人口生存权发展权的实现程度，体现了中国经济社会发展实际和全面建成小康社会的基本要求（摘自国务院新闻办公室《人类减贫的中国实践》白皮书，附录《中国扶贫标准的变化和调整》，2021 年 4 月 6 日）。

一年一算，一年一识别，并随着贫困户变化的情况进行动态调整。设立 5 年过渡期，过渡期内严格落实"摘帽不摘责任、摘帽不摘政策、摘帽不摘帮扶、摘帽不摘监管"要求，通过跟踪监测脱贫情况，确保脱贫户稳定脱贫。

（二）持续加强农村基层组织建设工作

1. 建立"四支力量"精简调整组织机制

贫困村的第一书记应该渐行渐退，不能一下子撤完，这些农村基层书记虽存在不足，但了解村情民意。既能继续对脱贫攻坚成果进行长效巩固，又能协助村"两委"干部谋划项目，真正意义上壮大集体经济。坚持和完善驻村工作制度，健全常态化驻村工作机制。完善村级重要事项、重大问题经村党组织研究讨论机制，全面落实"四议两公开"制度。推进各级党委农村工作领导小组议事协调规范化制度化建设，建立健全重点任务分工落实机制，协同推进乡村振兴。

2. 建立晋升奖惩长期常态激励机制

人才振兴是乡村振兴的关键因素。乡村人才振兴的关键，就是要让更多人才愿意来、留得住、干得好、能出彩，人才数量、结构和质量能够满足乡村振兴的需要。乡村发展"带头人"包括：有一定资金和资源的返乡企业家；土生土长、真正想要为乡村发展出力的有志青年；知识型大学生村官；扶贫人员。为此，探索村干部补贴、表彰奖励与村级集体经济收入挂钩机制，对做出突出性贡献的村干部个人，从当年集体经济收益中拿出一部分进行表彰奖励。村级集体经济年收益在 10 万元以下的不予奖励，村年收入在 10 万元至 30 万元的按适当比例进行奖励，城中村及有房产地皮收入的不计入村年度收入或酌情进行奖补，以此激发村级干部干事创业的热情，村级副职干部奖励标准为村级主要干部的 80%。切实提升村干部岗位的吸引力，推动村级发展进入良性循环。

3. 建立权力制衡垂直监督规范机制

强化精准扶贫工作的考核监督，把考核监督工作纳入精准扶贫总体规划，同部署、同要求、同开展。实行监督工作责任制，分片包干，责任到人。加强脱贫攻坚督查巡查，积极开展民主监督和舆论监督。完善考核制度，改进考核方式，严格结果运用，通过严督实考促进脱贫攻坚责任落实、政策落实和工作落实。把扶贫长效机制建设的成效作为考核各层级责任主体和责任人的重要依据。组织好村"两委"换届选举，选优配强村"两委"班子，提高村党支部书记、村委会主任"一肩挑"比例。

（三）持续加强农村人才对标培养工作

1. 建立"内源扶贫"职业培养指导机制

深入推行科技特派员制度。准确遴选"新型职业农民"培育对象，利用国家无偿的财政资金对其进行培育，支持农民专业合作社、专业技术协会、龙头企业等主体承担培训工作，提高其生产技能、经营能力或服务能力，增强脱贫责任感。建立县域专业人才统筹使用制度，保障和落实基层用人主体自主权。实施"三段""三带"人才支持计划、"三秦"基层专业技术人才培养计划，以及农业科研领军人才计划和农技推广服务特聘计划。扶持培养一批农业职业经理人、经纪人、文化能人、非遗传承人等。

2. 建立高校扶贫专业培养对接机制

引导高等院校、科研院所等专业技术人员赴乡村挂职、兼职和离岗创业。引入专业学生参加扶贫工作实习，参与乡村振兴建设，承担部分工作职能。建立电子档卡，收录学籍、成绩、综合考评等多方面的信息，定期反馈、及时记录学生的学习状况，实时监测扶贫成效，合理调整组织活动，建立帮扶靶向化目标，提高教育扶贫精准度。加大向基层选派"博士服务团"工作力度。建立乡村振兴人才的自主培养与引进并重思路，实施学历教育、技能培训、就业锻炼并举机制，促进城乡、区域、校地之间人才流动。

二、乡村振兴资金运营管理机制

（一）持续引导乡村资金要素汇聚工作

1. 建立涉农资金统筹整合长效机制

强化公益性资产管理维护，建立健全基础设施管护制度，落实管护责任。做好经营性资产运营管理，对农林业产业基地、生产加工设施和光伏电站等固定资产，扶贫资金直接投入市场经营主体形成的股权、债权等权益性资产，明晰产权关系，规范收益分配及处置，重点用于项目运行管护、村级公益事业、巩固拓展脱贫攻坚成果等，防止资产流失和被侵占。对于确权到农户或其他经营主体的扶贫资产，依法维护财产权利，由其自主管理和运营。推行"大专项+任务清单"管理方式，推进行业内资金整合与行业间资金统筹相互衔接配合。

2. 建立乡村"三变"改革集体经济机制

开展第二轮土地承包到期后再延长30年整县试点。巩固提升农村集体产权制度改革成果，探索建立农村集体资产监督管理服务体系，探索新型农村集体经济发展路径。建立农村集体经济组织，鼓励村集体以入股、参股、租赁或流转等形式，充分挖掘和利用村级集体资产、资源、资本，合理开发荒山、荒林、荒地、荒滩等"四荒地"，发展现代设施农业、林下经济，建设特色农产品种养基地，发展乡村旅游休闲农业，积极推动资源变资产、资金变股金、农民变股民"三变"改革，盘活农村集体现有资源资产，让脱贫农户以股权分红、劳动报酬等形式获得稳定收益，解决其分散发展带来的后劲不足问题。因地制宜，探索发展资产整合型、资本滚动型、股份合作型、产业牵引型集体经济发展模式，引领脱贫农户发展规模生产，不断增强集体经济发展活力和实力。在集体经济组织带动下，不断引导专业大户、家庭农场、农民合作社、龙头企业等多元新型经营主体组建农业产业化联合体，培育产业链。提高农家乐（民宿）经营户合法经营意识；加强行业自律和社会监督，成立农家乐协会，建立农家乐自我管理、自我监督、自我维护机制。同时，通过向社会公布投诉电话，开展对污染环境、危害人民群众生命健康的经营行为的常态化社会监督管理。

3. 建立脱贫人口持续增收巩固机制

巩固提升脱贫地区特色产业，完善联农带农机制，提高脱贫人口家庭经营性收入。支持各类企业和创业人员创办社区工厂，吸纳脱贫人口和低收入人口就业。延续支持帮扶车间发展优惠政策。发挥以工代赈作用，具备条件的可提高劳务报酬发放比例。统筹用好乡村公益岗位，实行动态管理。各类财政专项资金及整合资金支持的农村人居环境、小型水利、乡村道路、农田整治、植树造林、水土保持、产业园区等涉农项目的建设和管护，采取以工代赈的方式，就近优先吸纳脱贫人口和低收入人口。优化落实公益性岗位政策，健全按需设岗、以岗聘任、在岗领补、有序退岗的管理机制，统筹用好生态护林员、护路员、护水员、保洁员等各类乡村公益岗位，促进就近就地就业。

4. 建立保障经费尽快赔付到位机制

成立统一联合执法队伍；为各项专项工作拨付专项工作经费；配备专

业技术人员。省市县各级要大力支持林业行政执法队伍建设，从机构、编制、人员、经费等方面给予支持。针对野生动物伤人和损害群众财产等突出事件，应简化工作流程，缩短认定时间，尽快出台相关赔付政策，消除社会矛盾。

（二）不断壮大乡村特色产业集群

围绕小农户融入现代农业发展问题，把对新型经营主体的政策扶持力度与带动数量挂钩，鼓励将政府补贴量化至小农户，折股至合作社。开展联耕联种、代耕代种、统防统治等直接面向小农户的农业生产托管，为小农经营提供产前、产中、产后的全产业链社会化服务。完善土地入股、订单带动等利益联结机制，引导龙头企业、农民合作社等新型经营主体带动小农户共同发展。构建产业选择科学论证体系，大力发展特色农产品精深加工业，鼓励贫困村因地制宜，发展生态观光游、民俗风情游、康养度假游、体验采摘游等新产业新业态，构建贫困地区特色产业产前、产中、产后深度融合的全产业链体系，通过立体式特色产业链建设来推动区域稳固脱贫。对秦岭北麓陕西段集中连片的特困地区，以最优惠政策给予重点支持，组织相关院校、科研院所专家，重点规划和支持建设一批以旅游休闲为先导、以特色产业为核心、以乡村文化为灵魂、以交通物流通信为支撑、以农业体验为价值、以乡村振兴为目标的山区特色田园综合体。

三、乡村振兴自然资源管理机制

（一）加强规范资产界限科学评估工作

1. 建立权责明确的资产核算管理机制

科学界定秦岭自然资源资产的范围、界限等，积极探索自然资源用途管理制度，构建自然资源资产价值量核算和管理体系，全面摸清秦岭保护范围内自然资源底数。加快完成秦岭生态环境保护详图绘制和勘界立标工作，特别是北麓区域的管理，及时将县域公安视频监控系统、林业视频监控系统整合至市级平台，配合省、市做好秦岭范围视频监控设备架设工作。开展矿山地质环境恢复治理、农家乐专项整治及监管、建筑物（构筑物）排查工作，持续加强秦岭区域"五乱"问题大排查大整治工作，认真查漏补缺，防止整改滑坡、问题反弹。全面落实河长、林长、田长责任制，聚焦"整治到位、修复到位、保护到位"，查找薄弱环节，解决突出问题，高标准推进各项任务落实，守好生态保护红线，全面提升资源保护、管控、培育、监测水平，加快实现网格化管理。明确国有自然资源资产监管相关部门职责，落实监管主体责任，制定科学的监测体系，从省市县层面加快推进秦岭自然资源行政执法改革，理顺林业执法体制，形成权责明晰、部门联动的监管合力。

2. 建立生态保护修复舆论引导机制

秦岭特殊的生态功能决定了在处理保护与开发的关系上，应当遵循保护优先、适度开发的原则。坚持生态保护优先，谋划"三带"布局，打造"1+4+N"（1个智慧网络管理平台、4个游客集散中心、多条精品旅游线路）生态旅游模式，塑造美丽中国山岳生态文明建设的典范。对内整合省内秦岭地区旅游资源，打造大秦岭旅游公园，即宝鸡特色种植带、西安多彩花卉带、渭南特色经济林带的秦岭陕西段综合规划。对外既要以发展关中—天水经济带为依托，加强陕甘所属秦岭地区的联系、综合开发和保护；也要以构建陕鄂豫秦岭旅游带为依托，加强与湖北、河南合作。牢固树立和践行"绿水青山就是金山银山"的理念，严守秦岭生态环境保护红线，深刻吸取教训，继续做好整改拆除现场绿化养护工作，确保秦岭生态环境整治工作成效。传播绿色发展理念，拓宽宣传推广渠道，组织"条例"进机关、进社区、进学校、进村组、进峪道、进企业"六进"活动，努力营造全社会关心秦岭、保护秦岭的浓厚氛围，形成群众主动保护、社会广泛参与的良好氛围，真正还秦岭以宁静、和谐、美丽。

3. 建立峪口经济开发保护工程机制

协同县域相关管理部门，联合加大对主要峪口的生态资源保护力度，通过政策、法规、制度等有效措施减轻生态环境压力，合理控制开发旅游资源的强度，注重峪口生态旅游资源的长期可持续发展，建立峪口发展生态旅游的有效管理机制。坚持"一峪一策"，根据交通道路、人为活动、生态旅游等情况，以沟峪片区为单位，因地制宜，确立保护管控措施，发展峪口绿色产业，根据农村拥有的自然生态资源发展生态观光、健康疗养、生态教育等产业，建立养殖业、种植业相结合的绿色有机循环产业，确保生态保护和社会经济融合发展。对于具有生态污染的产业，及时安装除污设备；加强农村环境监管能力建设，落实县乡两级农村环境保护主体责任，严禁工业及城镇污染向峪口乡村转移。建设"林文旅协同"示范窗口，以楼观台森林公园、秦岭国家植物园、秦岭四宝科学公园为依托，建设秦岭北麓生态文明示范窗口。加强沟峪河道综合治理，依托古道文化资源，实施古道文化复活建设，促进古道人文生态景观高质量发展。

（二）加强管理机构设置模式探索工作

衔接《陕西省秦岭生态环境保护条例》，对接国土"三调"以及生态保护红线划定工作，结合自然保护地整合优化成果，科学确定秦岭边界范围和管控分区，提出差别化管控措施，提高资源管理水平。对各类自然保护地提出具体整合优化方案，落实属地管理责任，实现网格化管理，巩固好秦岭区域农村人居环境整治成果，全面提升资源保护、管控、培育、监测水平。核实永久基本农田、人工商品林、矿业权、小水电、景区景点等矛盾冲突情况，按照生态优先原则，提出主要矛盾调处方案。认真落实陕西省委《关于全面加强秦岭生态环境保护工作的决定》等，加强网格监管平台管理，积极探索利用无人机开展巡查工作，有效防止和处理破坏秦岭生态环境的行为。建立常态化督查制度和问题台账督办机制，持续开展对"五乱"问题的督查，构建齐抓共管、标本兼治的秦岭生态环境保护长效管理机制。按照秦岭生态环境"保护优先、节约优先、自然恢复为主"的方针，进一步加强和完善秦岭北麓生态环境保护网格化日常管理长效机制，常态化开展日常巡查，人防、技防相结合，发挥无人机巡察优势，做到秦岭区域保护全覆盖，全过程监管秦岭各类开发建设活动，践行生态文明思想，持之以恒地保护好秦岭生态环境。

（三）加强集体资源管护开发建设工作

1. 建立乡村基础设施建设维护机制

加大农村基础设施建设力度，积极完善县乡镇级道路管护机制、住房管护机制、安全饮水管护机制、电力管护机制、自然灾害管护机制、医疗保障运营管护机制。实施农村人居环境整治行动，编修县域乡村建设规划。统筹城镇和村庄布局，科学确定村庄分类，加快推进有条件有需求的村庄编制村庄规划，严格规范村庄撤并。开展传统村落集中连片保护利用示范，健全传统村落监测评估、警示退出、撤并事前审查等机制。保护特色民族村寨。以秦岭国家公园入口社区为重点，深入实施乡村振兴战略，加强村镇社区景观绿化提升改造，加快建设宜居宜游的森林乡村、美丽乡村。推广农村生活垃圾"户分类、村收集、镇转运、县（镇）处理"模式。推进农村"厕所改造"，同步实施粪污治理。建立完善农村污水治理设施建设及运行管理体制机制，总结推广户用污水处理工艺，加快推进农村黑臭水体治理。深入实施村庄清洁行动和绿化美化行动。整治公共空间，开展田园建筑示范。以示范县为载体全面推进"四好农村路"建设，实施通村组公路建设和通村公路"油返砂"整治。深入实施农村电网巩固提升工程。推进农村光伏、生物质能等清洁能源建设。倡导绿色生产和生活方式，加快"气化农村"工程步伐，有序推进煤改气、煤改电和新能源利用，推进农村电网改造升级。实施农房质量安全提升工程，继续实施农村危房改造和抗震改造，完善农村房屋建设标准规范。

2. 建立乡村土地流转划拨使用机制

按照生态保护红线、永久基本农田、城镇开发边界的顺序，统筹划定落实"三线"，分别对应生态空间、农业空间、城镇空间"三区"国土空间。实行耕地保护党政同责，严守耕地红线。全面落实永久基本农田特殊保护制度，强化各级政府管护主体责任。逐级分解下达耕地保有量和永久基本农田保护目标任务。分类明确耕地用途，严格落实耕地利用优先顺序。一是改变既有土地块数多但面积小的状态，通过土地适度"集中化""规模化"破除土地要素对集约经营、农业现代化的制约。加快对土地要素的确权颁证，明晰集体土地权利；有序组织动员农民将土地流转到村集体进行统一规划布局，改变既有土地块数多但面积小的状态；对适度集中的土地进行集约化经营，并加强对土地要素的长期投资，改善土地结构。二是大规模推进农村土地整治和中低产田改造，稳步提升耕地质量。积极挖掘潜力增加耕地，支持将符合条件的盐碱地等后备资源适度有序开发为耕地。三是落实工商资本流转农村土地审查审核和风险防范制度。

3. 建立基本公共服务县域统筹机制

加快推进以县域为重要载体的城镇化普惠性、基础性、兜底性民生建设，推动基本公共服务供给由注重机构行政区域覆盖向注重常住人口服务覆盖转变。实施新一轮学前教育行动计划，多渠道加快农村普惠性学前教育资源建设，办好特殊教育。扎实推进城乡学校共同体建设。深入推进紧密型县域医疗卫生共同体建设，推动农村基层定点医疗机构医保信息化建设，提升县级敬老院失能照护能力和乡镇敬老院集中供养水平，健全分层分类的社会救助体系，切实保障困难农民群众基本生活。

四、乡村振兴科技文化支撑机制

(一) 加强数字农业技术应用建设工作

在数字技术革命浪潮中,乡村振兴要加强数字技术与农业生产的融合,构建以数字技术、数字农业为核心的数字化生产、管理、流通、销售等技术体系,为农村变革经营方式、发展新业态奠定技术基础。推进智慧农业发展,促进信息技术与农机农艺融合应用。加快实施农业关键核心技术攻关工程,开展长周期研发项目试点。做好国家乡村振兴重点帮扶县科技特派团选派,实行产业技术顾问制度,有计划开展教育、医疗干部人才组团式帮扶。在乡村振兴重点帮扶县试点探索农业科技推广人员"县管乡用、下沉到村"机制。继续实施农技推广特聘计划,从农村乡土专家、种养能手等一线服务人员中招聘一批特聘农技员。支持涉农院校、科研院所、农业技术机构组建乡村振兴产业帮扶技术团队,为巩固拓展脱贫攻坚成果、实施乡村振兴战略提供技术服务。加强农民数字素养与技能培训。以数字技术赋能乡村公共服务,推动"互联网+政务服务"向乡村延伸覆盖。引导和鼓励相关科研单位研究如何将数字技术应用于农业生产;加强农村数字技术基础设施建设,为发展数字农业做好硬件准备;加强对农民数字技术应用操作的培训,使其具备应用数字技术的能力。开展农机研发制造推广应用一体化试点。

(二) 加快文明乡村建设引领指导工作

一是划定乡村建设的历史文化保护区,完善传统村落各级名录,推动传统建筑挂牌保护有效监管机制,确保优秀传统乡土历史文化资源安全,加强陕商所及之处的百年老店、故居、会馆、博物馆、展览馆等文化遗产及地貌景观、工程遗产、农业遗迹建设,推进物质文化遗产、非物质文化遗产等重要文化遗产保护利用。二是抽象出陕商精神,丰富其内涵,营造亲商、敬商、尊商、重商的理念、氛围、环境,吸引资金、人才、技术汇聚,发挥乡土文化在凝聚人心、教化群众、淳化民风中的作用。三是深入挖掘陕西历史文化蕴含的优秀思想观念、人文精神、道德规范,加强对习俗、礼仪、信仰、伦理、节庆等的研究阐释,传承秦腔、信天游、皮影、腰鼓等非物质文化遗产,使产业开发、乡村旅游、生态文明建设深度融入当地日常生活,助力脱贫,从而对解决当代发展问题发挥作用。四是推进文化科技卫生"三下乡"活动常态化，加强农村文化队伍建设，发现、培养乡土文化能人及民间非物质文化遗产项目代表性传承人，使乡村自身能够结合当地文化特色创造文化产品、开展文化活动，充分发挥农民文化创造力。

　　综上所述，中国在脱贫攻坚实践中，积极借鉴国际经验，紧密结合中国实际，创造性地提出并实施精准扶贫方略，做到"六个精准"，实施"五个一批"，解决好"五个问题"，快速推进了中国减贫进程，为人类减贫探索出新的路径，携手共建没有贫困、共同发展的人类命运共同体。民族要复兴，乡村必振兴。打赢脱贫攻坚战之后，中国将持续巩固拓展脱贫攻坚成果，同乡村振兴有效衔接，实现"三农"工作重心的历史性转移，把解决好"三农"问题作为重中之重，坚持农业农村优先发展，走具有中国特色的社会主义乡村振兴道路。

致　谢

　　2022 年 2 月 22 日，《中共中央、国务院关于做好 2022 年全面推进乡村振兴重点工作的意见》，即 2022 年中央一号文件发布。这是 21 世纪以来第 19 个指导"三农"工作的中央一号文件。文件指出，牢牢守住保障国家粮食安全和不发生规模性返贫两条底线，突出年度性任务、针对性举措、实效性导向，充分发挥农村基层党组织领导作用，扎实有序做好乡村发展、乡村建设、乡村治理重点工作，推动乡村振兴取得新进展、农业农村现代化迈出新步伐。因此，本书有志于为未来历史记录下该场变革，及时总结中国秦岭北麓陕西段县域乡村巩固脱贫攻坚成果的经验做法与实地资料，以陕西县域经济巩固脱贫攻坚成果实践为基础，以省内秦岭北麓陕西段多维资源禀赋差异为切入点，通过对案例地区代表性村庄及其村民的深度访谈、调研以及问卷分析，深入了解巩固脱贫攻坚成果的现状、特征与问题；理论阐述"科技+文化"创新对巩固脱贫攻坚成果的意义，构建资源禀赋差异与巩固脱贫攻坚成果的内在逻辑关联机制；依据资源禀赋差异，选择差异化的巩固脱贫攻坚成果模式和重心，并进一步构建长效机制。旨在为陕西"十四五"规划特别是精准扶贫与乡村振兴的衔接夯实基础，提供具体可行的意见与建议，从而求真、求解、求用于现实。

　　衷心感谢各位学界前辈对我研究工作的支持与指导，特别是为此提出宝贵建议和帮助的推荐出版专家，以及全体评审专家！

　　本书的完成，蕴含着众多长辈师友的鼓励、鞭策与启发。

　　首先，感谢母校陕西师范大学国际商学院对我博士阶段的培养。何炼成、李忠民、雷宏振、孔祥利、张治河、周晓唯、张正军、王琴梅等诸位师长，特别是我的博士生导师雷宏振教授，给予我诸多宝贵指导。

　　其次，感谢来自中央财经大学经济学院博士后工作站期间的锻炼，有幸获益于多位恩师教诲。比如：国家发展和改革委员会宏观经济研究院原副院长刘富垣研究员，中央民族大学原副校长、博士生导师喜饶尼玛教授，中国社会科学院博士生导师魏明孔研究员，中央财经大学财经学院院长、博士生导师安秀梅教授等。特别是我的博士后合作导师邹东涛教授，曾先后任职于中国社会科学院研究生院常务副院长、社会科学文献出版社总编辑，兼任世界生产力科学院院士，给我颇多教益启示。

再次，感谢陕西省社会科学院诸位领导、专家学者对我的鼓励与支持，以及省内外高校领导、师长对此提出的宝贵意见与建议。特别是，感谢课题组主要成员陕西师范大学孔祥利教授、陕西省社会科学院王建康研究员、陕西省统计局郭秦川研究员等的指导参与，使本研究得以顺利进行并完成。该著作将作为我主持的陕西省软科学课题的研究成果，申请出版。

最后，衷心感谢社会科学文献出版社的编辑团队认真负责的文稿编辑、校对工作，使本书有面世的机会与可能。若能以此为陕西省的经济建设提供些许参考资料，则更欣慰。

当然，限于个人水平及经验，偏颇与谬误在所难免，恳请业界前辈、师长、同仁不吝指正。期待与国内外学术机构团体及相关部门等建立并发展良好的合作关系，争取支持、助力陕西发展。

刘立云

2021 年 9 月

参考文献

一、著作类

［印］阿马蒂亚·森：《贫困与饥荒》，商务印书馆 2012 年版。

［英］阿瑟·刘易斯：《经济增长理论》，商务印书馆 2009 年版。

本书编委会编《中国共产党领导脱贫攻坚的经验与启示》，当代世界出版社 2020 年版。

曹锦清：《黄河边的中国》，上海文艺出版社 2013 年版。

［美］费景汉、古斯塔夫·拉尼斯：《增长和发展：演进观点》，商务印书馆 2004 年版。

《费孝通文集》（第 8 卷），群言出版社 1999 年版。

高帆：《从割裂到融合：中国城乡经济关系演变的政治经济学》，复旦大学出版社 2019 年版。

孔祥利：《农民工城市资本积累与融入城市能力研究》，人民出版社 2021 年版。

三石善吉：《传统中国的内发性发展》，余项科译，中央编译出版社 1999 年版。

汪三贵、李文编著《中国农村贫困问题研究》，中国财政经济出版社 2005 年版。

王春光：《超越城乡：资源、机会一体化配置》，社会科学文献出版社 2016 年版。

［美］西奥多·W. 舒尔茨：《改造传统农业》，商务印书馆 1987 年版。

徐荣安：《中国城乡融合经济学》，中国展望出版社 1988 年版。

张磊主编《中国扶贫开发政策演变（1949—2005 年）》，中国财政经济出版社 2007 年版。

张培刚：《农业与工业化》，华中科技大学出版社 2009 年版。

中共中央宣传部理论局：《新征程面对面》，学习出版社、人民出版社 2021 年版。

World Bank，*World Development Report：Equity and Development*，New York：Oxford University Press，2005.

二、期刊类

巴·哥尔拉、刘国勇、王钿：《乡村振兴战略背景下新疆农业农村现代化发展水平测度》，《北方园艺》2020 年第 17 期，第 145—152 页。

陈义媛：《资本下乡的社会困境与化解策略——资本对村庄社会资源的动员》，《中国农村经济》2019 年第 8 期，第 128—144 页。

范小建：《中国特色扶贫开发的基本经验》，《求是》2007 年第 23 期，第 48—49 页。

高原：《市场经济中的小农农业和村庄：微观实践与理论意义》，《开放时代》2011 年第 12 期，第 113—128 页。

桂华：《后扶贫时代农村社会政策与相对贫困问题》，《武汉大学学报》（哲学社会科学版）2022 年第 1 期，第 176—184 页。

郭晓鸣：《乡村振兴战略的若干维度观察》，《改革》2018 年第 3 期，第 54—61 页。

党国英：《乡村振兴战略的现实依据与实现路径》，《社会发展研究》2018 年第 1 期，第 9—21 页。

国家统计局：《2019 年中国城镇化率突破 60%　户籍城镇化率 44.38%》，中国经济网，2020 年 2 月 28 日，http：//mp.cnfol.com/26058/article/1582870526-139021564。

贺雪峰：《村级治理的变迁、困境与出路》，《思想战线》2020 年第 4 期，第 129—136 页。

贺雪峰：《乡村振兴与农村集体经济》，《武汉大学学报》（哲学社会科学版）2019 年第 4 期，第 185—192 页。

贺雪峰：《乡村治理现代化：村庄与体制》，《求索》2017 年第 10 期，第 4—10 页。

鹤见和子、胡天民：《"内发型发展"的理论与实践》，《江苏社联通讯》1989 年第 3 期，第 9—15 页。

洪名勇、李富鸿、娄磊、龙娇：《探索从脱贫攻坚到乡村振兴的路径选择——来自 2047 县（区）2006—2018 年的实践经验》，《贵州财经大学学报》2021 年第 6 期，第 87—98 页。

胡鞍钢、李春波：《新世纪的新贫困：知识贫困》，《中国社会科学》2001 年第 3 期，第 70—81、206 页。

方黎明、张秀兰：《中国农村扶贫的政策效应分析——基于能力贫困理论的考察》，《财经研究》2007 年第 12 期，第 47—57 页。

黄承伟：《中国扶贫开发道路研究：评述与展望》，《中国农业大学学报》（社会科学版）2016 年第 5 期，第 5—17 页。

黄力之：《论马克思主义中国化的底线问题》，《毛泽东邓小平理论研究》2018 年第 5 期，第 1—7 页。

黄宗智、彭玉生：《三大历史性变迁的交汇与中国小规模农业的前景》，《中国社会科学》2007 年第 4 期，第 74—88、205—206 页。

黄祖辉、胡伟斌：《中国农民工的演变轨迹与发展前瞻》，《学术月刊》2019 年第 3 期，第 48—55 页。

黄祖辉、马彦丽：《再论以城市化带动乡村振兴》，《农业经济问题》2020 年第 9 期，第 9—15 页。

江剑平、葛晨晓、朱雪纯：《新时代以增强农村内生发展能力为核心的乡村振兴逻辑》，《财经科学》2020 年第 9 期，第 50—63 页。

蒋永穆：《从"农业现代化"到"农业农村现代化"》，《红旗文稿》2020 年第 5 期，第 30—32 页。

金民卿：《关于马克思主义中国化内涵与特质的思考》，《人民论坛·学术前沿》2018 年第 1 期，第 66—67 页。

孔祥利、陈新旺：《资源禀赋差异如何影响农民工返乡创业——基于 CHIP 2013 调查数据的实证分析》，《产经评论》2018 年第 5 期，第 112—121 页。

李刚、李双元：《青海省农业农村现代化发展水平研究》，《农业现代化研究》2020 年第 1 期，第 24—33 页。

李庆：《中国化马克思主义创造性升华的理论与实践逻辑》，《苏州大学学报》（哲学社会科学版）2018 年第 5 期，第 25—31 页。

李小云、董强、饶小龙、赵丽霞：《农户脆弱性分析方法及其本土化应用》，《中国农村经济》2007年第4期，第32—39页。

梁树发：《改革开放40年马克思主义理论创新成果是一个有机整体》，《当代世界与社会主义》2018年第4期。

刘同舫：《构建人类命运共同体对历史唯物主义的原创性贡献》，《中国社会科学》2018年第7期，第4—21页。

刘晓雯、李琪：《乡村振兴主体性内生动力及其激发路径的研究》，《干旱区资源与环境》2020年第8期，第27—34页。

刘彦随：《中国新时代城乡融合与乡村振兴》，《地理学报》2018年第4期，第637—650页。

陆益龙：《乡村振兴中的农业农村现代化问题》，《中国农业大学学报》（社会科学版）2018年第3期，第48—56页。

吕捷：《"央-县"治理：脱贫攻坚中的一种新型中央与地方关系》，《行政管理改革》2020年第12期，第57—63页。

马荟、庞欣、奚云霄、周立：《熟人社会、村庄动员与内源式发展——以陕西省袁家村为例》，《中国农村观察》2020年第3期，第28—41页。

牛若峰：《中国农业现代化走什么道路》，《中国农村经济》2001年第1期，第4—11页。

彭超、刘合光：《"十四五"时期的农业农村现代化：形势、问题与对策》，《改革》2020年第2期，第20—29页。

戚义明：《从马克思主义中国化的三个维度看习近平新时代中国特色社会主义思想》，《党的文献》2018年第3期，第9—14页。

石云霞：《改革开放40年来马克思主义中国化时代化大众化的基本经验》，《马克思主义理论学科研究》2018年第4期，第63—71页。

田海林、田晓梦：《民族地区脱贫攻坚与乡村振兴有效衔接的现实路径——以武陵山片区为例》，《中南民族大学学报》（人文社会科学版）2021年第5期，第34—40页。

涂圣伟：《易地扶贫搬迁后续扶持的政策导向与战略重点》，《改革》2020年第9期，第118—127页。

王朝庆：《"中国化"思潮与马克思主义中国化思想的互动研究——以20世纪20—40年代为考察范围》，《马克思主义与现实》2018年第4期，第145—152页。

王国敏、周庆元、卢婷婷：《西部农业现代化发展水平的定量测评与实证分析》，《四川大学学报》（哲学社会科学版）2011 年第 6 期，第 70—81 页。

王国敏、何莉琼：《巩固拓展脱贫攻坚成果与乡村振兴有效衔接——基于"主体—内容—工具"三维整体框架》，《理论与改革》2021 年第 3 期。

王兰：《新内生发展理论视角下的乡村振兴实践——以大兴安岭南麓集中连片特困区为例》，《西北农林科技大学学报》（社会科学版）2020 年第 4 期，第 65—74 页。

王沛：《以乡村振兴战略为抓手　推动辽宁农业农村现代化发展》，《农业经济》2020 年第 6 期，第 36—37 页。

黄祖辉：《农业农村优先发展的制度体系建构》，《中国农村经济》2020 年第 6 期，第 8—12 页。

魏后凯：《"十四五"时期中国农村发展若干重大问题》，《经济研究参考》2020 年第 8 期，第 110—113 页。

魏后凯：《深刻把握农业农村现代化的科学内涵》，《农村工作通讯》2019 年第 2 期，第 1 页。

吴重庆、张慧鹏：《以农民组织化重建乡村主体性：新时代乡村振兴的基础》，《中国农业大学学报》（社会科学版）2018 年第 3 期，第 74—81 页。

辛岭、刘衡、胡志全：《我国农业农村现代化的区域差异及影响因素分析》，《经济纵横》2021 年第 12 期，第 101—114 页。

颜德如、张玉强：《脱贫攻坚与乡村振兴的逻辑关系及其衔接》，《社会科学战线》2021 年第 8 期，第 167—175 页。

叶兴庆、程郁：《新发展阶段农业农村现代化的内涵特征和评价体系》，《改革》2021 年第 9 期，第 1—15 页。

银平均：《社会排斥视角下的中国农村贫困》，《思想战线》2007 年第 1 期，第 11—19 页。

曾祥云：《论马克思主义中国化发生的理论必然性——从认识论角度的解读》，《湖湘论坛》2018 年第 4 期，第 12—19 页。

翟坤周：《新发展格局下乡村"产业—生态"协同振兴进路——基于县域治理分析框架》，《理论与改革》2021 年第 3 期，第 40—55 页。

张帆：《论新时代马克思主义中国化的基本经验》，《陕西师范大学学报》（哲学社会科学版）2018 年第 2 期，第 12—19 页。

张方旭：《内生型发展视角下新乡贤助力乡村振兴的社会基础——基于 F 村"绿色菜园"发展的经验研究》，《人文杂志》2021 年第 7 期，第 122—128 页。

张建勋、申建良、夏咏：《多维贫困视阈下农业政策性金融的减贫效应——基于南疆四地州县域面板数据的实证分析》，《调研世界》2021 年第 4 期，第 36—40 页。

张文明、章志敏：《资源·参与·认同：乡村振兴的内生发展逻辑与路径选择》，《社会科学》2018 年第 11 期，第 75—85 页。

张行发、徐虹、张妍：《从脱贫攻坚到乡村振兴：新内生发展理论视角——以贵州省 Y 县为案例》，《当代经济管理》2021 年第 10 期，第 31—39 页。

张应武、欧阳子怡：《我国农业农村现代化发展水平动态演进及比较》，《统计与决策》2019 年第 20 期，第 95—98 页。

张玉英、吕剑平：《基于"三农"及城乡融合四维度的农业农村现代化发展水平评价——以甘肃省为例》，《南方农村》2021 年第 5 期，第 18—26 页。

章磷、姜楠：《黑龙江省农业农村现代化发展水平综合评价》，《北方园艺》2021 年第 16 期，第 161—169 页。

赵光勇：《乡村振兴要激活乡村社会的内生资源——"米提斯"知识与认识论的视角》，《浙江社会科学》2018 年第 5 期，第 63—69 页。

孙九霞、黄凯洁、王学基：《基于地方实践的旅游发展与乡村振兴：逻辑与案例》，《旅游学刊》2020 年第 3 期，第 39—49 页。

郑瑞强、郭如良：《"双循环"格局下脱贫攻坚与乡村振兴有效衔接的进路研究》，《华中农业大学学报》（社会科学版）2021 年第 3 期，第 19—29 页。

种海峰：《论马克思主义中国化理论形态演进的内在逻辑》，《马克思主义研究》2018 年第 2 期，第 24—33 页。

朱启铭：《脱贫攻坚与乡村振兴：连续性、继起性的县域实践》，《江西财经大学学报》2019 年第 3 期，第 95—104 页。

朱娅、李明：《乡村振兴的新内源性发展模式探析》，《中共福建省委党校学报》2019 年第 6 期，第 124—130 页。

邹文通、肖仕平：《新时代马克思主义中国化的逻辑演进与理论跃升》，

《东南学术》2018 年第 5 期，第 18—24 页。

J. Atterton，N. Thompson，"University Engagement in Rural Development：A Case Study of the Northern Rural Network," *Journal of Rural and Community Development*，2010（3）：123−132.

图书在版编目（CIP）数据

陕商故里的"农业中国"缩影：陕西县域经济巩固
脱贫攻坚研究 / 刘立云著 . -- 北京：社会科学文献出
版社，2022.12
　ISBN 978-7-5228-0673-0

　Ⅰ.①陕…　Ⅱ.①刘…　Ⅲ.①扶贫-研究-陕西
Ⅳ.①F127.41

中国版本图书馆 CIP 数据核字（2022）第 166633 号

陕商故里的"农业中国"缩影
——陕西县域经济巩固脱贫攻坚研究

著　　者 / 刘立云

出 版 人 / 王利民
组稿编辑 / 恽　薇
责任编辑 / 宋淑洁
文稿编辑 / 许文文
责任印制 / 王京美

出　　版 / 社会科学文献出版社·经济与管理分社（010）59367226
　　　　　地址：北京市北三环中路甲 29 号院华龙大厦　邮编：100029
　　　　　网址：www. ssap. com. cn
发　　行 / 社会科学文献出版社（010）59367028
印　　装 / 三河市龙林印务有限公司

规　　格 / 开　本：787mm×1092mm　1/16
　　　　　印　张：16　字　数：270 千字
版　　次 / 2022 年 12 月第 1 版　2022 年 12 月第 1 次印刷
书　　号 / ISBN 978-7-5228-0673-0
定　　价 / 98.00 元

读者服务电话：4008918866